Klartext

*Meiner lieben Frau Lidija und
meinem Töchterchen Lenotschka,
die den Werdegang des vorliegenden Buches
fürsorglich begleitet haben und miterlebt haben,
welche Schwierigkeiten zu überwinden und
welche Enttäuschungen zu erleiden waren –*

*den deutschen Freunden und Familien Rommel, Gommel,
Kastenhuber, Weibler, Riepenhoff, Borkenstein, Borowski,
Piel, Leutherer, Mohr, Eimermacher, Wenness,
Gründler, Telaar, Goebel, Wilkes, Krüger, Brendel,
van Deelen (Niederlande), die mich verstanden
und mir stets die Treue gehalten haben –*

*allen meinen Landsleuten, welche mir Hoffnung
geschenkt haben, daß in dem allem die Seele
meines Volkes weiterleben möge,*

*in aufrichtiger Dankbarkeit
gewidmet.*

Viktor Pedak

Ein Teller Suppe für den Feind

Zeugnisse der Menschlichkeit mitten im Krieg

Bearbeitet von
Pfarrer i.R. Richard Rommel

Das Titelbild zeigt die ersehnte Wiederbegegnung der Ukrainerin
Maria Nesterowskaja mit dem Sohn ihres einstigen Beschützers
Herbert Schüssler aus Aurach im April 1995 (Foto: Viktor Pedak).
(Siehe dazu auch: „Herbert sucht Maria" auf Seite 204–208)

Gedruckt mit Unterstützung
der Ernst-Strassmann-Stiftung in der Friedrich-Ebert-Stiftung
und des Versöhnungsfonds der Katholischen Kirche in Deutschland.

Die Deutsche Bibliothek – CIP-Einheitsaufnahme

Viktor Pedak :
Ein Teller Suppe für den Feind : Zeugnisse der Menschlichkeit mitten im
Krieg / Viktor Pedak. Bearb. von Richard Rommel. – 1. Aufl. – Essen :
Klartext-Verl., 2002
    ISBN 3-89861-077-2

Fotos und Abbildungen von Oleg Burbowski
Textbearbeitung: Richard Rommel, evangelischer Pfarrer und Autor

1. Auflage August 2002
Gesamtherstellung: Klartext Verlag
© Klartext Verlag, Essen 2002
Alle Rechte vorbehalten
ISBN 3-89861-077-2

Inhalt

Hans Koschnick
Vorwort 9

Viktor Pedak
Je dunkler die Nacht, desto heller die Sterne 11

Jutta-B. Lange-Quassowski
Einleitung
Kommt dieses Buch zur rechten Zeit? 15

I Zwangsarbeit

Schwestern und Brüder 32
Wir sind doch alle Menschen! 32
Marta – wie vom Tode erstanden 33
Mit Hochachtung wende ich mich an Sie 45
Sie hat uns vor Plünderung bewahrt 48
Ich erzähle oft von Ihrer Familie 51
Ihre Söhne und Enkel können stolz auf Sie sein 52
Wo bist du, Nadja? 53
Meine Seele hat sich um eine Sünde erleichtert 55
Viele Jahre sah ich denselben Traum 58
Soll mein Herz bei Dir bleiben 60
Bis heute plagen mich Gewissensbisse 66
Sie fuhr laut weinend fort 67
Meine doppelte Dankbarkeit dieser „Kapitalistin" gegenüber 68
In meiner Erinnerung seid Ihr noch Kinder 69
Wir haben uns noch viel zu erzählen 74
Einstige Zwangsarbeiterin dankt Bauernfamilie im Münsterland .. 79
Aber die Menschheit bleibt 81
Die Schwester schleppte ich auf meinen Schultern nach Hause .. 83
Wenn ein Mensch ein gutes Herz hat 86

Ich nenne ihn meinen zweiten Vater 87
Ein Martyriums-Weg 88
Grüße das Grab der Mutter an meiner Statt! 91
Ein Foto zum Andenken 93
Frau Calvelage, das bringt kein Glück! 95
Noch in 100 Jahren kann ich dieses Haus finden 97
Dort habe ich die ersten Schritte meines Lebens gemacht 98
Wir werden uns daran erinnern unser Leben lang 100
Heimat ist Heimat 101
Ich sollte Deine Schwester werden 102
„Seid immer lieb zu Maria", mahnte die Mutter 103
Ihr zu Ehren hat man mich Margarita genannt 109
Hörner auf meinem Kopf gesucht 110
Kinder der Hungerszeit 112
Wehe, ihr krümmt ihr ein Haar. Das ist meine Mama! 115
Der junge Russe und ich 118
Die Denkmünze „Für Selbstaufopferung" 119
Ein Märtyrer des Gebotes der Nächstenliebe 120

II Kriegsgefangenschaft

Meinen Schwur habe ich eingehalten 124
Erinnerungen eines ehemaligen russischen Kriegsgefangenen 125
Ich könnte jedem ehrlich in die Augen blicken 130
Sie rettete deutschen Kriegsgefangenen das Leben 132
Kommt als Freunde wieder! 133
Jetzt bist du bei deiner Mama, Kleiner! 135
Sjostra – Kamerad kaputt! 136
Deutschland, Deutschland 137
Mitgefühl und Hilfsbereitschaft 138
Unbekannte ukrainische Mutter 139
Aufopfernde Mütter 141
Spassibo, Matuschuka! 142
Keine Angst haben – Mutter gute Frau! 143
Die alte Bäuerin 143
Durch den Türspalt kam nur eine Hand mit dem Kochgeschirr .. 144
Hausschuhe als Dankeschön 144
Heimlich heiße Suppe am Küchenfenster 146
Tausch in Mülltonnen 147

Die „pickenden Hühner" wieder entdeckt 148
Leben Sie noch, Klaus? 149
Das Gute dieser Zeit habe ich nicht vergessen 149

III Menschlichkeit mitten im Kampf

Ein bißchen Menschlichkeit 154
Erinnerungen eines Soldaten 155
Der private Waffenstillstand 156
Ich muß mich tief verneigen 159
So lebten wir miteinander in Mogilew 160
Alles, was der Führer sagte, war Lüge 163
Obwohl unter unseren Feinden … 165
Ein Vater erzählt 167
Wenn man seine Landsleute verrät 168
Sie waren in unseren Mülltonnen fündig geworden 170
50 Ukrainern das Leben gerettet 172
Ihr Leben lang hat Mutter für ihn gebetet 173
Dank für mein Leben 173
Gedenken an Babij Jar 175
Onkel Iwan, du bist lieb! 176
Ich habe dich geliebt und verloren, aber nie vergessen! 177
Weihnachtsgeschichten 192
Versöhnungsgedicht 200

IV Begegnung im Frieden

Herbert sucht Maria 204
Schicksal … Schicksal … 208
Auf Wiedersehen, meine Familija! 211
Wilhelm, bleib bei uns in der Ukraine! 217
Neue Freunde anderer Nationalität finden 219
Ich erzählte meinen Schülern über Ihr Buch 220

Vorwort

Eine große öffentliche Debatte in Deutschland über unsere Verantwortung, unseren Umgang mit der nationalsozialistischen Vergangenheit hat uns vor kurzem wieder bewegt. In das Licht der Öffentlichkeit rückten vor knapp drei Jahren Reflektionen über Verfolgungen spezieller Art in den von Deutschen besetzten Teilen Europas. Etwas, was zwar seit Kriegsende immer wieder thematisiert worden war, aber aus verschiedenen Gründen keinen großen öffentlichen Widerhall gefunden hatte. Es war die öffentliche Erinnerung an die Millionen von Menschen, die zur Zwangsarbeit – ja auch zur Sklavenarbeit – herangezogen waren; sie wurde erst nach der Überwindung des „Eisernen Vorhangs" ernsthaft von der politischen Agenda aufgenommen. Neben der Auseinandersetzung um die damit verbundenen Gewaltverbrechen und der damit einhergehenden Verstrickung der deutschen Wirtschaft wurde hier in besonderem Maße erkennbar, wie sehr das nationalsozialistische Lagersystem im Reich für einen großen Teil der Bevölkerung sichtbar war, ohne dass aber dies auch nur zu rein symbolischen Abwehrreaktionen führte. Es belegt, wie sehr die nationalsozialistische Rassenideologie in breiten Schichten Widerhall gefunden hatte.

Die so genannten „Ostarbeiter", wie die aus allen besetzten Gebieten nach Deutschland verbrachten und zur Arbeit gezwungenen Menschen überhaupt, gehörten zum Alltagsbild im Reich. Die Lebensverhältnisse dieser Menschen waren zuallererst bestimmt durch ihre „Volkstumszugehörigkeit". Franzosen, Niederländer und Tschechen wurden in der Regel anders – sprich: besser – behandelt als Polen, Ukrainer und Russen. Ein Leben hinter Stacheldraht, überlange Arbeitszeiten, nicht selten Misshandlungen, schlechte Ernährung und Diffamierung kennzeichneten in Sonderheit die Lebensbedingungen der „Ostarbeiter".

Schlimmer noch erging es den sowjetischen Kriegsgefangenen. Mehr als die Hälfte von ihnen – über drei Millionen Menschen – verhungerte, starb an den Folgen der unzulänglichen medizinischen Versorgung, den Bedingungen des Arbeitseinsatzes oder wurde umgebracht.

Zur besonderen Tragik des Schicksals dieser Menschen gehört es, dass sie bei ihrer Rückkehr in die frühere Sowjetunion als Vaterlandsverräter angesehen wurden. Heimkehrende Kriegsgefangene und ehemalige Zwangsarbeiter wurden entwürdigenden Verhören unterzogen, zum Teil weiter in die Lager des GULag-Systems deportiert, noch lange

Zeit durch staatliche Behörden überwacht und häufig in ihrer privaten Existenz diskriminiert. Von ihren Erfahrungen in Deutschland haben Sie unter diesen Umständen selbst im engsten Familienkreis kaum erzählen können. Leiden und Drangsalierung blieb in das Gedächtnis eingeschlossen, ebenso wie die einzelnen Erlebnisse von Unterstützung, Hilfe und Freundlichkeit.

Es ist ein großes Verdienst von Viktor Pedak, dass er in jahrelanger Arbeit Briefe und Erfahrungen zusammengetragen und der Öffentlichkeit zugänglich gemacht hat, in denen Beispiele für menschliches Verhalten gegeben werden. Es sind seltene Zeugnisse der Humanität. Sie geben eine Stimme denjenigen, die aus Osteuropa nach Deutschland verschleppt wurden, wie sie aus den zahlreichen inzwischen vorliegenden Dokumentationen nur bisweilen erschallt.

Sie zeigen darüber hinaus, dass es auch in einer totalitären Diktatur und unter den Bedingungen eines Krieges Möglichkeiten gegeben hat, sich Menschlichkeit zu bewahren. Sichtbar wird sie in kleinen und alltäglichen Handlungen, von Mensch zu Mensch – selten wurde das so deutlich wie in diesen Briefen. Wenige haben sich diese Einstellung bewahrt in Zeiten, wo das nicht mehr selbstverständlich, sogar gefährlich war. Es sind die „stillen Helden", die später kein Aufhebens um ihre Taten gemacht haben – sie entsprachen einfach ihren Vorstellungen vom Umgang miteinander. Zu zeigen, dass es auch Menschen gab, die die Würde des anderen geachtet haben, scheint mir das größte Verdienst dieser Texte zu sein.

Hans Koschnick

Je dunkler die Nacht, desto heller die Sterne

Mehr als ein halbes Jahrhundert ist vergangen, seit an jenem denkwürdigen Tage im Mai 1945 die letzten Schüsse des allergrausamsten aller Kriege verhallten. Über dessen Greuel und Verbrechen ist schon vieles geschrieben worden. Dieser Krieg, so menschenfeindlich er war, hat aber nicht nur Leben und Schicksal von Angehörigen verschiedenster Völker verletzt: Er hat auch Beispiele der Selbstaufopferung hervorgebracht, nicht nur für nahe Verwandte oder Befreundete, sondern auch für den Mitmenschen schlechthin, darum, weil er Mensch war, ein Mensch in besonderer Not.

Der Krieg hat die Menschen nicht nur voneinander getrennt und auf verschiedene Seiten der Frontlinien gestellt, sondern er hat auch manche Schicksalswege und damit manche Herzen zusammengeführt. Wie im alten Mythos der Vogel Phönix – Symbol des Lebens und der Ewigkeit – aus der Asche ersteht, so entstanden aus den Brandstätten des Zweiten Weltkrieges Beziehungen unter Menschen, denen Grenzen und Jahre nichts anhaben konnten. Denn was in den furchtbaren 1940er Jahren an Mitmenschlichem gewachsen ist, lebt in jüngeren Generationen weiter.

Das zeigt auch das Lebenslos meiner Landsleute, Ukrainer und Russen, die vor etwa 60 Jahren gegen ihren Willen nach Deutschland gebracht worden sind, der sogenannten Ostarbeiter.

Jeder und jede von ihnen hatte einen besonderen Lebensweg. Viele durften anschließend nicht in ihre ukrainische Heimat zurückkehren, starben an zu schwerer Arbeit in Lagern, an Hunger, Krankheit oder Folter. Aber einige wenige hatten das Glück, auf ihrem Weg auf gute Menschen zu stoßen.

Obwohl die offizielle Propaganda von beiden Seiten die Völker in eine Atmosphäre nahezu physiologischen Hasses hineintrieb[1] und obgleich beträchtliche Unterschiede in Konfession, Sprache und Bildung zu überwinden waren, haben einfache Deutsche, als sie sahen, wie die Menschen aus dem Osten litten, ihnen geholfen, wie es ihnen möglich war. Und oft kam diese Hilfe einer Lebensrettung gleich. Denn mit dem Teller Suppe und dem Stück Brot gaben sie ein warmes Wort, schenkten sie mütterliche und väterliche Fürsorge in der fremden Umgebung, so daß die Kraft zurückkehrte, am Leben zu bleiben und in die Heimat zurückzukehren, dort vielleicht eine Familie zu gründen. Und davon berichten meine Landsleute heute.

Über Jahrzehnte hinweg durfte in unserem Lande nicht davon gesprochen werden, daß man seinen deutschen Lebensrettern Dankbarkeit bezeuge. Aber die Erinnerung an ihre Güte ist nicht erstorben. Sie wärmte die Herzen der älter werdenden Frauen und Männer, so daß sie gerne ihren Söhnen und Töchtern von ihren Jugendjahren erzählten, die sie hatten in Deutschland zubringen müssen. Und sie bewahrten Fotos auf von den deutschen Familien, die sie aufgenommen hatten, und von deren Kindern.

Und heute, nachdem mehr als ein halbes Jahrhundert vergangen ist, machen sich solche ukrainischen und russischen Landsleute, inzwischen bejahrte Leute, gezeichnet von schweren Kriegsjahren und von Beschwerden des Alters, auf die Suche nach diesen deutschen Familien bzw. deren Kindern mit dem einen Wunsche: Sie möchten ihnen ihren Dank aussprechen für eine gerettete Jugend, für ein gerettetes Leben.

Zur selben Zeit gibt es auch deutsche Menschen, Augenzeugen der fürchterlichsten Epoche der Geschichte, die samt ihren Kindern und Enkeln darum bemüht sind, die einstigen Jungen und Mädchen aus Russland und der Ukraine wieder aufzufinden, die einmal in ihren Heimatorten das Ziel väterlicher Fürsorge und mütterlicher Teilnahme waren und welche sie damals zu ihren Nächsten und Liebsten zählten: „Bitte, antwortet uns, wenn Ihr noch am Leben seid!"

In ähnlicher Weise ist in deutschen Soldaten die Erinnerung lebendig geblieben an jene slawischen Volksangehörigen, die ihnen, den ausgemergelten Kriegsgefangenen, täglich ein Stück von ihrem kostbaren eigenen Brot zusteckten und ihnen damit wohl das Leben retteten. Wer konnte wissen, ob das Herz dieser Frau nicht noch blutete vom Verlust ihres Sohnes, Gatten oder Geliebten, dessen Leben von Soldaten in solchen Uniformen ausgelöscht worden war?

Die Briefe, die zwischen Deutschland und der Ukraine hin und her gehen, enthalten viel Persönliches, reden von kleinen Freuden und Nöten. Sie offenbaren aber auch schwere Verletzungen und tief empfundene Wunden. Sie decken Schuld auf, wecken aber auch Hoffnung, indem sie Kunde geben von dem, was uns Deutschen, Russen und Ukrainern gemeinsam ist und auch künftig zusammenführen kann. Wenn wir diese Briefe der Öffentlichkeit zugänglich machen, leitet uns der Wunsch, die darin sichtbar werdenden Werte wie Verständnis, Barmherzigkeit und

Liebe möchten zum Neuaufbau friedlicher Beziehungen zwischen unseren Völkern dienen. Und wir wenden uns nicht nur an die ältere Generation, daß sie ihre Erinnerungen pflege, sondern auch an die Heranwachsenden, damit sie sich, befreit von überlebten Vorurteilen, mit bleibendem Erfolg um eine glücklichere gemeinsame Zukunft der Völker Europas bemühen mögen.

Meine besondere Dankbarkeit möchte ich Frau Dr. Jutta Lange-Quassowski (Ernst-Strassmann-Stiftung) aussprechen, für die tatkräftige, moralische und inhaltliche Unterstützung bei der Herausgabe des Buches; Herrn Pfarrer Richard Rommel für die Hilfe bei der Umarbeitung des Manuskripts und Frau Isolde Tolok für die Übertragung der russischen Texte in Deutsche. Ohne die großzügigen Druckkostenzuschüsse der beiden Organisationen (siehe auch im Impressum) wäre ein Erscheinen des Buches in dieser Form nicht möglich gewesen.

Daß der EU-Friedensbeauftragte für Mostar und frühere langjährige Oberbürgermeister der Hansestadt Bremen, Hans Koschnick, mein Werk durch sein Vorwort würdigt, ist eine hohe Ehre für mich.

Viktor Pedak
freier Journalist, Saporoshje/Ukraine

---

1 Erinnern wir uns: „Alle Sowjetrussen sind zu vernichten, egal ob ein alter Mann, eine Frau, ein Kind vor dir steht!" – so Josef Göbbels, und: „Vernichte den Feind, vernichte ihn, wo und so oft du ihn siehst!" – so Konstantin Simonow über die Deutschen.

Zur eigenen Person

Der Leser möge nicht erstaunt sein darüber, daß so viele Zuschriften persönlich an den Verfasser gerichtet sind. Er ist heute der einzige Journalist in der Ukraine und auch in der ganzen GUS, welcher, und dies als erster, durch viele Jahre hindurch nach Tatsachenbeweisen gesucht hat für die Menschlichkeit, die Barmherzigkeit und das Gute in den Beziehungen zwischen unseren Völkern, dem ukrainischen und dem deutschen. Das hat dazu geführt, daß ihm – wie auf anderem Gebiet dem in Rußland sehr bekannten Naturheiler Porfirij Iwanow – auch manches tief Verborgene anvertraut worden ist – wie etwa das Gute, das einem völlig Unbekannte in der Fremde erwiesen haben.

Einleitung
Kommt dieses Buch zur rechten Zeit?

Um den Wert der hier veröffentlichten Zeugnisse der Menschlichkeit mitten im Zweiten Weltkrieg erfassen zu können, muß einleitend zusammenhängend eine Reihe von Gedanken und Fakten genannt werden. Erst vor dem Hintergrund der brutalen Wirklichkeit im Krieg einerseits, aber auch der Bedingungen nach der Rückkehr der damals sogenannten „Ostarbeiter" in die Sowjetunion andererseits können deutsche Leserinnen und Leser erahnen, wie bahnbrechend diese vielstimmige und vielseitige Brief-Edition ist.

Vorab jedoch einige Überlegungen zu der Frage des Für und Wider dieser Veröffentlichung.

I.

Es gibt Vorbehalte gegen die Publikation einer solchen Brief-Sammlung in Deutschland wie auch in den betroffenen Ländern der GUS-Staaten, d.h. Rußland, Weißrußland und der Ukraine. Dort sind es jedoch ganz andere Motive als hier in Deutschland. In der Bundesrepublik Deutschland vor der Vereinigung hat es bis weit in die achtziger Jahre hinein kaum eine Auseinandersetzung mit der Zwangsarbeit von ausländischen Arbeitskräften im Zweiten Weltkrieg gegeben.[1] In den neunziger Jahren erschien dann eine Reihe von wissenschaftlichen Arbeiten dazu, welche die Unmenschlichkeit und Grausamkeit des „Arbeitseinsatzes" aufdeckten.[2] Der Mißbrauch der ausländischen Zwangsarbeiterinnen und Zwangsarbeiter und ihre gnadenlose Ausbeutung konnten nicht länger in Abrede gestellt werden. In das Bewußtsein einer breiten Öffentlichkeit trat die Zwangsarbeit jedoch erst etwa im Jahr 2000.

Zu dieser Zeit kam das Thema Entschädigung für Fremdarbeiterinnen und Fremdarbeiter aus Osteuropa auf die politische Tagesordnung und wurde über Monate immer wieder in den Medien behandelt. Das Ausmaß des „Einsatzes" von Zwangsdeportierten in allen Bereichen von Wirtschaft und Gesellschaft bis hinein in die kommunalen Verwaltungen und auch die Kirchen in der NS-Zeit wurde erst jetzt überschaubar. Dennoch, davon ist auszugehen, hat eine Mehrheit von Deutschen auch heute noch keine Vorstellung davon, wie brutal und menschenverachtend der Umgang mit den Zwangsarbeiterinnen und Zwangsarbeitern war. Der Begriff „Zwangsarbeit" beinhaltet lediglich die Unfreiwilligkeit des Arbeitseinsatzes. Die Ausbeutung, die Mißachtung und Entwürdigung bis hin zur Versklavung ganz besonders der Menschen aus Osteuropa kommt in dem Begriff nicht zum Ausdruck. In der NS-Zeit bezeichnete man die zwangsweise zur Arbeit gepreßten Menschen als „Fremdarbeiter". Dies ist – ähnlich wie etwa der Begriff „Endlösung" – ein Beispiel für sprachliche Verharmlosung.

Genau dieses nach wie vor breite Unwissen der deutschen Bevölkerung ist für eine Reihe von Wissenschaftlern und anderen, die viel über die Qualen der ehemaligen „Ostarbeiter" wissen, ein Grund, einer Veröffentlichung wie diesem Buch äußerst skeptisch gegenüberzustehen. Aus einer solchen Perspektive kommt die Publikation *viel zu früh*. Solche Kritiker sehen die Gefahr, daß bei Leserinnen und Lesern möglicherweise die Frage entstehen könnte: „War es also gar nicht so schlimm?" oder: „Gab es so viele gute Deutsche?", „Überwog das Gute doch?"

Mißverständnisse liegen vielleicht deshalb nahe, weil der Herausgeber der Sammlung, Viktor Pedak, gerade nicht das zigfache Leid der Menschen betont – obwohl auch er seine neunjährige Schwester durch die Kugel eines deutschen Soldaten verlor und sein Vater für vier Jahre Zwangsarbeit leisten mußte. Pedak verfolgt heute mit dieser Veröffentlichung explizit das Ziel der Völkerverständigung trotz der so belastenden Vergangenheit. Er möchte durch die Beispiele der Menschlichkeit – auch wenn es vergleichsweise wenige waren damals – die schreckliche Vergangenheit überwinden helfen und ein neues Kapitel aufschlagen in den persönlichen Beziehungen zwischen Deutschen einerseits und Ukrainern, Russen und Weißrussen andererseits.

Viktor Pedak kennt die schrecklichen Erfahrungen, die unzählige Landsleute damals gemacht haben, und die vielen Vorurteile, die sich auf beiden Seiten festgesetzt haben und die noch heute bestehen. Er weiß, mit Appellen kann man diese nicht überwinden. Für ihn zählt, daß es inzwischen die Enkel sind, denen die Zukunft gehört. Für sie sollten die Vorurteile überlebt sein, denkt Pedak. Er will seinen Beitrag dazu leisten. Seine Hoffnung ist, durch das Anknüpfen an gute alte Erfahrungen ein Band von Freundschaften zwischen Menschen hier und dort zu weben.

Über die eingangs benannte Skepsis hinaus gibt es in Deutschland einen weiteren Vorbehalt, der zu bedenken ist. Es ist nicht auszuschließen, daß Rechtsradikale die Brief-Sammlung bewußt mißbrauchen für einen angeblichen Beweis, wie gut „Fremdarbeiter" behandelt worden seien. Deshalb haben wir (alle, die am Erscheinen des Bandes beteiligt sind) beschlossen, in dieser Einleitung die grausamen Fakten des „Arbeitseinsatzes" der sogenannten „Ostarbeiter" zusammenfassend deutlich zu benennen. Versöhnung und Neubeginn sind – so unsere Überzeugung – ohnehin nur im Bewußtsein der geschichtlichen Belastungen möglich, nicht unter deren Verschweigen und Verdrängen. Insofern läuft eine solche grundlegende Information Viktor Pedaks Bemühen nicht zuwider.

II.

Mit Kriegsbeginn schufen die Nazis durch die Einberufung der Männer einen Arbeitskräftemangel.[3] In der ersten für Deutschland siegreichen Blitzkriegsphase bis Frühherbst 1941 wurden fast drei Millionen ausländische Arbeitskräfte eingesetzt, vorwiegend in der Landwirtschaft. Es waren Kriegsgefangene und Zivilarbeiter, Holländer, Franzosen und auch schon polnische Zwangsarbeiterinnen und Zwangsarbeiter.

Am 22. Juni 1941 begannen die NS-Machthaber den Rußlandfeldzug. Obwohl die Nazis mit Millionen von Gefangenen rechneten, wurden keinerlei Vorkehrungen für ihre Unterkunft oder ihren Transport ins „Reich" noch für ihre Verpflegung getroffen. Die NS-Ideologie hatte slawische Menschen, besonders die aus der Sowjetunion, zu Untermenschen erklärt. Nicht nur die Lebensumstände dieser Menschen waren demnach für die NS-Herrscher vollkommen bedeutungslos, sogar ihr Leben selbst hatte keinerlei Wert für sie und konnte auch nicht für die Zwecke des Regimes genutzt werden. Wurde es zu einer Belastung – wie im Fall zahlloser Gefangener –, zog die NS-Diktatur den Tod von Millionen von Menschen ins Kalkül und ließ sie verkommen, verhungern oder auch erschießen.

1,4 Millionen Gefangene starben so bereits vor Dezember 1941 auf mit Stacheldraht umzäunten Plätzen in der Sowjetunion. Ihre „Verwendung" war nicht vorgesehen. Alle Regeln der Haager Landkriegsordnung, der Genfer Konvention und des Völkerrechts zur Behandlung von Kriegsgefangenen wurden aufgrund der Rasse-Ideologie außer Kraft gesetzt. Die in Deutschland später für die Gefangenen aus den verschiedenen Ländern der UdSSR eingerichteten sogenannten „Russenlager" wurden ebenfalls unter freiem Himmel auf Truppenübungsplätzen eingerichtet. Es gab ca. 19 solcher Lager.[4] Die Gefangenen mußten in selbstgebuddelten Erdhöhlen hausen.

Als 1941 ab September der „Blitzkrieg" vorbei war und ein Abnutzungskrieg einsetzte, wurde klar, daß die deutschen Soldaten dem Arbeitsmarkt nicht so bald wieder zur Verfügung stehen würden. Millionen von Arbeitskräften in Deutschland fehlten. So gingen die Nazis nun dazu über, Gefangene aus den betroffenen Ländern der UdSSR zur Arbeit im Reich einzusetzen und in den ca. 70 Stalags auf engstem Raum einzupferchen.[5] Die Länder, von denen wir hier reden, sind Weißrußland, die Ukraine und Rußland. Die Kriegsgefangenen aus diesen Ländern werden im folgenden – obwohl der Begriff nicht adäquat ist – unter dem Begriff „russische Kriegsgefangene" zusammengefaßt. Der Grund für die Unterbringung in regulären Stalags war, daß einige aus der NS-Führungsriege die „russischen" Kriegsgefangenen nun doch als Arbeitskräfte einsetzen wollten. Dies widersprach an sich der rassistischen Ideologie vom Untermenschentum der Slawen. In den Stalags kam ein großer Teil der selbst im Winter zum Teil in offenen Güterzügen dorthin transportierten „Russen" tot oder halbtot an. Und auch im Lager starben die „russischen" Gefangenen weiterhin massenweise, denn die Mangelernährung und die sonstigen Lebensbedingungen wurden kaum geändert. Die Übriggebliebenen waren großenteils so entkräftet, daß bis Ende März 1942 nur gut 150.000 zur Arbeit eingesetzt werden konnten. Von den insgesamt 5,7 Millionen Kriegsgefangenen aus der UdSSR haben 3,3 Millionen die Strapazen, Entbehrungen, Grausamkeiten und Quälereien nicht überlebt.

Vor diesem Hintergrund entschied die NS-Führungsspitze, erneut gegen ihre rassistischen Prinzipien, den massenhaften Zwangseinsatz „russischer" Zivilarbeiterinnen und Zivilarbeiter. Diese wurden nun in den verschiedenen Ländern auf brutalste Art zwangsrekrutiert. Anfangs erhielt ein besetzter Ort nach dem anderen den Befehl, eine bestimmte Zahl an Arbeitskräften zu stellen. Waren diese zu dem angegebenen Zeitpunkt nicht erschienen, kam es vor, daß ihre Häuser angezündet und diejenigen, die herbeieilten, um zu löschen, geschlagen und verhaftet wurden. Schon bald gingen die deutschen Besatzungsbehörden, die eigens zur Zwangsrekrutierung bevollmächtigt waren, zu noch rabiateren Methoden über. Die Menschen wurden von der Straße weg oder direkt aus den Betrieben und auch aus Schulen verhaftet und – ohne packen oder Abschied nehmen zu können – abtransportiert. Auf diese Weise kamen 1942 wöchentlich etwa 40.000 Männer, Frauen und Kinder ab 14 Jahren ins Reich, in diesem einen Jahr insgesamt 1,4 Millionen. Der Erlaß zur Zwangsrekrutierung besagte, die Hälfte der Arbeitskräfte habe weiblich zu sein, vorgeblich „um das deutsche Blut zu schützen". Aber dahinter stand auch, daß die Widerständigkeit der Frauen geringer und ihre Lenkbarkeit höher eingeschätzt wurde. Mit anderen Worten, die Nazis erwarteten von ihnen eine höhere Arbeitsproduktivität. In der Industrie waren die Frauen u.a. deshalb begehrt, weil für sie keine sozialen Schutzbestimmungen galten.

Zumindest erwähnt werden muß an dieser Stelle, daß Juden in der rassistischen Ideologie noch unter den „Untermenschen" rangierten. Trotz des massenhaften Arbeitskräftemangels wurde gleichzeitig mit dem „Russeneinsatz" die vollständige Entfernung der deutschen Juden aus dem Arbeitsprozeß in Deutschland beschlossen sowie ihre Deportation nach Polen und ihre Vernichtung in Belzec, Chelmno, Sobibor, Treblinka und anderen Lagern wie Auschwitz und Maydanek.

Die „russischen" Zwangsarbeiterinnen, Zwangsarbeiter und Kriegsgefangenen, die zum „Arbeitseinsatz" ins Reich kamen, wurden offiziell „Ostarbeiter" genannt und mit einem Abzeichen „Ost" gekennzeichnet. Die rassistische NS-Ideologie kam nicht nur in der Kriegführung im Osten und in der Art der Zwangsrekrutierung zum Tragen; sie galt ebenso im Reich und zeigte sich im Umgang mit den Menschen. Ein umfangreiches Bündel von Erlassen regelte ihre erbärmlichen Arbeits- und Lebensbedingungen. Der Kontakt zwischen deutschen „Herrenmenschen" und slawischen „Untermenschen" wurde auf Befehle und Arbeitsanweisungen beschränkt. Die „russischen" Arbeitskräfte wurden – mit wenigen anfänglichen Ausnahmen – in abgesonderten Barackenlagern untergebracht. Selbst in den Stalags wurden sie von den übrigen Kriegsgefangenen getrennt und standen auf der untersten Stufe. Die Lagerleiter hatten jedwede Züchtigungserlaubnis und wandten diese häufig kaltblütig und auf undenkbar brutale Art an. Die totale Ächtung und Abschottung von der deutschen Bevölkerung gipfelte in der Todesstrafe für Geschlechtsverkehr mit Deutschen. Vom Gedanken und der Ausführung her war der „Arbeitseinsatz" der „Ostarbeiter" von Beginn an totale Ausbeutung und Versklavung, die auch die Vernichtung durch Arbeit vom Prinzip her nicht vermied.

Die ab 1942 zwangsdeportierten „Ostarbeiterinnen" und „Ostarbeiter" wurden überwiegend in der Industrie eingesetzt und für die schwerste, schmutzigste und gefährlichste Arbeit „verwendet" – ohne Rücksicht darauf, ob die Kräfte dabei aufgezehrt wurden. Die vielen durch die unzumutbaren Arbeits- und Lebensbedingungen Vernichteten wurden durch immer neue Heere von Zwangsrekrutierten ersetzt. Zahlreiche Unternehmen bemängelten jedoch bald die geringe Effizienz der ausgemergelten Arbeitskräfte und den schnellen Wechsel durch Abgang und Tod. Dadurch setzten 1943 gewisse Bemühungen ein, die Ernährungslage zu verbessern. Die Überlebensdauer des Einzelnen stieg in der Folge im Durchschnitt auf etwa ein bis zwei Jahre.

Im Sommer 1944 gab es 2,8 Millionen „Ostarbeiter" in Deutschland.[6] Dazu kamen Millionen von Zwangsarbeitern, die in der UdSSR selbst zum Ausheben von Schützengräben usw. eingesetzt wurden. Ab 1944 wurden die „Ostarbeiter" im „Reich" verstärkt ausgenutzt, um unterirdische Gewölbe zu schaffen. Die deutsche Rüstungsproduktion sollte zum Schutz vor Bomben unter die Erde verlagert werden. Die Überlebenszeit der dafür Geschundenen fiel auf wenige Monate. Vernichtung durch Arbeit war einkalkuliertes Prinzip.

Insgesamt ist davon auszugehen, daß zusätzlich zu den „russischen" Kriegsgefangenen noch einmal mindestens drei Millionen „Ostarbeiterinnen" und „Ostarbeiter" nach Deutschland deportiert worden sind. Hunderttausende von ihnen sind in Deutschland zu Tode gekommen. Russischen Schätzungen zufolge sind es 1,13 Millionen.

III.

Nach dem Zwangsaufenthalt der „Ostarbeiter" in Deutschland wurde dem Leben der sowjetischen Kriegsgefangenen sowie der Zwangsarbeiterinnen und Zwangsarbeiter, die den Krieg überlebten, ein weiteres düsteres Kapitel hinzugefügt. Die Zusammenfassung der Forschungsergebnisse darüber[7] erklärt, warum es mehr als 50 und inzwischen 60 Jahre bis zum Zustandekommen dieser Briefsammlung gebraucht hat, *warum sie also so spät kommt.*

Ein Befehl Stalins vom 17. August 1941 hatte alle sowjetischen Kriegsgefangenen zu Vaterlandsverrätern erklärt, die vernichtet werden müßten. Es sei bis zum letzten Blutstropfen zu kämpfen, und die letzte Kugel sei für eine gegebenenfalls notwendige Selbsttötung aufzuheben.

Für die Zwangsdeportierten wurde bereits in einem Befehl vom August 1944 die Rückkehr sämtlicher Staatsbürger verfügt. Sie alle wurden einem Filtrationsverfahren unterzogen. Da sie im westlichen Ausland „schädlichen Einflüssen" ausgesetzt gewesen seien, standen sie einer pauschalen Verdächtigung gegenüber. Man fürchtete, sie könnten als potentielle Oppositionelle eine Sprengkraft für den sowjetischen Staat entwickeln. Die Filtrationsmethoden beinhalteten Verhöre und ständige Wiedervorladungen über Jahre hinweg in einer Art „Endlosschleife". In vielen Fällen erfolgte sogar jahrelange Zwangsarbeit in Lagern – und das alles ohne juristische Verfahren. Dies konnte auch noch lange nach der Heimkehr passieren, da bei den ständig neu durchgeführten Verhören oft völlig neue angeblich belastende Aussagen gegen andere Heimkehrerinnen und Heimkehrer erpresst wurden.

Das sind die Gründe, warum nicht nur die Kriegsgefangenschaft, sondern auch die Zwangsdeportation bis 1990 in der Sowjetunion Tabuthemen waren. Was die Menschen im Krieg in Deutschland erduldet und erlitten hatten, aber auch, was sie vereinzelt an Gutem erfuhren, mußten sie jahrzehntelang verheimlichen und verschweigen – oft sogar in der eigenen Familie. Erst nach Beginn der Perestroika begannen Betroffene langsam, Mut zu fassen und sich mitzuteilen.

Es ist außerordentlich schwer, wenn jemand nicht erzählen darf, was ihm Furchtbares widerfuhr. Aber es ist mindestens ebenso bedrückend und belastend, wenn Heimkehrer zu Hause nicht davon sprechen durften, was ihm oder ihr Gutes geschah. Diejenigen, die in Deutschland als „Ostarbeiter" Hilfe erlebten oder Gesten der Menschlichkeit, haben zum Teil darunter gelitten, daß sie dies verleugnen mußten und keinen Kontakt halten oder wieder aufnehmen durften.

Seit 1991 bemüht sich Viktor Pedak mit großem Engagement darum, persönliche Verbindungen wiederherzustellen zwischen Landsleuten, die ihre Dankbarkeit zum Ausdruck bringen möchten, und jenen Deutschen, die dem damaligen Feind menschlich begegneten und ihm trotz Verbot und Strafandrohung halfen. Das Schöne ist, daß Viktor Pedak auf der Suche nach positiven Erfahrungen auch auf Deutsche gestoßen ist, denen damals im „Feindesland" von seinen eigenen Landsleuten durch unterschiedlichste Gesten der Menschlichkeit geholfen worden ist.

Die Brief-Edition hat aber nicht nur das Ziel, durch Beispiele der Hilfe und der Menschlichkeit die Aussöhnung zwischen den Völkern zu fördern. Die Briefe sollen auch dazu dienen, uns die „slawische Seele" – so die Bezeichnung von Viktor Pedak – vertraut zu machen; die Seele, die so tief empfindet. Eine erste Ausgabe der von Pedak gesammelten Briefe erschien 1996 unter dem Titel „Mein Herz drängt mich, die Wahrheit auszusprechen". Dieser Ausspruch stammt aus dem Brief einer Urkainerin, die 50 Jahre lang die Last des erzwungenen Schweigens als bedrückend empfunden hat (vgl. dazu die Geschichte „Ich muß mich tief verneigen" auf S. 159). Für vergleichsweise nüchterne Deutsche mag manches in dieser Edition sehr emotional, fast rührselig klingen. Solche scheinbar theatralischen oder übertriebenen Momente könnten damit möglicherweise als suspekt empfunden werden. Die in dieser Einleitung aufgezeigte doppelte Diskriminierung, Entrechtung und Entwürdigung, die die „Ostarbeiterinnen" und „Ostarbeiter" erleben mußten, soll deshalb die Grundlage und die Bedingungen, unter denen viele Gefühle der Dankbarkeit entstanden sind, verdeutlichen. Ohne Aufarbeitung und die erst dadurch mögliche Bewußtmachung dieser dunklen Vergangenheit wäre vieles unverständlich. Nur wer sich in die Situation der damaligen „Ostarbeiter" und ihr weiteres bitteres Schicksal hineinversetzt, kann Vorurteile überwinden und Neues beginnen. Dazu gehört auch das Wissen, daß die zurückgekehrten „Ostarbeiterinnen" und „Ostarbeiter", von denen heute nur noch zehn Prozent leben, zusätzlich zu dem psychischen Druck ein Leben mit schlechter Gesundheit oder sogar Folgekrankheiten hinter sich haben.

Vielleicht ist es auch gerade die Bitternis, im eigenen Land mit dem schweren Schicksal der Zwangsverschleppung und der gnadenlosen Ausbeutung durch den „Feind" 50 Jahre lang nicht angenommen worden zu sein. Gerade dies läßt Gesten der Menschlichkeit im Krieg und Mitgefühl des Feindes als besonders wertvoll erscheinen, als etwas Wärme in einem sonst kalten und harten Leben.

„Mein Herz drängt mich, die Wahrheit auszusprechen", also das Gute, das mir begegnet ist, endlich kundzutun – es ist die slawische Seele, die in diesen Worten zum Ausdruck kommt. Ohne das Wissen um das schwere Schicksal der Zwangsarbeiterinnen und Zwangsarbeiter und ohne Berücksichtigung der spezifischen Emotionalität der Autorinnen und Autoren könnte manches aus ihren Briefen als Verklärung angesehen werden. Es ist die slawische Seele, die Viktor Pedak veranlaßt hat, die Briefdokumente, die er anfangs eher beiläufig erhielt, systematisch zu sammeln und dann zu veröffentlichen. Fast jeder Brief ist ihm ans Herz gewachsen. Fällt einer davon der Straffung des Textes zum Opfer, so heißt es von seiner Seite: „Ein Stück meiner slawischen Seele geht damit verloren."

Das Wissen um die Einstellung des Herausgebers wird dem deutschen Publikum helfen, sich in diese slawische Seele hineinzuversetzen.

Viktor Pedak hat die Briefsammlung nicht nur in Deutsch, sondern auch in Russisch herausgegeben. Dies ist eine noch kühnere und bahnbrechendere Tat als die deutsche Veröffentlichung. Denn die Narben der Familien, die ihre Angehörigen verloren, schmerzen noch heute. Auch das Stigma, das die Heimgekehrten trugen, wirkt noch immer (vgl. besonders die Geschichte „Ich habe Dich geliebt …" auf S. 177). Deshalb ist es mutig von Viktor Pedak, als Wegbereiter und Vorkämpfer für eine deutsch-russische und eine deutsch-ukrainische Freundschaft zu wirken. Er plant als nächstes noch eine ukrainische Ausgabe. Schon 1996 hat er den Verein „Händedruck" ins Leben gerufen, der dieses Ziel fördern soll. Mit Ausstellungsstücken und Vorträgen versucht er, weitere Unterstützerinnen und Unterstützer zu finden, um dem Ziel näher zu kommen. Seine vielfältigen Bemühungen sind unlängst von Bundespräsident Johannes Rau mit der Verleihung der Verdienstmedaille des Verdienstordens der Bundesrepublik Deutschland gewürdigt worden. Deutsche Bürgerinnen und Bürger, die Viktor Pedaks Vorträge gehört haben und seiner Organisation „Händedruck" beigetreten sind, hatten dem deutschen Außenminister diesen Vorschlag unterbreitet.

IV.

An dieser Stelle ist zunächst ein Wort des Dankes an den ev. Pfarrer i.R. Richard Rommel auszuprechen. Er hat 1996 eine erste Ausgabe herausgegeben. Die 1.500 Exemplare dieses 80 Seiten umfassenden Heftes sind restlos vergriffen. Pfarrer Rommel hat sich auch dieses Mal wieder der Sammlung angenommen und daraus ein veröffentlichungsfähiges Manuskript gemacht. Das heißt, die von Isolde Tolok, einer in der Ukraine lebenden Baltendeutschen, übersetzten Briefe hat er unserem heute hier gesprochenen Deutsch entsprechend „feinübersetzt" und dann das ganze Manuskript gestrafft und überarbeitet.[8] Die diesem Buch zugrunde liegende stark erweiterte russische Ausgabe ist u.a. durch Rommels Vermittlung mit Unterstützung des Martin-Luther-Bundes, Erlangen, und der lutherischen Kirche der Ukraine ermöglicht worden.

Die letzte Frage, die sich einleitend ergibt, ist, weshalb die Ernst-Strassmann-Stiftung die zweite, erweiterte Veröffentlichung der Briefe-Sammlung von Viktor Pedak ideell und finanziell unterstützt. Die Ernst-Strassmann-Stiftung fördert seit nunmehr zwanzig Jahren konzentriert die Aufarbeitung der deutschen Vergangenheit, besonders solche Arbeiten, die laut Stiftungstestament „in sozialer Verantwortung eingedenk der leidvollen historischen Erfahrungen der deutschen Demokratie einen Beitrag leisten zu ihrer Festigung und ihrem Ausbau in der Bundesrepublik." Dazu gehört, wie der frühere Bundespräsident Richard von Weizsäcker sagte, daß „wir uns unsere Geschichte aneignen, indem wir uns mit ihr auseinandersetzen." In diesem Sinne hat die Stiftung ca. 50 Stipendien an Sozialwissenschaftlerinnen und Sozialwissenschaftler vergeben zur Erforschung der zum Nationalsozialismus hinführenden Entwicklungen vor 1933, dazu wie sie die begeisterte Gefolgschaft der Mehrheit der Deutschen gewannen, sowie zu Unrecht, Unterdrückung und Terror und auch dazu, welche ranghohen Nazis in der Bundesrepublik weiterwirken konnten.

Die bundesrepublikanische Mehrheit hatte sich anfangs angeschickt, die Vergangenheit schon bald für erledigt zu erklären. Auch viele Historiker und Politiker versuchten erneut in den 1980er Jahren, einen Schlußstrich darunter zu ziehen. Dies geschah, bevor die NS-Verbrechen hinreichend bekannt, diskutiert und aufgearbeitet waren. In den 1970er und verstärkt in den 1980er und 1990er Jahren begann eine intensive Erforschung und anschließend die Auseinandersetzung einer breiten Öffentlichkeit mit den die schlimmsten Erwartungen übertreffenden Ergebnissen der Aufarbeitung. Prominentestes Beispiel dafür ist die Wehrmachtsausstellung.

Ist dabei auf der einen Seite, bei der betroffenen ersten Generation, oftmals heftige Entrüstung und Gegenwehr festzustellen, so ist auf der anderen Seite, der der jüngeren nachforschenden Generation, zu beobachten, daß sie solche Botschaften wie die von Viktor Pedak gar nicht zulassen, geschweige denn zur Kenntnis nehmen möchte. Ihre Angst ist, daß solche vergleichsweise marginalen Verhaltensweisen den Blick auf das Verhalten der Mehrheit verstellen.

Die große Mehrheit der Deutschen dagegen, die sich – wie von den Nazis gefordert – unmenschlich verhalten hat, ist ebenfalls nicht an solchen Publikationen interessiert. Da sie weggeschaut und nicht geholfen hat, hat sie ein Interesse daran, die Situation so darzustellen, als hätte es keine Verhaltensalternative gegeben. Sie fühlt sich schlecht, wenn sie von humanem Verhalten erfährt. Sie will nichts davon wissen, denn ihr eigenes grobes, wegsehendes, willfähriges Verhalten wird dadurch noch im Nachhinein angeprangert.

Sowjetische Kriegsgefangene und Zwangsarbeiter im Arbeitslager in der Stadt Osnabrück (Axel Gundrum)

Die Position der Ernst-Strassmann-Stiftung ist: Auch wenn Gesten der Menschlichkeit keineswegs überwogen, sondern eher Randerscheinungen waren, so gehören sie dennoch zur Aufgabe der Aufarbeitung dazu. Sie zeigen zum Beispiel, daß es durchaus Möglichkeiten zu menschlichem Verhalten gab und damit Alternativen.

Da auch demokratische Entwicklungslinien Teil der deutschen Geschichte sind, hat die Ernst-Strassmann-Stiftung auch Studien dazu und zum deutschen Widerstand gefördert.[9] Zur Identitätsbildung der Deutschen gehören diese Traditionslinien unverzichtbar hinzu,[10] auch wenn sie historisch vor 1945 nur kurz erfolgreich und somit nicht prägend für das Bewußtsein breiter Bevölkerungsschichten waren. Und so gehören zur Aufgabe der Aufarbeitung der Geschehnisse rund um den Zweiten Weltkrieg mit seiner rassistischen Vernichtungspolitik der Nazis auch die Geschichten der ca. 2.000 Juden, die in Berlin erfolgreich von Deutschen versteckt und gerettet werden konnten.[11] Auch wenn Gesten der Menschlichkeit gegenüber den „Ostarbeiterinnen" und „Ostarbeitern" vergleichsweise weniger nachhaltig und weniger lang anhaltend waren als etwa Menschen über Jahre zu verstecken und mit *allem* Nötigen zu versorgen, ohne die dafür vorgesehenen Bezugsmarken zu haben, so sind doch auch die hier beschriebenen Gesten der Menschlichkeit ermutigend. Manchmal waren auch sie ein Beitrag dazu, das Überleben zu ermöglichen.

Wir haben nicht das Recht, sie zu verschweigen oder sie geringzuschätzen, genau so wenig, wie wir die Verbrechen verschweigen durften. Nicht nur Widerstand im wissenschaftlich definierten Sinn gebührt unsere Aufmerksamkeit, sondern auch einfacher Menschlichkeit. Denjenigen, die geholfen haben, gebührt zumindest im Nachhinein unsere Achtung und unser Dank, auch wenn die betreffenden Menschen persönlich dies 60 Jahre später vielleicht leider nicht mehr erfahren können.

Auch dazu kann diese Veröffentlichung einen kleinen Beitrag leisten. Und damit dient sie auch den Zielen der Ernst-Strassmann-Stiftung, Demokratie zu fördern und auszubauen. Inzwischen wissen wir, daß gerade die Helferinnen und Helfer in der bundesrepublikanischen Nachkriegsgesellschaft unerkannt blieben bzw. bleiben mußten, weil ihnen auch nach 1945 die Anerkennung versagt blieb. Auch in unserer Gesellschaft galten sie – ähnlich wie diejenigen, die nach 1933 emigrierten oder wie die Rückkehrerinnen und Rückkehrer in die UdSSR – eher als Vaterlandsverräter. Das NS-Gift wirkte in der Bundesrepublik bis in den Bundestagswahlkampf von Willy Brandt Mitte der 1960er Jahre hinein,

Zwangsarbeit im stalinistischen Kriegsgefangenenlager
(Lithographie von Walter Maisak)

in dem er von der CDU/CSU mit dem Schimpfwort „Brandt alias Frahm" auf übelste Weise verleumdet wurde.[12] Auch heute noch geht Literatur über die Heldentaten der wenigen Deutschen, die etwa das Leben von Juden retteten, kaum über den Ladentisch. Wer bringt den Namen Berthold Beitz damit in Verbindung oder Elisabeth Landmann, eine Berliner Sozialarbeiterin, die alleine hundert jüdische Kinder in England in Familien vermittelte?[13]

V.

Darüber hinaus unterstützt die Ernst-Strassmann-Stiftung mit ihrer Förderung dieser Publikation den wegweisenden Gedanken des Aufbaus eines neuen Fundamentes der Freundschaft zwischen Ukrainern, Weißrussen und Russen einerseits und Deutschen andererseits. Angesichts eines zusammenwachsenden Europas ist dies ohnehin ein Gebot der Stunde. Diese Zukunft braucht die Überwindung alter Feindschaft. Sie braucht neue Zuversicht, neue Hoffnung und neue freundschaftliche Beziehungen.

Was kann dazu besser die Tür öffnen als ein Buch wie dieses, das so viele Zeugnisse der Menschlichkeit auf beiden Seiten der Front nachweisen kann? Trotz der rassistischen Ideologie vom slawischen Untermenschentum, die der SS und auch der deutschen Wehrmacht tief eingeimpft worden war, halfen einzelne deutsche Soldaten im Feindesland einzelnen „russischen" Menschen zu überleben oder der Deportation nach Deutschland zu entgehen. Trotz des in Osteuropa – anders als in sonstigen Staaten – von Nazideutschland unvorstellbar grausam und brutal geführten Krieges der verbrannten Erde halfen ukrainische, weißrussische und russische Menschen vereinzelt deutschen Soldaten und später deutschen Kriegsgefangenen, den Glauben an das Gute im Menschen nicht zu verlieren. Und auch manch ein deutscher Vater oder eine Mutter und ihre Kinder bewahrten hier und da Ostarbeiterinnen oder russische Kriegsgefangene vor dem Verhungern und der seelischen Verarmung.

Mit der Veröffentlichung dieser Auswahl von Erzählungen und Briefen verbinden wir die Hoffnung, daß einerseits weitere Kontakte zwischen betroffenen Menschen entstehen, andererseits, daß ein freundliches Klima für ein weiteres Aufeinanderzugehen heute und eine Freundschaft zwischen den Menschen und den Völkern entsteht.

So wie die alte deutsch-französische Feindschaft durch mutige Schritte in den fünfziger Jahren des 20. Jahrhunderts besiegt worden ist, so wollen dieses Dokument menschlicher Beziehungen und sein Herausgeber, Viktor Pedak, jetzt hier zwischen Deutschen und Osteuropäern neue Bande menschlicher Beziehungen knüpfen helfen. Seit zehn Jahren arbeitet er daran aus tiefer Überzeugung. Er beginnt damit auf der untersten und tatsächlich wichtigsten Ebene, auf der Ebene direkter persönlicher Begegnungen. Die nächste Ebene wäre die von Partnerschaften, Städtepartnerschaften, der sich Schulen und Vereine anschließen. Auch wenn Pedak ein Wegbereiter ist, die Zeit ist reif dafür. Bevor die Europäische Union sich ausdehnt, sind solche Schritte sinnvoll und notwendig.

Dr. Jutta-B. Lange-Quassowski
Ernst-Strassmann-Stiftung

Anmerkungen

1. Die erste größere wissenschaftliche Arbeit von 1981 befaßte sich „nur" mit jüdischen Zwangsarbeitern. Erst die Studie von Ulrich Herbert „Fremdarbeiter, Politik und Praxis des ‚Ausländer-Einsatzes' in der Kriegswirtschaft des Dritten Reiches", Berlin/Bonn 1985, markiert den Beginn einer wissenschaftlichen Auseinandersetzung.
2. Die Ernst-Strassmann-Stiftung förderte u. a.: Hermann Kaienburg, Vernichtung durch Arbeit, Der Fall Neuengamme, Bonn 1990; Ulrich Herbert (Hg.), Europa und der „Reichseinsatz", Ausländische Zivilarbeiter, Kriegsgefangene und KZ-Häftlinge in Deutschland 1938–1945; Essen 1991; Gerd Wysocki, Arbeit für den Krieg, Braunschweig 1992; Annette Wienecke, „Besondere Vorkommnisse nicht bekannt", Zwangsarbeit in unterirdischen Rüstungsbetrieben, Wie ein Heidedorf kriegswichtig wurde, Bonn 1996.
3. Die folgende Zusammenfassung der Zwangsarbeiterproblematik beruht neben anderen Quellen vom Zugang und der Systematik her überwiegend auf zwei Aufsätzen von Ulrich Herbert, der eine im schon erwähnten Band, Europa und der „Reichseinsatz": Arbeit und Vernichtung, Ökonomisches Interesse und Primat der „Weltanschauung" im Nationalsozialismus, S. 384–426, und: Zwangsarbeit in Deutschland, Sowjetische Zivilarbeiter und Kriegsgefangene 1941–1945, in: „Es ist schwer, Worte zu finden", Lebenswege ehemaliger Zwangsarbeiterinnen, 1999 veröffentlicht von: Gegen Vergessen – Für Demokratie e.V., Bonn und Förderverein für Memoria/St. Petersburg e.V., Berlin, S. 69–89.
4. Das Buch von Heinrich Albertz „Blumen für Stukenbrock. Biographisches" (Stuttgart 1981) über das Sennelager bei Bielefeld war die erste Veröffentlichung, die in der Bundesrepublik die Aufmerksamkeit auf den lange verschwiegenen Umgang mit russischen und anderen Soldaten aus der UdSSR lenkte.
5. Die Ernst-Strassmann-Stiftung hat zu diesem Thema die Studie von Werner Borgsen und Klaus Volland gefördert: Stalag X B Sandbostel, Zur Geschichte eines Kriegsgefangenen- und KZ-Auffanglagers in Norddeutschland 1939–1945, Bremen 1991. Der Begriff Stalag stand für Stammlager.
6. Dazu kamen 1,7 Mio. aus Polen. Insgesamt gab es über die Kriegsjahre hinweg ca. elf bis zwölf Millionen ausländische Arbeitskräfte im Reich, davon ca. zwei Drittel aus Polen und der UdSSR.
7. Die Ernst-Strassmann-Stiftung fördert die Erstellung der Doktorarbeit von Ulrike Goeken zu diesem Komplex. Sie hat bereits mehrere Artikel dazu in Fachzeitschriften veröffentlicht, besonders in dem vom Arbeitskreis Militärgeschichte herausgegebenen „newsletter".
8. Richard Rommel ist Autor des Buches „Der Wolf und die Schafe. Warum wir vor Hitler versagten", Berlin 2000.
9. Zum sozialliberalen Widerstand vgl. die Studie von Horst Sassin, Liberale im Widerstand, Die Robinsohn-Strassmann-Gruppe 1934–1942, Hamburg 1993.
10. S. dazu Jutta-B. Lange-Quassowski, Der Beitrag der Gedenkstätten zur Identitätsbildung in der Demokratie, in: Gisela Lehrke, Gedenkstätten für Opfer des Nationalsozialismus, Frankfurt/New York 1988.

11 Vgl. dazu als eine Überlebensgeschichte die von Peter Schneider festgehaltene Geschichte „Und wenn wir nur eine Stunde gewinnen …", Wie ein jüdischer Musiker die Nazi-Jahre überlebte, Berlin 2001, oder: Alexander Bronowski, Es waren so wenige, Retter im Holocaust, Stuttgart 1991.

12 Vgl. dazu auch die Geschichte des Bauers Heinrich List und seiner Frau aus dem Odenwald. Sie hatten den jüdischen Jungen Ferdinand Strauß retten wollen, wurden aber denunziert. Erst 40 Jahre später begann die Aufarbeitung. Bis zu der Zeit lebte die Witwe des infolge der Denunziation im KZ ermordeten List noch immer isoliert von ihren Nachbarn (Peter Schneider, S. 7).

13 Bernd Schmalhausen, Berthold Beitz im Dritten Reich, Mensch in unmenschlicher Zeit, Essen 1991, oder Barry Turner, Kindertransport, Eine beispiellose Rettungsaktion, Gerlingen 1994, und Anton Maria Keim, Yad Vashem, Die Judenretter aus Deutschland, München 1983. Neuerdings haben sich auch Wissenschaftlerinnen und Wissenschaftler dieses Themas angenommen. vgl. die von Wolfgang Benz/Mona Körte herausgegebene Reihe „Solidarität und Hilfe für Juden während der NS-Zeit", Bd. 4, Rettung im Holocaust. Bedingungen und Erfahrungen des Überlebens, Berlin 2001.

I

Zwangsarbeit

Schwestern und Brüder

Im damaligen Deutschland waren die Behörden angewiesen, Familien mit einer größeren Zahl von heranwachsenden Kindern besonders zu unterstützen, vor allem dann, wenn der Ernährer der Familie zum Wehrdienst eingezogen war. Handelte es sich um eine Landwirtsfamilie, so mußte im Blick auf die gespannte Ernährungslage auch der Ausfall an Arbeitskraft ersetzt werden.

Als man von 1942 an in den besetzten Teilen der Sowjetunion mit Zwang junge Arbeitskräfte aushob und nach Deutschland deportierte, teilte man einzelne Mädchen und Burschen kinderreichen und landwirtschaftlich tätigen Familien zu. Nicht überall gab es Lager, in die sie nach Arbeitsschluß zurückkehren konnten; so wohnten viele mit auf dem Hof oder im Haus. Trotzdem wurde streng untersagt, die jungen Leute am Familienleben und -tisch teilhaben zu lassen: Bei Zuwiderhandlung wurde angedroht, die hilfreichen Arbeitskräfte wieder wegzunehmen. Die jungen Menschen ihrerseits, total von Heimat und Familie abgeschnitten, ohne Nachricht von den Ihrigen, waren empfänglich für verständnisvolle Zuwendung seitens der deutschen Familien, bei denen sie arbeiteten. Besonders in kinderreichen Familien wurden Sprachschranken und offizielle Verbote rasch überwunden und spannen sich Fäden von Herz zu Herz, welche erst zart waren, sich aber dann als so fest erwiesen, daß sie auch in einem halben Jahrhundert nicht zerrissen. Mit dankbarer Zuwendung reagierten die jungen „Fremdarbeiter" auf taktvolle Behandlung seitens der deutschen Familien, bei denen sie arbeiteten. Lassen wir einen von ihnen zu Wort kommen:

Wir sind doch alle Menschen!

„Hunderte und Tausende von Ostarbeitern wünschen seit langem wieder Verbindung aufzunehmen mit ihren ehemaligen Herrschaften, bei denen ihnen solche Greueltaten, wie es sie damals überall gab, nicht drohten, und die nicht selten ihnen das Leben retteten. Auch viele von jenen würden sich sicher freuen, wenn sie wieder eine Brücke zu ihren einstigen Arbeitskräften schlagen könnten.

Wir sind doch alle Menschen – aber das kommunistische totale Regime hat alle solche Kontakte verboten! Die Deutschen waren ja nicht alle blind vor Wut und Boshaftigkeit; es gab sehr ehrliche und besonders viele arbeitsame Leute unter ihnen, welche nicht selten nachts in ihre Kissen weinten, wenn sie die Greueltaten der Nazis gesehen hatten. Mich hat man in der Familie von Adolf Lange – sie wohnte damals bei der Stadt Gifhorn in Niedersachsen – liebevoll behandelt, und was taugte ich damals mit meinen 15 Jahren schon als Landarbeiter! Und dann kam ich wieder nach Hause – zuhause habe ich mein Leben lang verheimlichen müssen, daß ich einer von diesen ‚treulosen Ostarbeitern' gewesen bin. Sogar meine Kinder wissen nicht, wer ich einst gewesen bin …

Michael Michajlewski,
Kamenez-Podolskij, 1994"

Marta – wie vom Tode erstanden

„Ich werde nie meine gute Familie Gommel vergessen" – diese Worte standen in einem Brief aus dem Arbeitslager, der kurz vor ihrem Rücktransport in die Sowjetunion von der damaligen „Ostarbeiterin" Marta Schewtschenko, jetzt verheiratete Ponomarjowa, an eine deutsche Familie in Korntal bei Stuttgart geschrieben worden ist. Martas Eltern haben in diesem verwünschten Kriege fünf Söhne verloren, und all ihr Hab und Gut ist in Flammen aufgegangen. Aber die Herzensgüte der deutschen Familie obsiegte über alle Schrecken des Krieges, und heute, nach fünf Jahrzehnten, klingen die Worte jener Marta zwar wie ein Ruf aus einer anderen Welt, aber wie ein Ruf, der auf Hilfe hoffen darf: „Antwortet, wenn Ihr noch am Leben seid!"

Wie vertrauensvoll das Verhältnis war, kann ein erhalten gebliebener Brief aus den letzten Kriegsmonaten bezeugen:

„An Familie Gommel, Friedrichstr. 58, Korntal   16.2.1945
Meine liebe Familie Gommel! Ich kann jetzt nicht kommen. Unsere Fabrik muß jetzt schon arbeiten. Ich arbeite jeden Tag von morgens 8 bis 5 Uhr nachmittags. Aber jeden Tag gibt es Alarm, eine oder zwei Stunden, und dann muß man bis um halb sieben oder sieben Uhr arbeiten. Wenn ich Zeit haben werde, zu kommen, dann komme ich. Sofort.
Bei mir geht alles gut, aber ich denke oft an Sie, meine liebe Familie Gommel.

Auf Wiedersehen!
Mit freundlichen Grüßen
Ihre Marta"

Die Originaltexte der Briefe der ehemaligen Ostarbeiterin Marta wurden bis heute in der deutschen Familie mit Behutsamkeit aufbewahrt. Wenn 1945 nur einer dieser Briefe in die Hände der sowjetischen Geheimpolizei geraten wäre, dann wäre Marta, die den echten ukrainischen Namen Schewtschenko trägt, bestimmt nach Sibirien geschickt worden, so wie es Hunderttausenden ehemaliger Ostarbeiter geschah, welche gleich nach den Lagern Hitlers in die Lager Stalins gesperrt wurden. – Das ist ja die tragische Geschichte vieler dieser ehemaligen Zwangsarbeiter in der damaligen Sowjetunion.

Lassen wir Sigrun, die älteste Tochter der Familie, die Geschichte der Reihe nach berichten:

„Gegen Ende des Zweiten Weltkriegs bekamen unsere Eltern zu ihren acht Kindern als Haushaltshilfe eine Ukrainerin zugewiesen, Marta Schewtschenko. Zum Glück sprach sie soviel Deutsch, daß wir uns verständigen konnten. Obwohl sie anfangs Heimweh nach der vorherigen Familie in Stuttgart hatte und ihr auch bange war vor unserem großen Haushalt, fand sie sich schnell bei uns zurecht und wurde uns zur älteren Schwester, unseren Eltern zur großen Tochter. Sollten so die Feinde aussehen, gegen die unsere Soldaten kämpften? – fragten wir uns.

Daß sie eine fremde Sprache beherrschte, faszinierte uns. Wir versuchten, sie von ihr zu erlernen. Aber wie schwer war doch die Aussprache! Noch heute ‚beherrschen' wir rein phonetisch den Kindervers, den sie uns beigebracht hat:

    ladi, ladosi,
    aschojirle babusi
    aschojirle gusku
    aschona sa gusku,
    chljeb da gabusku,
    heidhabuligi!

Aber es folgte ein böser Abbruch. Alle ‚Ostarbeiter' mußten Ende 1944 die Privathaushalte verlassen, wurden in Lagern zusammengefaßt und mußten in Fabriken arbeiten. Auch unsere Marta mußte von uns weg – das war schlimm! Treulich hat sie uns Briefchen aus dem Lager geschickt – wir haben sie alle aufbewahrt!

An Silvester 1944 durften wir zwei älteren Schwestern, 16 und 14 Jahre alt, zu ihr ins Lager gehen und die Feier für die Ostarbeiter miterleben. Als im Januar 1945 unser Haus schwer fliegergeschädigt wurde, bekam

Marta zwei Tage frei, um uns beim Aufräumen zu helfen. Weinend stand sie vor dem halbzerstörten Haus.

Ihr letztes Lebenszeichen war ein Brief aus der Kaserne in Ludwigsburg, wo sie nach Ende des Krieges mit 8.000 Ostarbeitern zusammen auf den Heimtransport wartete. Sehnlichst hofften wir von da an auf Post von ihr – leider vergeblich. Für unser vierjähriges Brüderchen ‚dichteten' wir ein Liedchen, das ihn trösten sollte:

,Jetzt wollen wir nach Rußland geh'n
und unsre liebe Marta seh'n,
und unsre Marta holen –
dann geh'n wir heim durch Polen.'

Uns selber war eher nach Friedrich von Flotow zumute:
"Marta, Marta, du entschwandest,
und mit dir schwand all mein Glück!"

Einer der Briefe aus dem Lager sei hier wiedergegeben (siehe S. 36 und 37):

„Liebe Familie Gommel! Liebe Sigrun!

Deine Brieflein und zwei Karten habe ich bekommen. Herzlichen Dank, daß Sie mich nicht vergessen haben! Verzeiht mir bitte, daß ich nicht antworten konnte.

Jeden Tag, wenn ich von der Arbeit komme, wird Voralarm oder Alarm gegeben, und dann haben wir kein Licht. Manchmal wird es so spät, daß ich mich um 12 Uhr nachts waschen muß. Seien Sie mir nicht böse, ich bin ja nicht schuld. Ich möchte Euch so gerne wiedersehen und Euch alles erzählen. Ich habe so arg Heimweh nach den lieben Kindern. Und überhaupt so viel Anderes.

Und abends um acht Uhr muß ich schon wieder im Lager sein. Letzten Sonntag habe ich Ordnungsdienst im Lager gehabt. Und so geht es jeden Tag weiter. Das ist schrecklich. Aber am Samstag habe ich frei und komme nach Korntal! Dann bleibe ich den ganzen Tag bei Ihnen. Es freut mich schon so arg. Ich wäre ganz glücklich, wenn ich mit Ihnen einen Tag zusammen sein dürfte …

Mit vielen Grüßen an alle
Ihre Marta"

20.12.44 Leonberg.

Liebe Familie Hommel!
Meine liebe gute Sigrun!
Deine Brieflein und zwei Karte ich habe bekommen. Herzliches Danke das Sie mir nicht vergessen haben. Verzein sie mir bitte das ich nicht antworten könnte.
Jeden Tag wann ich von Arbeit komm wird Voralarm oder Alarm und dann haben wir keine Licht. Manchmal wird es so lange das ich mir um 12 Uhr Nacht waschen muß. Sein Sie nur nicht böse. Ich bin nicht Schuld. Ich möchte so gerne wieder euch sehen und alles erzählen. Ich habe so arig heimweh nach liebes Kindern. Und überhaupt so viell anderes.
Par mal wollte ich nach Korntal fahren. Aber es klapt nicht, weil von Arbeit komm ich 6:15, bis ich mir ziehe, dann kann ich um 7 Uhr nach Korntal abfahren. Und um 8 Uhr muß ich schon in die Lage zu sein.
Letzte Sonntag ich habe Ordnungsdienst in die Lage gehabt. Und so geht jeden Tag. Das ist so schrecklich.
Aber am Samstag ich habe frei und komm nach Korntal.
Dann bleibe ich ganze Tag bei ihnen.

Originalbrief von Marta Schewtschenko
(Vorderseite)

Es freut mich schon so arig.
Ich würde ganz glücklich wann ich eine
Tag zusammen sein kann.
Wie wird mit Weihnachten ich weiß noch
nicht genau.
Deine Briefe Ich kann sehr gut lesen und
auch verstehen.
Ich danke dir vielmals.
Diese Brief ich habe geschrieben in
Alarm. Jetzt wird Entwahnung und ich muß
schließen. Schade.
Alles gute
Mit vielen Grüße an alle.
Ihre Marta.
P.S. Tamara sind auch mit mir zusammen
Und grüßt auch recht schön mit Viktoria.

Originalbrief von Marta Schewtschenko
(Rückseite)

> In der Heimath 1945
>
> Meine liebe und nicht fergesene Fam. Hommel!
> Filaicht Sie haben gedacht Marta ist nicht mehr da, nein ich bin immer noch da.
> Ich denke jeden Tag auf Ihnen, un möchte so gern Sie besuchen, aber das ist so weit. Ich bin in Ludwigsburg, in ein arg große Lager (8000 Personen) + Wir alle warten jeden Tag auf Transport fahren nach Russland.
> Meine alle liebe!!! Filaicht ich komme ein mal zu Ihnen aber wan das weiß ich selber nicht.
> Ich Bitte Sie! Kommen zu mir mit Fahrrad Sigrun und Ursula Unssere Lager ist, wo waren früh Soldaten Kasernen.
> Bitte schreiben Sie zu mir ich werde arg froh. Oder Sie haben mir fergessn. Ich fergesse ni meine liebe Fam. Hommel.
> Mit schön Grüß Ihr Marta
> Ich warte Brief von Ihnen.

Originalbrief von Marta Schewtschenko – der letzte Brief aus dem Lager

Im weiteren folgen wir dem Bericht Sigruns:

„Die Jahre gingen ins Land; wir verloren jede Hoffnung, daß Marta noch leben könnte. War doch bekannt geworden, daß Stalin Zwangsarbeiter, die aus Deutschland zurückkehrten, als ‚Verräter und Nazikollaborateure' nicht in die Heimat zurückkehren ließ, sondern in Arbeitslager einschloß. Dann starb unser Vater, 25 Jahre später auch unsere Mutter.

Da flattert uns in der Karwoche 1994 eine Zeitungsseite aus dem fernen Westfalen ins Haus, darauf die Überschrift: ‚Kennen Sie diese Frau?' Es trifft uns wie ein Blitz: auf dem Bild Marta aus Saporoshje mit ihrem Mann, dabei ein Paßbild von ihr aus der Zeit in Deutschland. Und dann das sorgsam gehütete Familienfoto von uns allen! Nach 49 Jahren

ohne jedes Lebenszeichen erfahren wir so: Marta lebt! Und sucht uns! Das Telefon läuft heiß, bis alle Geschwister informiert sind. Dann werden Briefe geschrieben und übersetzt – und auf der Gegenseite mit Ungeduld erwartet … nie war die Post so langsam!"

Angefangen hatte dies damit, daß Marta im Jahre 1991 in einer ukrainischen Zeitung Kenntnis erhielt von meinem Versuch, solche Deutsche und Ukrainer zusammenzuführen, welche im letzten Kriege einander allen amtlichen Verboten zum Trotz freundschaftlich beigestanden waren.
Marta antwortete unverzüglich im Januar 1991:
„Saporoshje, Januar 1991

„Antwortet, wenn Ihr noch am Leben seid!"

Wenn die Kinder der Hausfrau sich meiner erinnern, will ich ihnen einen herzlichen Gruß bestellen und lade sie alle zu Gaste ein, wer nur kommen will. Ich bin dankbar, daß ich am Leben geblieben bin; meine Eltern verloren fünf Söhne in diesem verfluchten Krieg!

Marta Ponomarjowa, geb. Schewtschenko"

Marta wurde daraufhin mit ihrem Mädchenfoto und dem Bild der Familie Gommel (siehe Seiten 41 und 42) in die Suchanzeige aufgenommen, die dann (1994) in deutschen Zeitungen veröffentlicht wurde.

Marta Schewtschenko (Ausweisfoto)

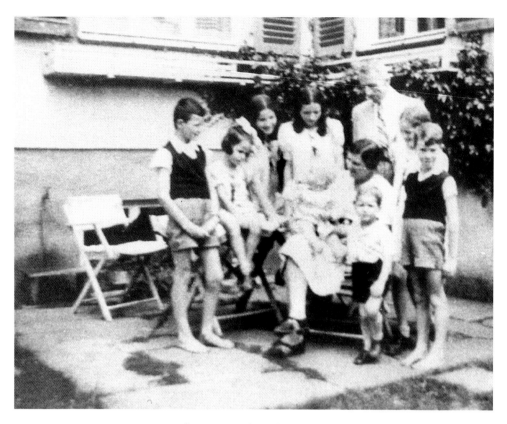

Familie Gommel in der Kriegszeit

Noch im Sommer 1994 hat es sich einrichten lassen, daß Marta Ponomarjowa geb. Schewtschenko die Reise nach Deutschland antrat, wobei ich ihr behilflich sein konnte. Und es gab dann ein glückliches Wiedersehen in Korntal. So viel war da nicht verändert: Das Haus war wieder aufgebaut, der Garten verkleinert, die Straße verbreitert und erneuert …

Und da die Eltern des Hauses nicht mehr lebten, galt ein wichtiger Besuch Martas dem Grab auf dem Korntaler Friedhof, wo sie die Namen der beiden Menschen lesen konnte, die ihr das untergegangene Elternhaus zu ersetzen vermocht hatten. Da standen sie wie lebend vor ihrer Seele – was vermögen weiteste Entfernung und Tod schon gegenüber der Macht der Liebe und des Verstehens von Mensch zu Mensch!

Wie Marta vor mehr als 50 Jahren aus dem Lager schrieb: „Ich werde meine liebe Familie Gommel nie vergessen", so schicken heute die Enkel und Urenkel der deutschen Familie der lieben, unvergeßlichen Marta und ihrem Mann einfache Kinderbriefe und ihre ersten Zeichnungen zum Andenken nach Saporoshje.

Marta Ponomarjowa geb. Schewtschenko
legt Blumen am Grab der Familie Gommel nieder.

> Halo Libe Marta und Iwan wie Get Es auch?
> Am 26.5.1995 Waren wir In Korntal Grosmuter Las Uns For
> Das Du Geschriben Hast Das wir dich Fergesen-
> haben Aber der Prif Hast Du Schon Lang
> Geschriben. Am Neksten Tag Waren
> Wir Wider Daheim. Dan Ruft Grosmutei
> Blözlich an Und Sagt Du hast uns
> Geschriben Das du Dich serfreust.
> Uns Get es Gut. Dein Florian
>
> Am 30.5.1995

Der einfache Brief von Florian an Marta und Iwan

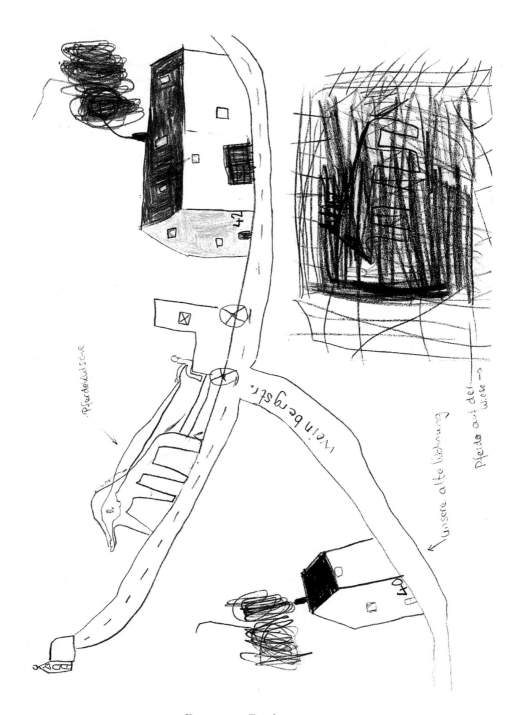

Die ersten Zeichnungen –
ein Geschenk an Marta von ihren deutschen „Enkeln"

Die ersten Zeichnungen –
ein Geschenk an Marta von ihren deutschen „Enkeln"

(Für mich ist es das Wichtigste bei meiner Tätigkeit, daß heute die Kinder und Enkel in diesen Familien solche Kontakte in die Ukraine pflegen. – V. P.)

Mit Hochachtung wende ich mich an Sie

Da trägt eine ukrainische Frau jahrzehntelang eine innere Verpflichtung mit sich herum: Du solltest jener deutschen Familie, die dir in der schlimmsten Zeit durchgeholfen hat, einen Dankesbrief schreiben! Sie wissen ja nicht einmal, ob ich mit dem Leben davongekommen bin! Und eines Tages, sie ist mittlerweile eine alte Frau geworden, gehen die verschloßenen Grenzen zum Westen hin auf. Briefe werden hin und her befördert, und in den Zeitungen erscheinen wahrheitsgetreue Berichte von damals. Da wagt es die Rentnerin endlich, auch ihren Brief zu schreiben:

„Guten Tag, geehrter Viktor Petrowitsch!
Sie machen eine nicht leichte, aber so edle und besonders für uns nötige Arbeit. Ich bin auch eine von den Tausenden von Menschen, die mit Gewalt nach Deutschland weggeführt worden sind. Damals war ich 13 1/2 Jahre alt, ich bin am 8. September 1928 geboren. Ich kam ins Haus eines Landwirts, da ging es mir sehr schlecht. Der Mann mußte

nicht an die Front, er war Bergmann und hatte immer Nachtschicht. Tagsüber schlief er ein wenig, dann machte er die Hausarbeit. Die Frau nahm nicht darauf Rücksicht, daß ich noch ein Kind war, und verlangte von mir, ich solle arbeiten wie ein großer Mann: mähen, mit den Ochsen fahren, Heu einbringen, Mist auf den Dunghaufen fahren. Letzteres war die schwerste Arbeit für mich: Ich plagte mich, bis ich die Karre über die Schwelle bekam, dann mußte ich sie über der Grube hochstemmen und umkippen – oft fiel ich selbst mit hinein! Das sah die Freundin meiner Hausfrau und bekam Mitleid mit mir.

Eines morgens früh um fünf mußte ich mit den Ochsen ins Heu fahren, am Hause dieser Freundin entlang. Sie wartete mich ab, gab mir belegte Brötchen und Äpfel. Das tat sie einige Male, es durfte aber keiner sehen. Einmal lud sie mich in ihr Haus ein und sagte: ‚Siehst du, hier schlafen vier Kinder, ihr Vater ist an der Front, ich habe es allein sehr schwer. Komm zu mir und lebe bei mir, auf die Kinder aufpassen, die Schwerarbeit mache ich selber!' Ich hatte in der Schule etwas Deutschunterricht gehabt und lernte Sprachen schnell, wie alle Kinder. So konnte ich ihr zur Antwort geben: ‚Wie kann ich weggehen von meinem Haus, man wird mich doch bestrafen!' Sie antwortete, ich solle keine Angst haben, sie werde es durchsetzen.

Es gab da wohl ein Gesetz, daß Dienstboten am 1. Oktober wechseln dürfen. Meine Frau schloß mich tags zuvor in mein Zimmer ein, von der Größe einer Hundehütte, mit vergitterten Fenstern. Aber um 12 Uhr nachts kamen die großen Mädels der Nachbarsfrau, nahmen leise die Fensterrahmen samt Gittern heraus und befreiten mich aus meiner Haft. Im Hause der guten Frau war noch Licht; sie gab mir zu essen und führte mich in ein Zimmer mit schneeweiß bezogenem Bett – so etwas hatte ich im Leben nicht gesehen! Da sollte ich schlafen, aber wie konnte ich das, mit meinen blutverkrusteten Händen, mit meinen aufgerissenen, nach Stall riechenden Füßen, die seit Wochen weder Schuhe noch Wasser noch Seife gesehen hatten? Ich habe mich darum auf den Bodenläufer vor dem Bett gelegt.

Früh am nächsten Morgen kam die vorige Hausfrau mit zerzausten Haaren angelaufen und überschüttete meine Wohltäterin mit Vorwürfen: ‚Warum hast du sie nur weggeholt, das Russenschwein! Sie ist doch faul und frißt bloß!' Aber meine Retterin blieb ganz ruhig: ‚Warum läufst du ihr dann nach?' – Und das wiederholte sich noch oft.

Mir aber war, als sei ich aus der Hölle ins Paradies geraten. Nicht nur, weil man mich hier nicht mit zu schwerer Männerarbeit plagte oder weil man mir 20 Mark Taschengeld wie einer Erwachsenen auszahlte – die Hauptsache war die mütterliche Fürsorge meiner neuen Herrin, welche sich so kraß unterschied von dem, was ich in meinem ersten Hause erfahren hatte. Ich könnte dafür noch viele Beispiele aufzählen. Aber das Gesagte reicht aus, um den Schluß zu ziehen, daß den haßerfüllten Aufrufen Hitlers, uns ‚Untermenschen' zu zertreten und zu vernichten, nur jene Deutschen gefolgt sind, die schon vor Hitler hartherzige Menschenhaßer gewesen waren, und daß der größte Teil der Deutschen human und gutmeinend mit uns umging.

… Obwohl schon ein halbes Jahrhundert vergangen ist, möchte ich vor meinem Tode noch erfahren: Ist noch eines am Leben aus dieser deutschen mütterlich-gütigen Familie? Ich habe ihnen schon im Dezember 1993 geschrieben, aber keine Antwort bekommen.
Maria Sergijenko,
St. Byschow, Gebiet Kiew, Ukraine"

Sie hat dann noch einen zweiten Brief geschrieben, aus dem wir das Folgende zitieren:

„Es schreibt Ihnen die ehemalige Ostarbeiterin Maria von der Ukraine, die in den Kriegsjahren bei Ihnen gearbeitet hat. Der gnädigen Fügung des Schicksals verdanke ich, daß ich am Leben geblieben bin. Und ich erinnere mich noch immer daran, was für gute und edelgesinnte Menschen Sie gewesen sind. Ich hätte schon früher geschrieben, aber das durften wir nicht.

Die letzte meiner Erinnerungen an Euch ist: Spät in der Nacht gab es Fliegeralarm. Mutter packte die vier schläfrigen Kinder, ergriff dazu etwas von Kinderkleidern und Lebensmitteln, und wir rannten, ich mit dem Kleinsten auf dem Arm, zu den Nachbarn in den Luftschutzkeller. In diesem Augenblick kam ein Polizist dazu, blieb über die ganze Zeit des Luftangriffs neben uns sitzen, und als nach der Entwarnung alle in ihre Häuser gegangen waren, wartete draußen auf mich der „schwarze Rabe", den der Polizist bestellt hatte. Damit war mein künftiges Schicksal bestimmt: zuerst Gefängnis in München, dann in Weilheim, dann im Konzentrationslager Ravensbrück. Dort machte ich Bekanntschaft mit dem Verbrennungsofen, aber es war mir nicht bestimmt, darin umzukommen. Die Sowjetarmee befreite mich am 5. Mai 1945. Ich wurde als Invalidin der Gruppe 2 eingestuft; bis heute bin ich immer kränklich geblieben.

Ich möchte mich besonders an die Söhne wenden. Ich hoffe sehr, daß Ihr am Leben seid. Ich bin ganz sicher, daß Ihr selber schon Söhne – vielleicht gar Enkel – haben werdet. Ob wohl Euer Vater vom Krieg heimgekommen ist? Er war ein sehr guter Mensch. Und Eure Mutter, die war für mich wie eine leibliche ‚Mutti' ... Sie hat mich ins Haus genommen, damit ich ihr helfe, euch zu versorgen, und dazu etwas Hausarbeit mitmache. Den ganzen Winter stopfte ich Kindersöckchen und lernte sogar das Stricken. Sie hatte es damals mit Euch vieren recht schwer, denn da kam ja noch die Landwirtschaft hinzu. Ich konnte ihr dabei nicht viel helfen, war ja damals kaum 14 Jahre.
In tiefer Hochachtung
das ehemalige Dienstmädchen Maria.
Gott behüte uns davor, daß es jemals wieder einen für die ganze Menschheit so unglücklichen Krieg gebe!"

Sie hat uns vor Plünderung bewahrt

„Sehr geehrter Herr Pedak!
Ich habe in der Zeitung gelesen, daß Sie über Menschen der ehemaligen Sowjetunion berichten, die nach dem Überfall der deutschen Wehrmacht auf die Sowjetunion als Zwangsarbeiter nach Deutschland verschleppt wurden und dort auf deutsche Menschen trafen, die ihnen geholfen haben, ihr schweres Schicksal zu ertragen.

Ich möchte Ihnen von Nadja erzählen, die aus Kiew nach Deutschland verschleppt worden ist und bei meinen Eltern eine Ersatzheimat gefunden hat. Nadjas Vater war – so hat sie erzählt – Meister in einer Motorradfabrik, ihr Großvater mußte einige Jahre in einem Straflager in Sibirien verbringen. Bis Ende September 1945 wohnte ich mit meinen Eltern – die inzwischen verstorben sind – in Mildensee bei Dessau. Mein Vater war selbständiger Holzkaufmann, meine Mutter Hausfrau und zusätzlich als Buchhalterin in Vaters Geschäft tätig.

Als Nadja zu uns kam, war sie etwa 20 Jahre alt. Ich war zu jener Zeit 15. Am 26. Juni 1942, dem Geburtstag meiner Mutter, hatte mein Vater beim Arbeitsamt in Dessau vorgesprochen und um eine Haushaltshilfe für meine mit Arbeit überlastete Mutter gebeten. Der zuständige Beamte sagte ihm, er könne ihm Nadja ‚zuweisen' – viel Freude werde er aber an ihr nicht haben, sie sei von ihrer bisherigen Arbeitsstelle weggelaufen und auf der Landstraße zwischen Dessau und Köthen von der Polizei aufgegriffen worden. Eigentlich gehöre sie in ein Lager für Zwangsarbeiterinnen, denn sie sei ‚aufsässig' und nicht gerade fleißig. Die Warnung des Beamten machte auf meinen Vater wenig Eindruck; ich vermute, daß Nadja ihm leid tat. Jedenfalls nahm mein Vater sie sofort mit und brachte sie als Sozia auf seinem Leichtmotorrad zu uns nach Hause.

In unserer Familie hat Nadja sich schnell eingelebt. Mit Gewißheit kann ich sagen, daß sie sich bei uns wohlgefühlt hat. Für meine Eltern war Nadja wie eine Tochter, für mich war sie wie eine Schwester. Nadja war fleißig und verständig und hat – dessen bin ich mir sicher – nie ans Weglaufen gedacht. Sie erzählte uns, sie sei von ihrer früheren Arbeitsstelle – meiner Erinnerung nach einer Gaststätte – nur deshalb weggelaufen, weil sie dort schlecht behandelt worden sei.

Angesichts der bevorstehenden Adventszeit ist mir eine lustige Geschichte wieder eingefallen: Meine Mutter hat Ende September eines jeden Jahres – auch während des Krieges – Lebkuchen gebacken; sie wurden in großen Steinkrügen verwahrt, damit sie zur Adventszeit ‚weich' wurden. Die Krüge standen in einer unverschloßenen Dachkammer. So auch im Jahre 1942, als Nadja erst wenige Monate bei uns war. Als aber meine Mutter zur Adventszeit die ersten Lebkuchen auf den Tisch bringen wollte, war ein großer Steinkrug total leergegessen. Nicht ein einziger Lebkuchen war mehr darin! ‚Wer hat die vielen Lebkuchen herausgenommen?' – fragten meine Eltern uns Kinder (meine Schwester und mich), und natürlich kam ich sofort als Übeltäter in Verdacht. Das wollte Nadja nicht dulden, und so gestand sie zerknirscht, die vielen Lebkuchen nach und nach verzehrt zu haben, ‚weil sie so gut schmeckten'. Meine Eltern und wir Kinder haben herzhaft gelacht, und Mutter fragte Nadja besorgt, ob sie denn bei uns nicht satt würde. Nadja hat versichert, daß sie genug zu essen bekomme; aber die Lebkuchen hätten so verführerisch geduftet und da hätte sie nicht widerstehen können. Mutter hat dann – mit Nadjas Hilfe – noch einmal Lebkuchen gebacken. Noch lange haben wir über diese Geschichte gelacht.

Mitte April 1945 wurde Mildensee von amerikanischen Soldaten besetzt. Bis zu ihrem Abzug blieb Nadja bei uns. Als die Soldaten der Roten Armee einzogen, hat sie sich sehr anständig zu uns verhalten. Dann mußte sie uns verlassen. Wir haben nie wieder etwas von ihr gehört, aber inständig gehofft, daß sie wohlbehalten zu ihren Eltern zurückgekehrt ist. Vergessen haben wir Nadja nie, sie hat sich einen festen Platz in unseren Herzen erobert. Ich wünsche, daß es ihr heute gutgeht.

Fritz Wielop"

Einen ‚Schutzbrief', der ihre deutsche Familie vor einer Plünderung durch Sowjetsoldaten bewahren sollte, hinterließ Frau Tamara Turtschina aus Charzysk ihrer deutschen Herrschaft:

> Аппельгульзен 30/VI-45.
>
> Семье
>   Рихарда Клостеркампа
>   Аппельгульзен
>   Вокзальная №82.
>
> Я) Тамара Туржина, была с 20 апреля 1942г. в этой семье.
>
> В этой семье я имела очень хорошо (и в случае вступления частей „Красной Армии" на эту территорию), то я прошу Вас бойцов не разорять и быть ветливы<s> </s>ми к ним.
>
> Сегодня 30/VI-45 я уезжаю в родные края, и желаю всего хорошего.
>
> Тамара Туржина
> Хорцызск
> Сталинской обл.
> Вокзальная №25

„Schutzurkunde" von Tamara Turtschina

„Appelhülsen, am 30.6.1945
Der Familie Richard Klosterkamp, Appelhülsen, Bahnhofstr. Nr. 82.

Ich, Tamara Turtschina, war in dieser Familie vom 20. April 1942 an. In dieser Familie ging es mir sehr gut, und wenn unsere Rote Armee in diesen Landesteil kommt, bitte ich die Soldaten sehr, sie nicht zu ruinieren und höflich zu sein. Heute ist der 30.6.1945, ich fahre in die Heimat und wünsche Ihnen alles Gute!
Tamara Turtschina,
Charzysk, Gebiet Stalino"

Ich erzähle oft von Ihrer Familie

„Sehr geehrter Herr August, sehr geehrte Frau Anna!

Verzeihen Sie, wenn ich störe. Ich heiße Anna Sawtschitschina. Ich lebe in der Ukraine in der Stadt Podwolotschisk. Ich habe vom Jahre 1942 an bis zum Mai 1945 im Dorf Wingendorf (?) in Ihrem Hause gewohnt. Ich war damals 14 Jahre alt. Mit mir zusammen arbeiteten bei Ihnen noch ein Russe namens Dimitrij und ein französischer Kriegsgefangener mit Namen Reymond. Ich erinnere mich sehr gut an Ihre Töchter Ruth, Irmgard (?) und Christa, und an Ihren Sohn Helmut. Die Kinder waren damals noch sehr jung. Ich möchte mich bei Ihnen für alles bedanken. Sie haben mich damals vorm Hungertod bewahrt, es war damals eine sehr schwere Zeit. Erlauben Sie mir heute, meinen herzlichen Dank auszusprechen. Wie geht es Ihnen und Ihren Angehörigen?

Ich will einiges über mein Leben schreiben; ich bin jetzt verheiratet, mein Familienname ist jetzt Dazjuk. Mein Mann und ich sind jetzt Rentner. Wir haben zwei Söhne, Wladimir und Walerij. Sie sind schon verheiratet und wohnen in der Stadt Kiew.

Ich erzähle meinen nahen Verwandten oft von Ihrer Familie und von meinem Leben bei Ihnen. Meine Angehörigen möchten Sie gerne samt Ihrer ganzen Familie kennenlernen. Wir bitten Sie, auf unseren Brief zu antworten. Vielleicht brauchen Sie irgendeine Hilfe? Können wir Ihnen helfen? Wir tun alles für Sie, was in unseren Kräften steht.

Wir möchten uns nochmals bedanken für Ihr großes Verständnis, für Ihre Herzensgüte und für Ihre mühevolle Fürsorge.

Leben Sie wohl! Und grüßen Sie bitte Ihre Angehörigen von uns!
Anna und meine Familie,
Podwolotschisk"

Ihre Söhne und Enkel können stolz auf Sie sein

Wenn dies ein alter Bauer aus der Ukraine mühsam niederschreiben läßt, macht er keine Floskel aus Höflichkeit. Dann steckt etwas dahinter, was er loswerden muß:

„Seid gegrüßt, werter Bauer Schuhrose mit allen Angehörigen!
  Diesen Brief schreibt Ihnen der ehemalige Ostarbeiter aus der Ukraine Gurskij Iwan Fomitsch, der bei Ihnen bis April 1945 gearbeitet hat. Ich erinnere mich noch an Ihre Vorschläge, mir in meiner Notlage zu helfen. Mein folgendes Leben hat dann bewiesen, daß Sie recht gehabt haben. Vielleicht kann dieser Brief dazu helfen, herauszufinden, wo Sie und Ihre Verwandten sich jetzt befinden. Ich bin Ihnen sehr dankbar für die Güte Ihres Herzens. Und ich denke oft an die guten Taten, die Sie mir erwiesen haben.
  Die Jahre sind vergangen. Wahrscheinlich sind Sie schon nicht mehr am Leben. Aber Ihre Kinder, Ihre Enkel und Verwandten müssen wissen, daß der Bauer Schuhrose auf eigenes Risiko dem einfachen Jungen aus der Ukraine das Leben gerettet hat, und daß dieser Junge ihm dafür sehr dankbar ist! Zur Zeit bin ich sehr krank. Ich habe meinen Adoptivsohn gebeten, die Menschen aufzufinden, welche mir einst das Leben gerettet haben. Hoffentlich findet mein Brief jemanden von ihnen!
  Ich grüße alle Verwandten
  Gurskij Iwan Fomitsch,
  Saporoshje"

Leider hatte dieser Brief nicht den gewünschten Erfolg. Da bat der kranke Mann seinen Adoptivsohn, nochmals einen Brief zu schreiben, den er ihm wie folgt diktiert:

„Guten Tag, Bauer Johann, Frau Anna, und die Kinder Mariann, Hans und Friedel! Diesen Brief schreibt Ihnen Gurskij Iwan Fomitsch, der bei Ihnen im Jahre 1944 gearbeitet hat.
  Auf beiden Seiten, der russischen wie auch der deutschen, waren die Menschen ganz verschieden. Ihre Söhne und Enkel können stolz darauf sein, daß Sie mich wie einen Verwandten in den Kreis der Familie aufgenommen haben, allen Verboten zum Trotz. Sie waren wirklich gutherzig zu mir. Ich saß zusammen mit Ihrer Familie am Tisch und aß dasselbe,

was Sie auch gegessen haben. Sie haßten den Krieg, wie auch ich ihn gehaßt habe. Ich denke oft an Mutter Anna. Sie sorgte für mich.

Sehr von mir geliebte Mariann! Du warst wie ein Sonnenstrahl am Himmel! Ich spielte mit Dir, erzählte Dir Märchen, redete mit Dir in großer Trauer über meine Heimat in der Ukraine. Du aber hattest einige Worte Ukrainisch gelernt und sagtest zu mir: ‚Iwan, fahre nicht in die Heimat zurück, bleibe hier, heirate hier und wohne mit uns zusammen!' Wo bist Du jetzt, liebe Mariann? Vielleicht hast Du Kinder und sind sie noch am Leben – aber wo sind sie? Ob es mir gelingen wird, sie aufzufinden und herzliche Dankesworte auszusprechen für die Wohltaten, die ich empfangen habe? Ich bewahre in mir gute, helle Erinnerungen an Sie und erzähle davon oft meinen Söhnen, Töchtern und Enkeln. Hoffentlich ist jemand von Ihnen am Leben. Ich umarme Sie, ich sehe oft im Traum Ihr Haus vor mir.

Diesen Brief hat geschrieben Iwans Adoptivsohn Oksentschuk Wladimir Ignatyewitsch in Saporoshje, Gagarinstr. 12 Wohnung 10."

Leider ist bislang kein Echo aus Deutschland zurückgekommen. Dies kann seinen Grund darin haben, daß in den großen Ostprovinzen alle deutschen Bauern vertrieben worden sind und mit ihren Angehörigen irgendwo im Westen verstreut leben.

(Ja, wohin haben euch alle vier Winde zerstreut – Nadja, Mariann, und noch Hunderte, Tausende andere – Russen, Ukrainer, Deutsche, welche Gutes taten, Menschen in dieser unmenschlichen Zeit blieben? – V. P.)

Wo bist du, Nadja?

Bereits vor Kriegsausbruch waren den Deutschen Reisen ins Ausland und das Kennenlernen fremder Völker nahezu unmöglich gemacht worden. Das machte es der alles beherrschenden Nazipropaganda leicht, fremde Völker verächtlich zu machen. Bezüglich der Russen wurde vorwiegend von ‚bolschewistischen Untermenschen' gesprochen. Viele Deutsche haben diese Propaganda in sich aufgenommen – aber nicht alle. Es gab nicht wenige, für die nicht das pauschale Vorurteil zählte, sondern die einzelne menschliche Persönlichkeit:

„Frau Nadja Odinez war bis zum Jahre 1943 bei der Daimler-Benz AG in Untertürkheim als Ostarbeiterin beschäftigt. Von dort kam sie als Haushaltshilfe zu uns nach Eltingen. Ihr Vater war Zollbeamter, zwei Brüder von ihr waren Ingenieure in der Sowjetunion, ein weiterer Bruder lehrte als Professor in Tokio. Wegen dieses Bruders geriet die Familie in den Verdacht unerlaubter Auslandsbeziehungen und wurde für zwei Jahre nach Sibirien zwangsverschickt. Nadjas Schwester blieb als Schauspielerin in Kiew, mußte aber erleben, wie ihre Tochter mit 14 Jahren an Scharlach sterben mußte.

Nadja war nur wenig jünger als meine Mutter. Sie war eine wunderbare Frau, eine ungewöhnliche Frau. Sie war sehr musikalisch und hat oft mit meiner Mutter zusammen Klavier gespielt. Sie konnte gut Kleider nähen und hat auch für uns Kinder viele gemacht, was uns mitten in den Dürftigkeiten der Kriegszeit besondere Freuden bereitete. Sie kannte sich sogar in elektrischen Geräten aus, konnte u.a. das so unersetzliche elektrische Bügeleisen reparieren!

Ich kann mich noch heute daran erinnern, wie Nadja das bekannte Lied gesungen hat:
,Wolga, Wolga, matj rodnaja
(Wolga, Wolga, Heimat-Mutter)'
Wo bist du jetzt, unsere liebe, unvergessene Nadja!?
Agnes Weibler,
Stuttgart-Untertürkheim"

„Wo bist du, Nadja?"

Ich konnte Agnes (auf dem Foto auf Seite 54 ganz links) zu meinem Bedauern nicht helfen, ihre Nadja Odinez (zweite Reihe rechts) wiederzufinden. Wenn aber das Andenken so lebendig bleibt, gibt es ‚Nadjeshda' (= Hoffnung) auch ohne ein Wiedersehen mit Nadja ...

Meine Seele hat sich um eine Sünde erleichtert

Seit 18 Jahren leidet Iwan Jazuljak an einer Herzkrankheit; schon etliche Jahre muß er mit einer künstlichen Herzklappe leben. Ob das damit zu tun hat, daß er seit einem halben Jahrhundert eine schwere Bürde mit sich herumträgt?

Niemandem, auch seiner Familie nicht, hat er klarmachen können, daß er sich gerne bedanken möchte bei einem Deutschen, der ihm, als er mit 16 Jahren in Deutschland umherirrte, das Leben rettete. „Was – die Deutschen sollen gute Menschen sein? – unmöglich!", hieß es durchweg in der Familie. Eines Tages aber erfährt Iwan die Adresse seines einstigen Lebensretters; er schreibt dorthin den Dankbrief, den er über Jahre hinweg in seinem Innern herumgewälzt hat. Und dieser Brief kommt tatsächlich beim Enkel jenes Lebensretters an! Da seufzt der gute Iwan tief auf: „Meine Seele hat sich um eine Sünde erleichtert!"

Hier die Antwort, die er bekommen hat:

„Iwan Fjodorowitsch Jazuljak hat seinen Retter gefunden. Ich schreibe Ihnen als Enkel des Bauern Wilhelm Wolf aus dem Dorfe Raibach, das inzwischen der Stadt Groß-Umstadt eingemeindet worden ist; es liegt in der Nähe von Darmstadt.

Mein Großvater lebt leider nicht mehr; jedoch können sich meine Eltern sowie meine Tante und viele Nachbarn noch gut an den ‚lieben Russen' erinnern.

Mein Großvater unterhielt damals nicht nur ein Bauerngut, sondern auch eine Metzgerei und eine Gaststätte. Er war bis zu seinem Tode vor 20 Jahren ein gläubiger Christ. Deshalb war es für ihn die erste Bürgerpflicht, diesen jungen Menschen zu retten. Er war selbst in der Nazizeit darauf stolz, trotz seiner Stellung in der Gemeinde nie ‚Parteimitglied der NSDAP' gewesen zu sein. Nachdem ich nun von meinen Eltern jene ‚alten Geschichten' erzählt bekommen habe, bin auch ich stolz auf meinen Großvater, meine Mutter und meine Tante.

Günther Wolf"

„Iwan, fahre nicht in die Ukraine zurück!"

Wie sich alles zugetragen hat, entnehmen wir dem Brief, den Iwan Jazuljak als Antwort hierauf geschrieben hat:

„Lieber Günther!

Als ich Deinen Brief zur Kenntnis bekam, wurden meine Erinnerungen so lebendig, als ob keine 50 Jahre vergangen wären.

Ich kam in Euer Haus am Ende des Krieges, zwei Tage bevor die Amerikaner einrückten. Zuvor hatte ich in Osthofen bei Worms im Elektromotorenwerk gearbeitet.

Als die amerikanischen Truppen sich näherten, hat man uns evakuiert. In Darmstadt (?) bin ich aus der Marschkolonne geflüchtet, während eines Luftangriffs. Ich versuchte, allein nach Osten weiterzugehen. Ich kam bis zu Eurem Dorf und blieb da. Viele fürchteten sich, mich in ihr Haus zu lassen (darauf stand die Todesstrafe). Aber es gab in diesen Tagen keine Behörden mehr. Aber Euer Großvater nahm mich auf, dafür bin ich ihm mein ganzes Leben lang sehr dankbar. Immer habe ich mich dankbaren Herzens an ihn erinnert. Wenn der Großvater mir kein Obdach gewährt hätte, wäre ich vielleicht untergegangen, denn damals tobten Banden von SS-Männern sich aus und brachten noch viele solche Leute wie mich ums Leben.

Ich habe mich sehr angefreundet mit dem Großvater. Er melkte die vier Kühe, ich fütterte sie und machte sie sauber. Er war 50 Jahre alt und ich 15. Er träumte davon, daß Philipp ihm nach dem Kriege ein paar Pferde für die Landwirtschaft kaufen würde. Mir sagte er auch: ‚Bleib hier, Iwan, du kannst die Nachbarin heiraten, die Anna.' Auch an die Tochter des Großvaters kann ich mich gut erinnern. Sie war schön, 28 Jahre alt, aber ich war ja erst ein Fünfzehnjähriger. Am ersten Tag, als ich ins Dorf kam, luden viele Frauen mich zu sich ein und fütterten mich mütterlich. Sie waren zu mir so barmherzig wie zu ihren Söhnen, um die sie weinten. Ich bin den Müttern Ihres Dorfes sehr dankbar geblieben und grüße sie herzlich mit großer Wertschätzung!

Ja, Günther, Du darfst auf deinen Großvater stolz sein. Er haßte den Faschismus, das weiß ich genau. Er erzählte mir, wie er zu den Parteimitgliedern stand. Ich denke, daß die Mehrheit der Bauern den Faschismus haßte, er brachte ja der ganzen Welt so viel Unglück. Vielleicht hat Dein Großvater mit anderen Einwohnern Eures Dorfes dazu beigetragen, dem Faschismus den Hals zu brechen? Vielleicht ist das etwas naiv gedacht von mir – aber ich habe den Einwohnern Eures Dorfes so viel Güte und Ehrlichkeit abgespürt, wie ich sie in meiner Heimat nicht fand.

Darüber gibt es sogar Ärger in meiner Familie. Ich erzähle meinen Leuten, daß im Dorf Raibach so gute Menschen wohnen. Da sagen sie: ‚Was, die Deutschen – und gute Menschen?!' Deshalb müssen wir alle noch viel tun, damit zwischen unseren Völkern Verstehen und Wohlwollen gedeihen kann.

Lieber Günther! Ich bitte Dich, Deiner Tante und Deinen Eltern herzliche Grüße von mir auszurichten, auch allen Einwohnern von Raibach. So ein Unglück, wie es uns der Faschismus brachte, soll sich niemals wiederholen! Möge Gott geben, daß wir immer in Frieden und Freundschaft leben! Ich wünsche Euch allen Glück und Gesundheit! In Hochachtung vor Ihnen allen
     Iwan Jazuljak"

Viele Jahre sah ich denselben Traum

„Nach Deutschland verschleppte man mich im Alter von 15 Jahren und 8 Monaten. Vom September 1943 bis zum 23. Februar 1944 habe ich in einem Rüstungsbetrieb gearbeitet. Wir wohnten in einem großen Lager (1.500 Menschen). Die Lagerordnung war: in Reih und Glied zur Arbeit, von der Arbeit, zum Mittagessen – und samstags zum Bad in ein rumänisches Nachbarlager.

Im Februar 1944 wurde ich in die Stadt Apolda versetzt, wo ich in einer Textilfabrik arbeitete. Wir begannen mit dem Seidenkokon und endeten bei der Produktion von fertiger Seide für Fallschirme. Wir wohnten bei der Fabrik, 24 Mädchen in jedem Zimmer. In der freien Zeit, sonntags oder nach der Nachtschicht, durften wir von 9 Uhr morgens bis 9 Uhr abends aus der Fabrik hinausgehen.

Als ich nach Deutschland gebracht wurde, weinte ich in der ersten Zeit sehr viel, besonders in den Nächten. Mein Schichtablöser, er hieß Stjopa, riet mir, ich solle nicht weinen, sondern Deutsch lernen, denn der Krieg würde kein schnelles Ende nehmen. Die Sprache würde mir helfen. Die Sache war die, daß aus den Lagern manchmal von den Bauern Leute zu sich genommen wurden. Da war es nicht so kalt und hungrig. Und sie nahmen gern solche, die einigermaßen Deutsch konnten.

Stjopa gab mir auf, in jeder Nachtschicht 15 bis 20 Wörter zu lernen. Das fiel mir leicht, weil ich schon zuhause in den oberen zwei Klassen Deutsch gehabt hatte. In meiner freien Zeit ging ich in die Stadt und wandte mich an einfache, ältere Frauen mit dem Angebot, im Hause zu helfen: Wäsche waschen, aufräumen, im Garten arbeiten. Manchmal nahm man mich an, gab mir zu essen oder auch gebrauchte Kleidung und Schuhe. Schließlich habe ich in den anderthalb Jahren in Apolda bei 16 Frauen gedient. Eines Tages im Februar 1945 ging ich eine neue Hausfrau suchen. Das Wetter war feucht und kalt. Mein Mantel war zu klein geworden. Die Ärmel waren mir zu kurz, und meine Hände von der Kälte rot und geschwollen. Da begegnete ich einer nicht mehr jungen Deutschen, die ganz in Schwarz gekleidet war. Damals trug die Hälfte der deutschen Frauen Trauerkleidung. Ich bot ihr meine Hilfe an, sie lächelte und sagte, sie mache alles selbst. Sie zog die Handschuhe aus und umfaßte mein Handgelenk. Wie warm war ihre Hand! Sie wollte mir ihren schwarzen Muff geben. Ich lehnte das ab. Da gab sie mir ihre Handschuhe, die ich später noch nach Hause gebracht habe. Sie fragte, ob ich essen wolle, und ich sagte ja. Sie zeigte mir ein Haus auf der anderen

Straßenseite – dort lebe ihre Schwester, die müsse sie besuchen. Ich solle solange warten.

Die Straße war menschenleer. Dann sah ich einen Polizisten. Man konnte ihn gleich erkennen an seiner Uniform und dem Helm aus Metall mit Adler und Hakenkreuz. Er schaute mich an und ging weiter. Dann kam er zurück, inspizierte mich nochmals von Kopf bis Fuß und ging fort. Meine Frau kam und kam nicht. Ich hatte Angst und wollte schnell weg, aber wegen der Handschuhe konnte ich das nicht.

Nach einiger Zeit kam sie heraus und winkte mir lächelnd mit der Hand. Auf dem Weg fragte sie mich, wieviel freie Zeit ich habe, wie alt ich sei, woher ich komme, wieviel Schule ich besucht habe, ob ich freiwillig nach Deutschland gekommen sei und wo ich arbeite und wohne – schließlich auch, ob die Stadt Kalinin weit von uns weg sei. Ich antwortete auf alle ihre Fragen in dem Deutsch, das ich damals bereits gelernt hatte.

Als wir zu ihr kamen, stellte sie gleich Kaffee auf. Auf dem Tisch stand ein Foto von einem Soldaten in schwarzem Rahmen. Das war ihr Mann, gefallen bei Kalinin. Kinder hatten sie nicht. Sie gab mir Kaffee und Brot mit Schmalz, die Schmalzschicht fast so dick wie das Brot. Später erfuhr ich, woher das Schmalz stammte: Das hatten Holländer mitgebracht, die im gleichen Wohnhaus im dritten Stock wohnten. Die Frau gab mir noch ein Schmalz- und ein Marmeladenbrot mit und sagte beim Abschied, ich solle zu ihr kommen, wenn ich Hunger habe. Mir fuhr es heraus: ‚Ich bin immer hungrig' – da mußte sie lachen und sagte, ich solle kommen, wenn ich Zeit habe.

In einer Ecke des Zimmers stand ein russischer Plattenspieler, darauf lag ein Stapel Platten, deutsche und auch von uns. Einmal stellte sie ihn an und legte Lieder auf: ‚Stenjka Razin', ‚Katjuscha', ‚Suliko' und ‚Tatschanka'. Ich fing an zu weinen, erinnerte mich an mein Vaterhaus und an solche Platten, wie meine Tante sie hatte, meine Taufpatin, die mich liebhatte. Frau Küstermann, so hieß die Deutsche, beruhigte mich und sagte: ‚Hitler bald kaputt, Krieg zu Ende, und du fährst nach Hause.' Einmal kam ich vormittags zu ihr. Sie stellte gerade Eimer und Kessel auf einen Schubkarren und wollte Wasser holen. Am Tag zuvor war ein amerikanischer Bombenangriff gewesen, und die Wasserleitung in ihrem Stadtteil war kaputt. Wir gingen nach Wasser ins Nachbardorf. Das war das einzige Mal in der Zeit unserer Bekanntschaft, daß ich ihr geholfen habe …

Nach dem Kriege hatte ich 20 oder mehr Jahre lang von Zeit zu Zeit denselben Traum: Ich wanderte durch die Straßen von Apolda und suchte das Haus, wo Frau Küstermann wohnte. Ich fragte bei Deutschen auf deutsch, wo es sei – aber als ich das Haus gefunden hatte und fragte, ob meine Frau noch hier wohne, kam die Antwort auf russisch, und an deren Inhalt konnte ich mich nachher nicht erinnern. Im Traum überlegte ich, ob da jetzt Familien von unserem Militär wohnten oder einfach Landsleute, die in Deutschland arbeiteten.

1981 habe ich versucht, Frau Küstermann mit Hilfe des Roten Kreuzes zu finden, aber man hat mir geantwortet, daß sie nur Verwandte suchen würden.

Für mich ist es bis jetzt ein Geheimnis, warum mich viele Jahre dieser Traum verfolgte. Ich habe doch die anderen Deutschen, bei denen ich mehr gearbeitet habe, nie im Traum gesucht. War es deshalb, weil diese deutsche Frau mir so lieb und nahe geworden ist wie meine Patentante?
Sinaida Gulega,
Saporoshje/Ukraine"

Soll mein Herz bei Dir bleiben

„Sehr geehrter Herr Pedak, 19.4.1994
in unserer ‚Bildzeitung' fand ich Ihre Anschrift mit Ihrem Aufruf, Menschen zusammenführen um Kontakte zu schaffen. Für diese heroische Idee und Aufgabe, die Sie sich gestellt haben, sage ich Ihnen meinen herzlichen Dank.

Nun aber geht meine Bitte an Sie ins umgekehrte Land. Hier mein Anliegen: In der Vergangenheit habe ich schon viele Male versucht, eine Vera Stankewicz in Kiew, Zvavskaja Nr. 16/1, zu finden.

Meine Briefe kamen immer zurück – ohne Kommentar, und jedes Mal von den dortigen Behörden geöffnet.

Nachdem nun damals Herr Gorbatschow ein so gutes Klima zwischen unseren Ländern hergestellt hatte, versuchte ich es noch einmal über Radio- und Fernsehanstalten in Kiew. Der Brief mit meiner Bitte kam weder zurück noch erhielt ich eine Antwort. Also auch kein Erfolg!

Nun nehme ich an, daß Sie der liebe Gott gefördert hat. Ob es Ihnen gelingt, Vera Stankewicz zu finden oder etwas über sie zu erfahren? Vera St. hatte Brüder und Schwestern. Während des Krieges war Vera zu Zwangsarbeiten nach Deutschland verschleppt worden und arbeitete in einer Munitionsfabrik, in der auch ich damals arbeiten mußte. Uns war es damals streng verboten, mit Ausländern Kontakt aufzunehmen. Aber

Vera Stankewitsch

nach meiner Entlassung aus dieser Munitionsfabrik gelang es uns, noch einige Briefe zu wechseln. Doch durch die Wirren des Kriegsendes – es ging alles drunter und drüber – haben wir uns verloren.

Kam Vera wieder zu ihrer Familie nach Kiew? – Ich habe Vera nie vergessen. Nun hoffe ich sehr, über diesen Weg und Ihre Hilfe etwas über Vera zu erfahren. Vera wurde am 27.1.1927 geboren; ob in Kiew, das weiß ich nicht. Vera hatte ein kleines Foto. Als wir Abschied nehmen mußten, hat sie mir das Foto so wie ein kleines Herzchen ausgeschnitten und gesagt: Wenn ich mit dir nicht bleiben darf, soll mein Herz mit dir bleiben!

Ihre Anschrift in Deutschland lautete damals: Ostlager Bodenteich, Kreis Uelzen.

Für Ihre eventuelle Hilfe möchte ich schon jetzt danke sagen.
      Mit freundlichen Grüßen
      Helma Wester-Piel"

16/XI-43 z.

Guten tag maine libe froindin Helma! Ich schun lange gewarten fon dich brif. Ezt schun gekricht. Froße, große danke. Ich denken, du schun mich vergesen, so wi alles andere. Für mich ser schver hir. Ich denken, dy wais alaine. Dise noe ire medchen nicht so gud wi ire kompani. Ich kann nicht beser schraiben. Entschuldigen bite. Ich habe alles so wi immer. Ich alles gans verschtein, wi du schraiben. Wo ist Ellen? Wo du ezt zy hause oee arbaitest? Bitte immer schraiben mir. Also, alles. Zy fill küse fon mich. Alles güte is viel glück. f Vera.

Originalbrief von Vera Stankewisch an Helma vom 16. November 1943 (oben);
Rückseite des Briefes (Seite 63)

Hier sind die Briefe, die nach dem Abschied auszutauschen den Freundinnen gelungen ist:

16/XI-43
Guten tag maine libe froindin Helma!
　Ich schun lange gewarten fon dich brif. Est schun gekricht. Große, große danke. Ich denken, du schun mich vergesen, so wie alles andere. Für mich ser schwer hir. Ich denken, du wais alaine. Dise noe ire medchen nicht so gut wi ire kompani. Ich kann nicht besser schraiben. Entschuldigen bite. Ich habe alles so wi immer. Ich alles gans verstein, wie du schraiben. Wo ist Ellen? Wo du ezt zy hause ored arbaitest? Bitte immer schraiben mir. Also, alles. Zu fill küse fon mich. Alles güte u. viel glück. Vera.
　(Rückseite:)
Maine adrese du schun wais:
Ostlager Bodenteich
Kr. Üelzen
Wera Stankewitsch
Ich warten brif.

Guten tag maine libe froindin Helma!
　Ich shun gekricht aine postkarte. Danke. Entschuldigen bite, was ich so lange niks schraiben. Maine geits so wi immer. Ich denken für dich niks interesant krigen maine brif. Has du filaicht ruhige zait. When so ist, dan bitte schaiben mir. Aber ich denken krig bald fertig, dan ich must schaiben fon Ukraina. Und dan ich immer must denken: – „Wo ist maine Helma".

Juten tag maine libe froindin Helma! Ich shan gekriht aine postkarte. Danke. Entschuldigen bite, was ich so lange niks schraiben. Maine geits so wi immer. Ich denken für dich niks interesant krigen maine brif. Has du filaicht wenige zait. When so ist, dan bitte schraiben mir. Aber ich denken krig bald fertig, dan ich must schraisen fon Ukraina. Und dan ich immer must denken: — „Wo ist maine Helma". Für mich so shwear schraiben. Du filaicht niks ferchstein mich. Ich gans niks richtig schraiben. Aber anderes ich kann nicht. Ext maine lebe noch schlechte, ich ext krigen 2 kr. brod in 1 woche. Ich habe immer gunger. schadet nins. Wir must immer warten. Also alles, was ist gute, — für dich. Ich warten antwort.
Daine Wera. 27/I–44z.

Was ich schraiben in dise postkarte:
Zu file glüke, gute leben und biten niks fergesen mich.

Maine libe froindin 2/II–44z.
ich habe geburstag, aber noch niks gewein gute leben.
Also alles gute fur dich.

Originalbrief von Vera Stankewisch an Helma vom 27. Januar 1944 (oben); Rückseite des Briefes (unten)

Für mich so schear schraiben. Du filaicht niks ferstein mich. Ich gans niks richtig schraiben. Aber anderes ich kann nicht. Ezt maine lebe noch schlechte, ich ezt krigen 2 kg brod in 1 woche. Ich habe immer gunger. Schadet niks. Wir must immer varten. Also alles, was ist gute, – für dich. Ich warten antwort.

Daine Vera, 27/I-44

(Rückseite:)

Was ich schraiben in dise postkarte:

Zu fill glüke, gute leben und biten niks fergessen mich.

Maine libe froindin 2/II-44

ich habe geburtstag, aber noch niks

gesein gute leben

Also alles gute fur dich.

Fünfzig Jahre hütete Frau Wester-Piel dieses Foto, das Andenken an Vera Stankewitsch. Der Brief, den sie mit dem Foto in die Ukraine geschickt hatte, ging da verloren, wie es jetzt oft vorkommt. Man hat den Brief aus dem Ausland geöffnet, um Geld zu suchen, und das Foto weggeschmissen.

Frau Wester-Piel hat ein anderes Foto aus einer Zeitung ausgeschnitten, weil das Mädchen Vera ähnlich war. Aber nach fünfzig Jahren schreibt ihre deutsche Freundin, die Ukrainerin Vera Stankewitsch aus Kiew hatte häufig traurige Augen.

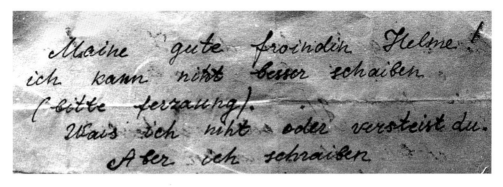

Originalbrief von Vera Stankewisch an Helma

Bis heute plagen mich Gewissensbisse

„Geehrter Viktor Petrowitsch! 5.9.1997
Ich grüße Sie von ganzem Herzen und hoffe, Sie werden mir helfen, etwas in Erfahrung zu bringen über das Leben mir sehr nahestehender Menschen, die mich einst vor dem Tode retteten. Das war in der Stadt Dortmund, Kanalstraße 8, in der Asbestfabrik. Die Adressen und Fotos meiner deutschen Freundinnen hat man mir 1947 zusammen mit dem Koffer abgenommen. Doch sie selbst, besonders meine liebste Freundin Trudi Treber, leben in meinem Herzen weiter. Trudi kann nach dem Krieg auch eine Frau Schlumm geworden sein, diesen Namen trug der Soldat, mit dem sie verlobt war. Ich kann es gar nicht aussagen, wie human diese junge Deutsche war! Jeden Tag brachte sie mir ein belegtes Brötchen, und von ihrer Mutter brachte sie uns Geschenke.

Warum ich jetzt von ihr schreibe? Nun, ich hatte keine Adresse, aber das war's nicht allein: Ich war Lehrerin, und man mißachtete in unserem Lande alle, die nach Deutschland zur Arbeit gebracht worden waren, als ob wir freiwillig hingefahren und nicht mit Gewalt verschleppt worden wären, und nannte uns Verräter – aber nicht wir hatten jemand verraten, sie hatten uns verraten, indem sie uns nicht vor den Faschisten versteckten! Aus unserem Dorf nahm man zwanzig mit, aus dem Nachbardorf zehn.

Am 10. Februar 1945 schickte man uns von der Fabrik weg zum Schanzen – die 2. Front war nahe gerückt. Wir drei Mädel liefen weg, gerieten aber in die Hände der Polizei, und man schickte uns ins KZ. Doch liefen wir auch von dort wieder fort und versteckten uns zwei Monate lang bei den Bauern Rollma und Wallmann. Ich war bei der Familie von Alfons Wallmann in Appelhülsen. Seine Gattin hieß Toni. Das waren sehr gute Menschen. Mit Risiko für das eigene Leben gaben sie uns Asyl und versteckten uns, bis die Amerikaner kamen und uns vom Tode retteten. Meine Freundin lebt schon nicht mehr, aber ich habe Gewissensbisse, daß ich bis heute diesen Leuten nicht wenigstens mit Worten meinen Dank ausgesprochen habe.

Die Erinnerungen an Deutschland waren immer in meiner Seele, ich träumte davon, diesen lieben Menschen zu schreiben, doch wir lebten hinter dem Eisernen Vorhang. Ich muß immer daran denken, wie die Deutschen uns mit Essenssachen aufgepäppelt haben, wie wir uns, wenn es an kalten Tagen keinen Strom gab, miteinander an den Heizkörpern aufwärmten und wie deutsche Kolleginnen für uns sogar die Marseillaise und die Internationale sangen, obwohl man für jedes dieser Lieder ins KZ kommen konnte ... Aber es gab dort keine Verräter. Wir sangen unsere ukrainischen Lieder, die ihnen sehr gut gefielen. Wir haben auch deutsche Volkslieder gelernt, und sie lernten für uns das Lied vom Kosaken auf der Donau – so haben die Volkslieder uns einander nähergebracht, unsere Freundschaft gestärkt.

Ich habe sie alle oft im Traum gesehen, träumte davon, daß ich einen Brief bekäme. Aufgewacht, fing ich an zu schreiben: ‚Meine liebe Trudi, ich danke Dir sehr ...', so auch den Wallmanns. Erst jetzt besteht die Möglichkeit, einen solchen Brief zu schreiben, ohne sich selbst zu gefährden. Ich werde Ihnen ewig dankbar sein, wenn Sie mir helfen, meinen langjährigen Traum zu verwirklichen.

Grüßen Sie die Leute von Ihrer Nadja."
(Nadja Silka)

Sie fuhr laut weinend fort

„Sehr geehrter lieber Viktor Pedak! Tönisvorst, 15.4.1994
Es ist für mich eine große Freude zu lesen, daß sowjetische Bürger heute ihre Wohltäter in Deutschland suchen. Bei mir zu Hause arbeitete bis Kriegsende eine Ukrainerin, ihr Name war Dusja Babitsch aus Poltawa bei Kiew. Meine Eltern hießen Heinz und Katharina Martens in St. Tönis, heute Tönisvorst, in der Nähe von Krefeld.

Meine Geschwister heißen Herbert, Günther, Heinz, Elisabeth und Gertrud. Ich heiße Henny und hatte ein besonders herzliches Verhältnis zu Dusja. Dusja war bei uns zu Hause wie ein eigenes Kind, wir liebten sie alle. Ich glaube nicht, daß meine Eltern ihr direkt das Leben gerettet haben, aber bei uns war wöchentlicher Treff von Russen und Ukrainern, auch ein Pole war dabei. Anna, Dusjas Freundin, spielte da Akkordeon und machte immer lauter Blödsinn. Es ging da immer lustig zu. Für die armen Leutchen war das ein Stück Leben: aufatmen, miteinander fröhlich sein. Meine Mutter nähte für alle Kleider, auch das war immer eine neue Freude für sie.

Immer wollten wir Dusja suchen, aber man hörte von Schwierigkeiten, welche die Gesuchten in ihrem Land bekommen würden, wenn wir sie finden würden. Meine leider inzwischen verstorbene Mutter hat sich so sehr gewünscht, Dusja noch einmal zu sehen. Hoffentlich lebt Dusja noch. Bei Kriegsende war sie 24 Jahre alt, ich zwölf. Sie fuhr laut weinend auf einem Lastwagen fort und lebte dann noch eine Zeitlang auf dem Hof Langels in Unterweiden bei Kempten. Danach haben wir nichts mehr von ihr gehört.

Herzlichen Dank für Ihr Bemühen, von dieser besonderen Seite unserer gemeinsamen Geschichte zu erzählen, die es, Gott sei Dank, auch gegeben hat.

Ihre Henny Schlohsmacher"

Meine doppelte Dankbarkeit dieser „Kapitalistin" gegenüber

„Ich bin Fedorenko Lubow Jakowlewna (geb. Bitschuk), geboren am 19. November 1925 in Melitopol. Am 25. Juni 1942 hat man mich mit Gewalt nach Deutschland verschleppt. Ich kam in die Fabrik in der Stadt Iserlohn-Heide. In unserem Zimmer wohnten zwölf Mädchen, acht aus Melitopol und vier aus Rostow. In der Fabrik waren alle gut zu mir, besonders als ich an der Bohrmaschine, an der ich arbeiten mußte, durch elektrischen Strom am Kopf schwer verletzt wurde. Viele Nähte wurden da angebracht. Die Mädchen konnten mich nur abends nach der Arbeit pflegen, aber den ganzen Tag über kümmerte sich die Frau des Fabrikbesitzers um mich. Würde vielleicht die Frau eines unserer Fabrikdirektoren zu einer einfachen Arbeiterin kommen? Dazu trug ich das Dreieck ‚Ost', und die Hitler-Regierung hatte generell verboten, Mitgefühl mit uns zu äußern!

Deshalb bin ich dieser ‚Kapitalistin' doppelt dankbar! Nach Ende der Krankheit versetzte der Chef mich weg von der schweren Bohrmaschine zu einer leichteren Arbeit, in die ‚Bakelit-Abteilung'. Hier wurden aus einer Plastikmasse Gehäuse für Tischlampen angefertigt. Als ich da ein Jahr gearbeitet hatte, kam ein neues Unglück: Die linke Hand kam unter die Stanze, wurde ganz zerquetscht. Und wieder Nähte und Schmerzen, und das Schrecklichste: Es setzte eine Gangräne, eine Blutvergiftung, ein, die Hand wurde schwarz und begann zu faulen. Ein Finger nach dem anderen füllte sich mit geschwärztem Blut. Der Arzt wollte schon die Hand amputieren. Aber da kam der Mann meiner Chefin von der Front zurück, er hieß Willi. Die Chefin – sie war zu uns wie eine Mutter, eine Seele von Mensch – bat Willi, sich meine Hand anzusehen. Und er, in aller Einfalt seines Gemüts, schlug vor, eine Methode aus der

Volksmedizin anzuwenden: die Hand in heißen Dampf zu halten. Die Chefin machte Wasser heiß, legte meine Hand hinein, seifte sie mit milder Seife ein, weiß wie Wachs – und das Wunder geschah: Aus allen Wunden kam schwarze Fäulnis heraus! Ein paar solcher Dampfbäder, und die Hand begann zu heilen. So ist meine Hand ganz geblieben, jetzt zwar etwas kürzer als die rechte – aber sie ist mir geblieben!

Jedesmal, wenn ich auf meine Hand schaue oder etwas mit ihr mache, erinnere ich mich an meinen Retter Willi und an all diese guten Menschen. Darum bin ich dem Schicksal dankbar, daß es mir in dem für uns so fremden Land solch gute Menschen in den Weg geschickt hat. Wir waren ja so weit weg von unseren Heimathäusern, aber diese Menschen waren für uns in unseren Jugendjahren wie Eltern, und ihre Herzen gaben uns ein wenig Wärme, schenkten uns Geborgenheit, Zärtlichkeit und Liebe. Wenn die Fabrikbesitzerin und ihr Mann noch leben, möge Gott ihnen gute Gesundheit erhalten!

Lubow Fedorenko"

In meiner Erinnerung seid ihr noch Kinder

Sowohl Deutschland als auch Rußland waren in jener Kriegszeit weitgehend von der Landwirtschaft geprägt, und in ihr arbeiteten damals noch viele Menschen, Männer und Frauen, auch in untergeordneter Stellung. Es war ihnen nicht gegeben, der Nachwelt literarische Berichte zu hinterlassen über ihr Leben und ihren unersetzlichen Beitrag zum Wohl der Gesamtheit. Aber einer von diesen Unbekannten hat nach dem Sprichwort gehandelt „Wes das Herz voll ist, des geht der Mund über" und hat jener deutschen Familie, in der er arbeitsverpflichtet war, einen langen Brief geschrieben, in dem er sich nicht nur persönlich bedankt, sondern auch seine Sicht der verschiedenen Agrarsysteme darlegt. Der originelle Stil dieses Briefes ist in der Übersetzung nur gering verändert worden.

„Liebe Familie Fritz Grube,

Herr Justin, Herr Fritz, Herr Hänschen – in meiner Erinnerung seid Ihr ja noch Kinder!

Ich weiß, daß der Vater schon nicht mehr am Leben ist. Möge er glücklich sein im Himmelreich! Ich weiß nicht, wie es Mutter Odila geht. Vater habe ich nur zweimal gesehen. Im Herbst 1944, da war er im Urlaub, er war damals in Frankreich im Dienst. Und dann nach dem

Krieg, als er aus der Gefangenschaft nach Hause kam. Ich habe ihn als erster erblickt. Wir waren gerade beim Essen – schau, da steht er unter der Birke, hier an der Küchenecke, dem Brunnen gegenüber! Ich sage zu Maria, dem Dienstmädchen: ‚Guck, das ist der Fritz Grube, in Zivil.' Die Mutter war gar nicht zu Hause; als die Kinder nach ihr riefen, kam sie gelaufen. Und als sie sich begegneten, da sank der Vater in Ohnmacht, so schwach war er.

Ich bin auch einmal so schwach gewesen. Damals im Lager, ich glaube, sie wollten mich schon in die Todeskammer bringen. Aber der Doktor hat mich noch einmal angesehen und dafür gesorgt, daß ich auf ein Bauerngut kam. Gott sei Dank, ich bin mit dem Leben davongekommen! Dem Arzt werde ich mein Leben lang dankbar sein. Und auch der Mutter bin ich sehr dankbar für all das Gute, das sie mir getan hat. Sie machte sich große Sorgen, daß ich gut esse, und was gab es da zu essen! Fünfmal am Tage, und jedes Mal zum Mittagessen Fleisch!

Das erste Mal mußte ich mich sehr wundern, als Maria uns Kartoffeln vorlegte und dazu jedem zwei Würstchen, 5 cm dick und 12 cm lang. Ich fragte: ‚Ist das für mich?' – Maria sagte: ‚Für jeden so viel' – dann packte ich in meinem großen Hunger das Würstchen und verschlang es mit Haut und Schwänzchen, wie so ein ausgehungerter Mensch das erste Mal im Leben ein ganzes Würstchen aus Fleisch ißt – das war schon zum Staunen! Und dann brachte man noch so einen Pudding, übergossen mit Fruchtsaft. Dann eine Stunde Ruhe. Dann aufs Feld und dort wieder das Vespern: zwei Stullen Schmalzbrot mit Kaffee, und das mitten auf dem Feld! Und um fünf sollte doch die Arbeit schon zu Ende sein. Noch eine halbe Stunde Arbeit dazu, dann ist Pause bis sieben Uhr abends. Und wieder essen: Eier und Kartoffelsalat, ein ganzer Haufen, dazu dünne und dicke Pfannkuchen. War das nicht ein Kurort, im Vergleich mit dem Kolchos-System? Hatten wir nicht alles, was wir wünschten? Das war echter Kommunismus, aber auf kapitalistische Art … Wir kannten ja unser Kolchos-System von zu Hause, wo wir mitten auf dem Feld draußen schlafen mußten. Man sagte uns damals, daß wir besser und reicher leben würden als alle anderen auf der Welt. Aber wir waren nur Sklaven der Kommunisten und der Sowjetmacht.

Ja – das Schlafen. Zum ersten Mal richtete Mutter Odila mir am Abend selber das Bett. Ich war ja erst spät angekommen, an der Haltestelle warteten ihr Bruder und der Großvater und brachten mich ins Haus. Dann gab es Abendessen, zwei Teller Brei, und Mutter fragte: ‚Noch einmal?' Ich sagte: ‚Genug!' – denn ich hatte Angst, man denke von mir: Der ist hungrig wie ein Wolf! Dann ins Zimmer. Ich wusch mich, kleidete mich um, und Mutter legte mich schlafen, unten Federbett und Kissen, oben darauf noch mal ein Federbett, mit dem deckte sie mich zu. Ich schlief ein, und am anderen Tag weckte mich Maria erst um 11 Uhr. ‚Warum so spät?', fragte ich sie. ‚Die Frau hat gesagt, er soll sich erholen, er ist überanstrengt.' Ich bin Dir, meine deutsche Mutter, sehr dankbar, daß ich heute noch am Leben bin! Als ich dann das Stroh verstreut hatte, war schon alles getan. ‚Geh, Michel, erhole dich! Du bist noch zu schwach!'

Ich kann mich noch erinnern, wo Eure Felder liegen. Hinter dem Friedhof, dem Walde zu, wo an der Ecke eine Quelle fließt und man Wasser trinken konnte, reines Wasser aus einem Zementrohr. Über dem Weg drüben wohnten Euer Opa und Eure Oma. Und noch einen Weg weiter der Ortsbauernführer, der nicht zum Militär mußte, und der auch Eure Landwirtschaft kontrollierte.

Da mußte ich mich wieder sehr wundern: In der Landwirtschaft gab es strenge Arbeitszeiten. Um sechs Uhr frühstückten wir, um halb zehn gab's ein zweites Frühstück, und was für eins! Zwei große Butterbrote und oben drauf noch geräucherten Speck oder ein Stück Wurst! Dann um 12 Uhr Mittagessen – erster, zweiter und manchmal sogar dritter Gang! Und auch den sonntäglichen Kuchen habe ich nicht vergessen. Und wie wir Weihnachten und Neujahr feierten, es ging ins Jahr 1945. Jeder bekam einen Teller mit Gebäck und Süßigkeiten. Und wie Opa und Oma mir herüberriefen, ich solle kommen und das Geschenk abholen. Damals war Mutters Bruder schon nicht mehr da, der mich im Krankenhaus in Wolfenbüttel abgeholt hatte. Er fiel ja in Rumänien. Die Großeltern weinten und sagten in meiner Gegenwart, wenn der Krieg aus sei, würden sie sein Grab suchen und ihn in die Heimaterde bringen.

Ich erinnere mich, wie Onkel und Tante zu Euch kamen und mir einen Anzug, Hemd und Schuhe schenkten – für mich begann ein Leben wie auf einem anderen Planeten.

Auch Mutter hatte mir andere Kleider gegeben. ‚Wo ist denn mein Anzug?', habe ich gefragt. ‚Haben wir hinter der Scheune verbrannt', sagte die Mutter, ‚und noch mit Petroleum übergossen, damit der ganze Etappen- und Lagerstaub verbrennt!' So begann mein neues Leben.

Als ich mich erholt hatte, gingen wir Stroh einsammeln mit den Buben. Bei einem von ihnen riß der Riemen von der Sandale ab. Er kommt damit zum Michel, und der Michel nimmt einen großen Nagel und nagelt ihn wieder an der Ferse fest. Da schreien die Buben zur Mutter hinauf: ‚Guck einmal, was der Michel gemacht hat!' Und sie ruft vom Balkon herunter: ‚Michel, was machst du für Sachen!' Das meint sie aber gutmütig, mit einem Lächeln auf den Lippen. So ist sie immer, solch eine kleine Frau, sie war zu allen von uns wie eine leibliche Mutter. Und das in der Fremde!

Oder: Wir gehen in den Garten und kommen zurück, das Hemd ausgestopft mit Pflaumen, Birnen, Äpfeln. Ich setze Euch Buben auf die hölzernen Zaunpfähle (um den Garten herum war ein Drahtzaun, festgemacht an Pfosten). Ihr habt aber alle Angst davor, so tief hinabzuspringen, und ruft vereint nach der Mama. ‚Was hat der Michel wieder getan!' Ich komme und helfe Euch herunter, dem Justin, dem Fritzchen, dem Hänschen. Damit Ihr mich wieder einfangen könnt, gehe ich auf den Händen über das Steinpflaster des Hofs. Und Ihr rennt mir nach, zupft mich am Hemd und schreit: ‚Mutti, guck mal, der Michel ist ein Clown!'

Ich habe Euch auch beigebracht, wie man Ölkuchen mit gedörrten Zuckerrübenschnitzen essen kann, es gab darunter welche so dick wie ein Sahnebonbon. Einmal gingen wir zu dritt Flachs jäten (es gab schon da und dort Unkraut), das war mehr eine Arbeit zum Zeitvertreib. Die Mutter ruft herüber: ‚Maria, was kaut denn der Michel dort, wie ein Amerikaner seinen Kaugummi?' Und die antwortet: ‚Gucken Sie her, Bäuerin, in seinen Taschen, das ist doch Futter für die Säue! Er hat auch Eure Kinder gelehrt, getrocknete Beten zu essen, wie die Lutschbonbons!'

Einmal hatte ich auf dem Feld den Weg entlang Äpfel gesammelt und als Vorrat unter die Matratze gelegt. Aber die faulten und fingen an zu stinken. Jede Woche wurde die Bettwäsche gewechselt. Einmal fragte Mutter die Maria: ‚Weißt du, was beim Michel so stinkt?' Man nahm das ganze Bett auseinander, da war sogar die Matratze angefault, sie war ja mit Stroh ausgestopft. Man hängte sie dann zum Trocknen an den Zaun, gleich da hinter dem Birnbaum. Und wie ich mit dem Polen vom Feld kam, wurde ich gerufen: ‚Michel, sieh mal, was ist das?' Und weil Mutter genügend russische Wörter gelernt hatte, zeigte sie auf das Loch: ‚Ein Loch in deiner Matratze. Warum sind dort Äpfel gewesen?' ‚Zum Vorrat' – das gab ein großes Gelächter. Und nachher bekam ich von Mutter Nadel, Faden und ein Stück Stoff: ‚Nähe das Loch zu, es ist deine Matratze', und wie man das macht, hat sie mir auch gleich beigebracht.

Und da war noch ein Wunder: Warum arbeiteten wir samstags nur bis um zwei Uhr und sonntags überhaupt nicht? Sogar in der Erntezeit? Wieso das, wenn doch alles schlechter war als unser Kolchos-System?

„Wer wird denn sonst im Kolchos arbeiten?"

Nach dem Kriege, als ich wieder in Rußland war, sagte man mir eiskalt: ‚Deine Mutter ist beim Zaren Leibeigene gewesen, dann mußt du halt auch ein Kolchosnik sein!' Ist ein Kolchos-Arbeiter denn auch ein Leibeigener? Es sieht ja wirklich so aus, wenn er nachts auf dem Feld schlafen muß. Ich mußte einige Male zu den Sekretären der Partei gehen, um ihnen zu beweisen, daß das nicht stimmt. ‚Wenn mein Vater und meine Mutter Viehhüter gewesen sind, muß ich denn dann unbedingt ein Hirte werden?' ‚Ja, ja, was sagst denn du, was denkst du, wer wird denn dann noch im Kolchos arbeiten?'

Noch einmal großen Dank, meine deutsche Mutter, für alles Gute, für alle elterliche Liebe. Du hast mir mein Leben gerettet. Ich habe nie ein böses Wort von Dir gehört. Ich verneige mich tief vor Dir.

Und Ihr alle, meine Jugendfreunde, ich küsse Euch und drücke Euch an mich, kräftig und herzlich. Ich weiß nicht, wir sind immer so gute Freunde gewesen. Ich habe sogar Eure Rechenaufgaben gelöst. Und wenn ich über Eure Adresse einen Brief bekam, kamt Ihr Kinder angelaufen: ‚Michel, Post für dich!' Ich lade Euch alle zu Besuch bei mir ein. Kommt – wer von Euch ist der Mutigste? – zu Eurem einsamen Michel! Meine Frau ist nämlich am 9. März gestorben, ich lebe ganz allein.

Auf Wiedersehen – Justin, der Älteste,

Fritz, der Mittlere,

Hänschen, der Kleine, Blondhaarige!

Ich wünsche Euch Glück und Wohlergehen, Friede Eurem Hause! Möget Ihr alle 150 Jahre alt werden – die Wissenschaft sagt doch, das sei gar nicht zuviel für einen Menschen! Für mich seid Ihr halt immer noch Kinder –

Michail Kunach,
Tomakowka/Ukraine"

Wir haben uns noch viel zu erzählen

Es macht Freude, wenn man einander von freundlichen, gar humorvollen Begebenheiten erzählen kann. Es mag auch gut sein, wenn man alles Schwere darüber vergessen kann. Aber jene Kriegszeit hat über viele Menschen unsagbar Schlimmes gebracht, das darf nicht verschwiegen werden. Es muß wohl auch immer wieder in Worte gefaßt und einem Menschen anvertraut werden, damit die Lebenden es verarbeiten können und einander darüber die Hand reichen, ehe künftige Generationen, sich darüber entsetzend, verborgenen Groll in sich und gegen andere entzünden und nähren. Eine Frau an der Westgrenze Deutschlands hat solches versucht und ist durch unsere Vermittlung auch fündig geworden. Wir veröffentlichen hier den ersten Brief und auch die erste Antwort.

„Sehr geehrter Herr Pedak!

Ich suche Frau Pascha Solonzewa aus Snamenka in der Ukraine. Sie war im Jahre 1943, als sie zu uns kam, etwa 22 Jahre alt. Sie mußte in Aachen in einer Schirmfabrik arbeiten und wohnte in einem Arbeitslager in Aachen. Ich hieß damals, so lange ich unverheiratet war, Therese Scholl und lebte bei meinen Eltern. Auf unserem damaligen Bauernhof lebte ein Ostarbeiter namens Konstantin (Kostja) Petrenko aus Kiew. Dessen Stammlager war auch in Aachen. Nach einem Bombenangriff auf die Stadt Aachen brachte Herr Petrenko von dort Frau Solonzewa mit und zu uns ins Haus. Von da an arbeiteten beide gemeinsam bei meinen Eltern. Pascha und ich wurden gute Freundinnen, und sie wurde von meinen Eltern wie eine nahe Familienangehörige aufgenommen. Beim Abschied gab es viele Tränen. Als Anfang 1945 die amerikanische Armee Mausbach bei Stollberg eroberte, verließ Herr Petrenko zusammen mit amerikanischen Soldaten unser Haus. Pascha Solonzewa aber blieb bei uns bis zu ihrer zwangsweisen Rückführung in die Sowjetunion Anfang 1948. Wegen der politischen Verhältnisse der folgenden Jahre habe ich leider keine Gelegenheit mehr gehabt, nach Frau Solonzewa zu suchen. Ich weiß noch, daß sie drei jüngere Schwestern hatte. Es ist mein ganz großer Wunsch, meine damalige Freundin Pascha, sofern sie noch am Leben ist, noch einmal wiederzusehen.

Therese Mohr
Würselen"

Pascha Solonzewa,
Ausweisfoto, 1943

Es sollte noch eine lange Zeit dauern, bis dann in Snamenka der folgende Antwortbrief geschrieben werden konnte:

„Sei mir gegrüßt, liebe Therese (Risi) Scholl! Herzlich begrüßt Dich Pascha Solonzewa-Minajewa. Vielen Dank für alles! Sind Deine Verwandten noch am Leben? Vater Bernd Scholl und Frau Scholl? Ich erinnere mich noch immer an sie. Ich schulde ihnen vielen Dank dafür, daß ich am Leben geblieben bin. Ich erinnere mich an einen Bombenangriff, bei dem ich mit Frau Scholl zusammen verschüttet wurde. Mir fällt ein, da war ein Hund namens Alex. Und gegenüber, da war ein Junge namens Bruno. Er hatte zwei Schafe und verstand es, sie zu melken. Ich erinnere mich auch gut, wie wir evakuiert wurden in ein anderes Dorf, und nach einiger Zeit wurden die Kühe herangetrieben, und ich erkannte die unsrigen, und wir hielten sie in einer zerschossenen Kirche ... Ich denke daran, wie wir zu zweit, Du und ich, am Abend Mausbach erreichten und dort übernachteten. In dem Hause war keiner mehr da, alle Soldaten waren fortgefahren, die Front rückte weiter weg. Und wir kamen in einen Raum, da lag viel Schutt herum und da lagen Granaten, aber wir schliefen darin und blieben am Leben!

Und dann, Risi, als Ihr zu den Verwandten fuhret, da blieb ich mit Kostja allein, wir molken die Kühe und gaben allen Kindern Milch. Am nächsten Tag ging Kostja vors Haus, da kam gerade ein Auto mit amerikanischen Soldaten. Sie erkannten ihn als Russen und nahmen ihn gleich mit. So blieb ich allein bei den Nachbarn. Ich erinnere mich, wie die Eltern zurückkamen. Und wie Frau Scholl dann Deinen Bruder Peter aus Berlin mitbrachte, aus der Gefangenschaft. Herr Scholl wollte, ich solle bei Euch bleiben; aber Peter sagte, das darf sie nicht. Wenn die Grenzen aufgehen, soll sie heimfahren. Sie kann zu jeder Zeit wiederkommen. Ach, ich habe noch vieles im Gedächtnis, aber ich kann es nicht beschreiben.

Pascha Solonzewa-Minajewa,
Snamenka"

Es ist wirklich nicht zu beschreiben, was Pascha hier, fast nur in Stichworten, alles anführt: Die Bäuerin hatte gewiß keine Erlaubnis, zwei Leute auf ihrem kleinen Anwesen zu beschäftigen – sie hat also Pascha illegal bei sich gehabt, die ganze Zeit. Wer die Diktatur erlebt hat, weiß, was sie damit täglich riskierte ... Und was, wenn ein Bauernhof zum Kampfgebiet wird? Eigenes Leben retten? Und das Vieh, das zum Überleben gebraucht wird? Evakuierungsbefehl: und der russische Zwangsarbeiter? Und erst die illegale Zwangsarbeiterin? Vor solche Fragen war die Bäuerin gestellt, und sie hat trotzdem so lange wie möglich für die Fremde auf dem Hof mitgesorgt wie für eine Eigene. Die Tochter des Hauses hält heute noch zu ihr wie zu einer Schwester:

„Liebe Pascha,
ich bin überglücklich, daß ich Dich gefunden habe. Seit Du unsere Familie verlassen hast, sind fast 50 Jahre vergangen – mehr als ein halbes Menschenleben. Wir hatten damals über mehrere Jahre hinweg eine sehr schwierige Zeit, die ja für Dich noch viel schlimmer war, weil Du nach Deutschland zwangsverschleppt wurdest. Aber wir zwei haben zu-

sammengehalten. Dafür möchte ich mich heute nochmals bedanken. Ich habe Dich niemals vergessen.

In den Jahren 1948/49 verlautete bei uns in der Presse, daß jene Bürger der UdSSR, welche nicht im Jahre 1945 freiwillig zurückgekehrt seien, sondern wie Du länger in Deutschland geblieben seien, nach ihrer Rückkehr in Arbeitslager im asiatischen Teil der Sowjetunion verbannt worden seien. Ich habe nach Deinem Weggang mehrere Male Postkarten an die mir bekannte Adresse in Snamenka geschrieben. Sie kamen nicht zurück, und ich erhielt auch keine Antwort. Ich glaubte dann, daß Du nicht mehr am Leben seiest.

Und nun etwas darüber, wie es mir ergangen ist. Ich lernte meinen Mann Josef Mohr kennen, einen Mausbacher, der im März 1948 aus französischer Kriegsgefangenschaft zurückkehrte. Wir heirateten dann 1949 und haben einen Sohn, der jetzt 45 Jahre alt ist. Bei uns in Deutschland begann am 20. Juni 1948 mit der Ausgabe der D-Mark ein neues Zeitalter. Von da an ging es schnell aufwärts. Alle Menschen haben über lange Jahre hinweg sehr viel, hart und lange gearbeitet. Es entstanden überall neue moderne Fabriken, alle zerbombten Dörfer und Städte wurden wieder neu aufgebaut. Mausbach würdest Du heute nicht mehr wiedererkennen. Meine Eltern haben damals die Landwirtschaft aufgegeben und das Land verkauft. Wo früher der Stall und die Kühe waren, steht heute ein Supermarkt. Auf den Wiesen wurden viele Ein- und Zweifamilienhäuser gebaut. Mein Mann und ich, wir haben uns selbständig gemacht und eine Großhandlung mit Papier-, Schreib- und Spielwaren gegründet. So sind die ganzen Jahre recht schnell vergangen. Ich habe mit meinem Mann sehr oft über Dich gesprochen. Leider waren wir durch die politische Lage, die Europa in zwei Blöcke teilte, voneinander getrennt. Seitdem diese Teilung überwunden wurde, ist mein Wunsch, über Dein Schicksal Gewißheit zu bekommen, immer größer geworden. Ich habe mich dann an Herrn Pedak gewandt, mit dessen Hilfe ich Dich nun gefunden habe.

Wir sind jetzt alle alt geworden. Ich bin jetzt 70 Jahre und kann auch nicht mehr viel arbeiten, weil es mir gesundheitlich nicht mehr so gut geht. Mein Mann ist 73 und arbeitet mit meinem Sohn in unserem Betrieb zusammen. Liebe Pascha, dann ist es ein Herzenswunsch von mir, Dich noch einmal wiederzusehen. Ich lade Dich, wenn es Deine Gesundheit erlaubt, eventuell zusammen mit einer Deiner Töchter oder einer sonstigen Bezugsperson, zu einem mehrwöchigen Urlaub bei uns ein. Platz haben wir genügend, ein ganzes Haus steht zur Verfügung. Wir haben uns noch viel zu erzählen!

Grabmal für Praskowja Solonzewa-Minajewa von ihren Kindern, Enkeln
sowie von der Familie Therese und Josef Mohr

Wir wünschen Dir und allen Deinen Angehörigen alles Gute und hoffen, bald etwas von Dir zu hören, denn wir sollten die Zeit jetzt nutzen, da wir in Frieden und Freiheit leben und das hoffentlich auch so bleiben wird!

Es grüßt Dich innigst
Deine Risi"

„Wir haben uns noch viel zu erzählen" – dieser Wunsch der deutschen Frau hat sich nicht erfüllt. Eine schwere Krankheit hat Praskowja Minajewa in die Ewigkeit mitgenommen. Das Schicksal hatte ihnen nur zwei Jahre des freudevollen Dialogs geschenkt. Aber das Andenken blieb in den Familien in der Ukraine und in Deutschland. Ewiges Andenken. Auf dem Grab der ehemaligen ukrainischen Zwangsarbeiterin Praskowja Solonzewa-Minajewa ist ein Grabmal aufgestellt mit den Worten: „Von den Kindern u. Enkeln u. von Therese und Josef Mohr."

Ich bin überzeugt, nirgends in der Welt gibt es ein solches Denkmal, das die Geschichte der Menschenliebe in Kriegszeiten verewigt.

Einstige Zwangsarbeiterin dankt Bauernfamilie im Münsterland

Maria Pisjmennaja im fernen Kasachstan fürchtet nach dem Moskauer Putsch um ihren Lebenstraum, noch einmal nach Westfalen zu kommen, wo sie einer münsterländischen Bauernfamilie ein geistiges Denkmal ihrer Dankbarkeit setzen möchte. Die Menschlichkeit, die sie hier im Kriege erfuhr, hat ihr von schweren Schicksalsschlägen verdunkeltes Leben ein halbes Jahrhundert lang wie ein nie verlöschendes Licht der Hoffnung begleitet. Ihre Geschichte gerade jetzt an dieser Stelle zu berichten, besteht mehrfacher Anlaß.

1943: Die Zwangsarbeiterin

Maria Pisjmennaja kam 1943 mit einem Zwangsarbeitertransport nach Westfalen. Sie hatte das Glück, dem Hof Segbert zugeteilt zu werden, wo sie entgegen allen Kontaktverboten der NS-Gesetze und ungeachtet ihres „Ostarbeiterabzeichens" jene menschliche Aufnahme fand, die sie bis heute nicht vergessen kann. Wilhelm und Maria Segbert nahmen die Gefahr der Denunziation auf sich, mißachteten die Bestimmungen und erwiesen sich als Menschen. Zwischen ihren Kindern und der Russin entstand sogar ein herzliches Verhältnis. Auch der heutige Hofinhaber Heinrich Segbert, 1943 elf Jahre alt, erinnert sich gut an die damals 20jährige Maria mit den blonden Haaren.

Nach Kriegsende mußte sie im Juli 1945 die Familie in Harle verlassen.

Heimkehr in Terrorschrecken und Verbannung

Das „Glück der Heimkehr" hat Maria kaum erfahren, sondern unter Stalins und seiner Nachfahren Diktatur fast nur Terror und Verbannung: ein Schicksalsweg von geradezu archaischer Dimension. Schon 1929 war ihr Vater, wie man so sagte, „liquidiert" worden, ebenso der Vater ihres späteren Mannes: „Verhaftet und nie mehr ein Lebenszeichen nach Hause gekommen." Maria traf am 5. September 1945 in ihrer Heimat nahe Brjansk ein, wo sie ihre Mutter und eine Schwester wiederfand. Große Freude – aber auch: „Ich ging 15 Kilometer über die Äcker, hatte genug Zeit zu weinen: Das Dorf lag in Asche, meine drei Brüder waren im Krieg umgekommen."

Maria arbeitete in einer Försterei, 1948 heiratete sie. Bald aber wurde ihr Mann nach Sevastopol kommandiert. 1950 wurden beide und die zwei Brüder ihres Mannes verhaftet. Anklage wie bei allen, die in Gefangenschaft waren oder in Deutschland gearbeitet hatten: Feindbegünstigung, sie hätten bis zum Tode kämpfen oder sich den Partisanen anschließen müssen! Partisanen in Harle, im Schatten des Benediktinerklosters Gerleve?

Das Urteil für alle: anstelle der Todesstrafe 25 Jahre Zwangsarbeit, Verlust der Bürgerrechte und dreijährige Wohnsperre in Städten. Es folgte auch für Maria Arbeit in Wäldern und beim Straßenbau. Acht Jahre waren Mann und Frau getrennt. Dann, 1956, nach Stalins Tod, Entlassung nach Hause, wohin auch der Mann zurückkehrte. Aber unfaßbar: 1960 erneute Verhaftung ihres Mannes, wieder Verurteilung zu 25 Jahren Zwangsarbeit und Abtransport ins sibirische Kasachstan, nicht weit von der Grenze zur Mongolei. Die tapfere Maria folgte ihm mit zwei Kindern in den Verbannungsort Kustanaj, wo ein drittes Kind zur Welt kam. 1985, kurz vor dem Ende der Strafzeit, starb ihr Mann, worauf Maria mit ihrem Sohn nach Südkasachstan umzog, 600 Kilometer entfernt. Die beiden Töchter blieben aus beruflichen Gründen in Kustanaj.

Aus Briefen der Jahre 1990/91 von Maria Pisjmennaja an die Familie Segbert in Harle bei Coesfeld, der sie 1943/45 als Zwangsarbeiterin zugeteilt war:

„Sie waren in meinem Herzen immer als gütige, menschliche Leute geblieben. Ich habe immer eine große Dankbarkeit dafür, daß Sie mir in Ihrer Familie eine so herzliche Zuflucht gewährt haben, obwohl wir Feinde waren."

An die heute 89jährige Maria Segbert: „Sie haben mich wie eine Tochter aufgenommen und waren eine zweite Mutter für mich."

An Heinrich Segbert: „So ist das Leben, Heinrich! Ich bereue es nicht, daß ich auf diese Weise mein Leben lebte, daß mein Schicksal nicht leicht war. Ich war nie reich und strebte auch nicht nach Reichtum. Ich suchte nach Wahrheit, aber die gab's nicht viel, suchte nach Güte, aber das gab's auch nur wenig ... Nur Elend ... Ich bin stolz, daß ich immer noch bestrebt war, den Menschen Gutes zu tun, das Böse haße ich, tue ich niemandem an ... Das Böse ist Tod ... Ich habe einen festen Glauben an den Christus.

Ich habe Euch alle in sehr guter Erinnerung. Schreibe mir über Euch alle, wie es Euch geht, was Ida, Josef, Adolf und die kleine Maria machen. Die Maria hatte mich so lieb ... Es scheint mir manchmal, als ob es gar nicht lange her war ... Ich danke Euch allen, daß Ihr damals so gut zu mir ward, einer Fremden. Das Gute möchte ich Euch zurückzahlen. Was auch kommen soll, ich möchte meine Herrschaften wiedersehen, und wenn ich zu Fuß gehen müßte!
Maria Pisjemennaja"

Aber die Menschheit bleibt ...

„Vielgeehrte Gertrud, Gisela, Manfred und Wilfred!
Guten Tag!   24.3.1998

Sie können sich gar nicht vorstellen, welche Freude Ihr Brief, geschrieben am 2. März in Lichterfelde, in unser Haus gebracht hat! Ich konnte gar nicht fassen, daß so etwas möglich ist. Aber dieses Wunder ist geschehen mit Hilfe eines wunderbaren Menschen – Viktor Pedak! Jetzt, nach 55 Jahren, kann ich Ihnen mein herzliches ‚Danke' aussprechen. Es tut mir leid, daß Ihre Eltern, so gute und ehrliche Menschen, welche mit Risiko für ihr eigenes Ergehen mit geholfen haben, in der für mich so schweren Zeit am Leben zu bleiben, es nicht mehr hören können. Aber ich bin glücklich, daß ich Ihnen danken kann!

Ich schaue auf das Foto und erinnere mich an das Mädchen Gisela, das im Büro von ‚Heuewerk' arbeitete, sie war so schön von Gesicht und Figur, und an ein ganz kleines blondes Mädchen, das vor der Schule von der Mutter frisiert wurde. Der Junge da ist bestimmt Ewald – er tut mir sehr leid, aber man kann nichts gegen die Natur.

Auf dem kleinen Foto habe ich gleich Erik und Eure Mama erkannt. Und der rechts, das ist der Bruder, der 1944 zu Weihnachten heimdurfte – habe ich recht? Ich war ja auch bei Euch an diesem Fest. Ich erzähle Verwandten und Freunden von Euch, weil ich immer an Euch und Eure Gutherzigkeit denken muß. Und jetzt diese Freude: ein Gruß von Euch! Ein paar Worte über mein Leben: Nach dem Krieg diente ich weiter in der Armee. Zu Hause war alles sehr schwer: alles kaputt, Hungersnot. Dann meine Familie: der Sohn Viktor, die Töchter Natalja und Jelena. Und jetzt fünf Enkelkinder.

Die Hauptsache: Ihr seid nach diesem fürchterlichen Krieg alle am Leben geblieben. Städte werden vernichtet und gebaut, Regierende kommen und gehen, aber die Menschheit bleibt!

>Eines Tages schrieb ich dieses Gedicht:
>Zu Ende war das Weltgericht
>und ewig sitzt in Dunkelheit
>der Sünder Schar in tiefer Kluft,
>wo schwarzes Feuer, Pechgeruch.
>Die Erde bebte, Sintflut kam,
>die Seuchen mähten Land um Land.
>Cholera, Pest und Hungersnot
>über die Völker brachten Tod.
>Hin sind Caligula und Nero,
>Iwan, Wilhelm, Napoleon,
>vergangen Hitler, Stalin tot,
>Mao ist ihnen schon gefolgt.
>Sie sind dahin –
>Aber die Menschheit bleibt und lebt!
>Mit Liebe
>Andrej Burenko"

Die Schwester schleppte ich auf meinen Schultern nach Hause

Man kann sagen, daß es den Ostarbeitern, welche in Bauernfamilien arbeiteten, in bedeutendem Maße besser ging als denen, welche in Werke und Fabriken geschickt wurden. Aber man darf nicht verallgemeinern, wie es heute einige Politiker und Beamte in unserem Staat zu tun bestrebt sind. Die Geschichte von zwei Schwestern, welche an einem Tage in das nazistische Deutschland verschleppt wurden und dort bei verschiedenen Bauern arbeiten mußten, ist eine Bestätigung dafür. Die jüngste ist längst verstorben – das waren die Folgen der schlechten Behandlung von Seiten der Wirte, die zweite Schwester lebt und dankt Gott, daß er ihr in der Fremde in solchen schweren Zeiten gute Menschen geschickt hat.

„Etwa in der zweiten Dekade im Mai 1942 brachte man mich und meine Base Marta Lysenko nach Kempten ins Lazarett (wir hatten vor der Verschleppung Krätze vorgetäuscht, in der Hoffnung, daß sie uns dann nicht nehmen würden), aber die Bauern teilten meine Landsleute, unter ihnen meine Schwester Anna Jakowlewa, unter sich auf. Ich weinte heftig, wollte mich nicht trennen, doch der Dolmetscher versprach mir, daß man mich nach der Quarantäne in ein Nachbardorf von ihr schicken werde.

Und wirklich: Nach einer Woche waren wir geheilt, mein Bauer kam und nahm mich mit, erklärte mir, daß er fünf Kinder habe, und wenn ich zu denen nett sein werde, könne ich wie ein Familienmitglied bei ihnen leben. Auf dem Bahnhof gab er mir zu essen, aber ich hatte weder Hunger noch Durst.

In der Familie nahm man mich freundlich auf, gab mir gleich zu essen, und schon umringten mich die Kinder, aber ich mußte immer weinen. Dann führte mich Fanni, das älteste Mädchen, durch den Wald zum Nachbarbauern, und dort sah ich meine Schwester Anna Jakowlewa wieder. Sie war erst 16 Jahre alt, und der Bauer war ein reicher, aber sehr böser Mensch. Er hatte 180 Melkkühe, die wurden von Sklaven aus ganz Europa versorgt: einem Italiener, einem Belgier, einer Ukrainerin, dazu kam ein polnischer Junge, zwölf Jahre alt, er hieß Janek und befreundete sich mit Anna, sie kämpften gemeinsam um ihr Dasein. Die Bauersleute warfen ihnen vor, daß sie ihr Brot nicht verdienten. In ihrem Hunger mußten sie Schweinefutter stehlen. Anna versuchte fortzulaufen, aber die Polizei hat sie eingefangen und heftig geschlagen. In diesen schweren Tagen hal-

Noch lange sah Maria dieses Haus …

fen mir meine Hofbesitzer; sie gaben mir Lebensmittel, und ich lief abends mit einem Säckchen durch den Wald zu meiner Schwester und half ihr damit aus.

Meine Bauern wohnten in einer bewaldeten Gegend. Aus ihrem Hause konnte man die Berge sehen, sie sagten, das seien die kleinen Alpen. Im Winter gab es viel Schnee, um das Haus lagen Schneehaufen mit bis zu drei Meter Höhe.

Die Eltern waren nicht zu Hause, und die Buben bekamen Lust, vom Dach herunterzufahren. Josef rutschte mitten in einen großen Schneehaufen, so tief, daß man ihn nur mit Mühe herausholen konnte. Dann brachten die Kinder ihn ins Bewußtsein zurück. Aber nachher wurde er schwer krank. Nach drei Tagen folgte ein weiteres Unheil: Der Bauer wurde von einem Ochsen verletzt und ebenfalls krank. Das war ungefähr Anfang 1945.

Meine Hausfrau war katholisch, und Anfang Februar gibt es da einen Feiertag, an dem man sich einen Traum wünscht, der die Zukunft voraussagt.

Die Bäuerin wollte wissen, ob Josef und ihr Mann geheilt würden, ob ich nach Hause zurückkehre, und was mir bevorstehe. Ich sah dann im Traum, daß ich so lange Zöpfe hätte, daß sie auf dem Boden lagen, und irgendein Mensch goß Wasser in eine Schüssel und wusch mir den Kopf, dann trocknete er mich mit einem Handtuch ab, und ich sah, daß es ein junger Mann mit abgetragener Uniform war.

Am Morgen deutete die Hausfrau unsere Träume. Mir sagte sie, daß mein Traum das rasche Ende des Krieges bedeute und ich bald heiraten werde. Wasilij Iwanowitsch – in ihm erkannte ich jenen Soldaten aus dem Traum. Wir lebten in Frieden 48 Jahre zusammen, vor drei Jahren ist er verstorben.

Die Gegend, wo ich arbeitete, wurde von den Amerikanern und Engländern befreit. Ende Juni 1945 brachte man uns nach Kempten, und von dort fuhren uns Afrikaner auf LKWs ins Lager. Bis nach Hause brauchten wir fast drei Monate. Meine Schwester habe ich buchstäblich auf meinen Schultern in die Heimat geschleppt; sie war in Deutschland an Rheumatismus erkrankt und konnte einige Zeit überhaupt nicht gehen. Sie blieb ihr Leben lang krank. Vor zehn Jahren ist mein Schwesterlein gestorben.

Wir haben damals wie nächste Verwandte voneinander Abschied genommen, alle weinten und waren sich bewußt: Wir sehen uns niemals wieder! Noch viele Jahre sah ich im Traum den Bauern und seine Kinder

... und diese Menschen

und durchlebte immer wieder diese beiden Jahre, welche mir in der Fremde diese Menschen verschönt haben. Großen Dank dafür!

Alles Gute!
Maria Gorulko, geb. Jakowlewa,
Tschapajewka,
Gebiet Saporoshje, am 1.12.1996"

Es war mehr als ein Zufall, es wurde ein wirkliches Weihnachtsgeschenk, daß Maria, die nur 120 km vom Autor entfernt wohnt, gefunden wurde und Josef Leutherer, inzwischen Hofbauer geworden, seine einstige Pflegerin ins Allgäu einladen und sie vor einem Jahr in der Ukraine besuchen konnte.

Wenn ein Mensch ein gutes Herz hat

„Man hat mich nach Deutschland verschleppt, als ich 15 war. Ich mußte in einer Textilfabrik in Vollmershausen arbeiten. Meister in unserer Abteilung war ein Willi Schneider, ein Mensch mit guter Seele und liebevollem Herzen. Er hatte eine Tochter von zehn bis zwölf Jahren. Die hat jetzt bestimmt schon Kinder und Enkel. Sollen sie gute Worte über ihren Vater und Opa hören! Und auch über die Tante, welche bei ihnen wohnte! Als nämlich unsere Fabrik von Bomben zerstört wurde und alle Insassen des Lagers zu den Schanzarbeiten getrieben worden waren, war ich mit zwei weiteren Freundinnen in den Wald geflohen. Da brachte die Tante uns abends heimlich etwas zu essen in den Wald.

Ich möchte noch an einen weiteren guten Menschen, eine Altersgenossin, erinnern; leider kenne ich ihren Namen nicht, aber ihr Vorname war Maria. Sie war eine Deutsche, arbeitete in unserer Fabrik und wohnte im Arbeiterheim. Sie brachte mir immer ein belegtes Brot mit und versteckte es an einem verabredeten Ort, um wenigstens damit mir Kraft zu geben. Ich könnte noch viel Gutes über sie erzählen.

Wenn ein Mensch ein gutes Herz hat, bleibt er immer so, unter jeder Macht …

Ich möchte sie alle zu mir in die Ukraine einladen, alle, die sich an mich erinnern können. Ich möchte auch selbst dahin fahren, aber in unseren Zeiten ist das für eine Rentnerin unmöglich.

Nikitjuk Tamara Wasiljewna,
geb. Uljanitzkaja,
Wapnjarka, Gebiet Winniza, Ukraine"

Ich nenne ihn meinen zweiten Vater

„Guten Tag, Herr Hans Görres!

Zu Ihnen wendet sich der ehemalige Ostarbeiter Tschugujenko Peter. Von Februar 1944 bis April 1945 mußte ich in einer Fabrik, in der Schweißapparate produziert wurden, arbeiten – die Adresse: Frankfurt/M., Oberrad 13, Peter Görres.

Zuerst hat man uns Ukrainer, etwa 50 Menschen, zu einer Verteilungsstelle gebracht. Dann hat man uns in einer Reihe aufgestellt, und die Bauern durften uns auswählen wie Vieh auf dem Markt. Sie tasteten unsere Muskeln ab, guckten uns in den Mund und in die Augen und prüften das Gehör. Doch mit den Händen haben sie uns nicht angefaßt, sie hatten Handschuhe angezogen und stießen uns mit Gummistöcken, die Lederpeitschen ähnlich waren.

Man nahm die Kräftigsten fort, doch ich blieb stehen und mit mir vier Männer im Alter von etwa 45 Jahren, unter ihnen auch mein Vater. Wir waren alle aus dem Dorf Marjewka, Kreis Saporoshje. Um die Wahrheit zu sagen: Wir sahen alle aus wie lebende Skelette – was konnten wir als Arbeiter wert sein? Ich z.B. hatte nur 47 kg Gewicht und hielt mich kaum auf den Füßen. Der Hunger hatte uns in solche Jammergestalten verwandelt. Je länger wir als einsames Häufchen auf dem Platz standen, um so mehr fürchteten wir uns. Wir sahen uns schon wieder im Lager, wo uns der Tod erwartete.

Plötzlich erschien, wie eine rettende Fee, eine junge Deutsche, etwa 18 Jahre alt. Unser Aussehen brachte sie so in Angst, daß sie erbleichte. Dann lächelte sie sehr lieb und sagte, sie nehme uns auf in ihre Fabrik. Sie befahl, ein wenig zu warten, und lief irgendwo hin. Plötzlich sehen wir sie zurückkommen und fünf Semmeln mitbringen. Mit Tränen in den Augen essen wir die Semmeln, und schon ein wenig gestärkt schleppten wir uns hinter unserer Retterin her. Wie wir in die Fabrik kommen, kamen den Mädels, auch den deutschen, die Tränen – wir sahen wirklich zum Fürchten aus.

Dann kam der Fabrikbesitzer, ein Mann über die 50. Er erwies sich als ein guter Mensch. Wir bekamen viermal am Tag zu essen und sahen bald wieder normal aus. Dasselbe menschliche Verständnis zeigten die anderen Mitglieder der Werksleitung und auch die einfachen deutschen Arbeiter. Man muß hinzufügen, daß sie alle das mit Risiko taten – für die Übertretung der hartherzigen Vorschriften der NS-Verwaltung konnten deutsche Bürger ins KZ geschickt werden!

Peter Görres, der Direktor, sorgte besonders gut für mich, den Jüngsten und dazu noch seinen Namensvetter. Ich wage zu sagen: Er liebte mich wie seinen eigenen Sohn. Er prüfte, was ich zu essen bekam, was ich in der freien Zeit tue, kleidete mich von Kopf bis Fuß neu ein und erlaubte mir sogar, ins Stadtzentrum zu fahren bis zum Bahnhof… Darum nenne ich ihn meinen zweiten Vater.

Ihm verdanke ich bis heute mein Leben. Wenn es ihn nicht gegeben hätte, hätten wir bestimmt im Lager Kestelbarch, wo wir schon an der Schwelle des Todes waren, sterben müssen.

Ich träume davon, diese Menschen wiederzusehen, die uns Ukrainern das Leben gerettet haben.

Meine Adresse: Dorf Marjewka, Gebiet Saporoshje.
Tschugujenko Pjotr Wasiljewitsch"

Ein Martyriums-Weg
(aus den Erinnerungen von Boris Dubitskij)

„Unter meinen Jugendfreundschaften war eine Deutschstämmige – Irina N. Ihre Eltern (die Mutter unterrichtete Deutsch an der Universität von Charkow, der Vater arbeitete als Ingenieur) wurden gleich am Anfang des Krieges von der Geheimpolizei verfolgt und sind seitdem spurlos verschwunden. Wie ich selbst studierte Irina Geologie an der Charkower Universität. Sie war vom Schicksal ihrer Eltern glücklicherweise verschont geblieben, aber sie wurde später nach Deutschland verschleppt.

Als die deutsche Armee Charkow eroberte, schloß man alle Geschäfte, nirgends konnte etwas Eßbares gekauft werden. Die deutschen Soldaten gingen von Wohnung zu Wohnung und beschlagnahmten alle Lebensmittel. Als uns die Frechheit der Soldaten zuviel wurde, schrieb Irina auf Deutsch einen Zettel: ‚Wir sind Arbeiter und kaufen unsere Lebensmittel ehrlich im Laden. Aber jetzt sind die geschloßen, und wir leiden selber Hunger.' Diesen Zettel gaben wir den Deutschen, die unser Haus heimsuchten, gleich in die Hände – da nickten sie mit dem Kopf und gingen weiter.

Das Plündern wurde von der Leitung der deutschen Armee hart bestraft. Als ein deutscher Soldat einer Frau aus unserer Siedlung etwas Wertvolles wegnahm, beschwerte sie sich bei seinem Truppenführer. Dieser ließ den ganzen Truppenteil antreten, dabei erkannte diese Einwohnerin den Plünderer wieder, und der Offizier ohrfeigte ihn eigenhändig. Natürlich bekam sie den Gegenstand zurück.

Diebstähle, Raub und Gaunereien gegenüber der Bevölkerung wurden erbarmungslos bestraft. Leute, die dabei ertappt wurden, wurden erschossen oder aufgehängt. Deshalb konnten wir in den besetzten Gebieten die Wohnungen und Häuser unverschloßen lassen. Es gab ja auch wirklich nichts Besonderes zu stehlen!

Vor Jahresbeginn 1942, als in Deutschland Weihnachten gefeiert wurde, kamen blutjunge deutsche Soldaten, ehemalige Studenten, zu uns ins Quartier. Soweit die deutschen bzw. russischen Sprachkenntnisse dies erlaubten, kam es zu aufrichtigen Aussprachen; dabei äußerten sich die Deutschen, was die Kriegsereignisse anbetraf, sehr mißbilligend über ihre Führung. Sie sahen in Hitler genauso wie in Stalin zwei gleichwertige Bösewichte! ‚Die beiden müßten zusammen an einen Baum gehängt werden!'

Aber Befehl und Disziplin zwangen sie, sich mit solch einer abscheulichen Sache wie diesem Krieg zu beschäftigen. An ein erfolgreiches Ende des Krieges glaubten sie nicht. Nach ihrer Einquartierung veranlaßten wir unsere Schwester, die 17 Jahre alt war und die am Tage immer bei uns war, bei Irina zu übernachten. Nach ein paar Tagen sahen die Soldaten die Hausliste durch und sagten ganz beleidigt zu unserer Mutter: ‚Ihre Tochter muß keine Angst vor uns haben – wir verstehen alles und werden ihr nichts antun!'

Zu Weihnachten bzw. Neujahr bekamen die deutschen Soldaten kleine Geschenkpäckchen mit bis zu 300 g Gewicht; sogar deren Inhalt wurde oft mit uns geteilt.

Im Jahre 1942 fiel ich dann einer Razzia zum Opfer. In früher Morgenstunde holte man uns ab, dann ging es mit dem Zug, zuletzt einem elektrischen, bis nach Berlin, dann mit einem Personenzug nach Neuruppin und dann nach Neustadt, schließlich zu Fuß bis ins Konzentrationslager beim Chemiewerk in Dreetz, in dem Pulver für die Artillerie produziert wurde. Das Essen für uns Ostarbeiter war sehr knapp. Aber, um bei der Wahrheit zu bleiben, als ich später in meine Heimat zurückkam, hörte ich mehr über die Lebensbedingungen der Arbeiter in den evakuierten Betrieben unseres Landes und kam zu dem Schluß, daß es den russischen Menschen in Deutschland sogar ein bißchen besser ging als in der Heimat in den Werken des Urals und Sibiriens.

Am Ende des Jahres 1943 wurde das Essen so spärlich, daß die Werksarbeiter, ohne daß es verabredet war, einen Streik begannen. Sie waren alle ins Werk gekommen, weigerten sich aber, mit der Arbeit anzufangen. Nach kurzer Zeit kam die Polizei, und dann die Soldaten von der Waffen-SS, vom Fabrikbesitzer herangeholt, und nach kurzer Einschüchterung wurden die Pistolen entsichert, sie brauchten nicht bis drei zu zählen, und die Arbeiter gingen schon ans Werk ...

Aber, auch das ist wahr, schon am nächsten Tage war das Essen besser. Keiner hatte für sich Schutz gesucht, er hätte ja auch keinen Beschützer gefunden. Es war alles spontan so gekommen.

Ein Streik in Kriegszeiten, in einem kriegswichtigen Betrieb des Feindes! Was für ein Ende solche Ereignisse bei uns in der UdSSR schon in Friedenszeiten nahmen, das kann man sich vorstellen, wenn man sich für sowjetische Arbeitslager interessiert: in Norilsk 1953, in Kengir 1954, in Nowotscherkask 1962 ... und das ist lange nicht alles.

Meiner Meinung nach war das Stalin-System viel grausamer und unmenschlicher als das Hitlers. Die Zahl der sinnlos vernichteten Menschen in deutschen KZs ist mit der Zahl der im GULag Verstorbenen nicht zu vergleichen. Die physischen und moralischen Qualen, die ich in Stalins Lagern erlitten habe, sind unvergleichlich schlimmer gewesen. Im deutschen Zwangsarbeitslager litt ich fast keine Erniedrigungen. Ich verstand, daß ich für die Deutschen ein Feind war, bestenfalls ein Arbeitssklave, und ich überstand alle körperlichen Plagen in der Hoffnung, daß alles von kurzer Dauer sei.

Ich wurde dann am 24. April 1945 von der Roten Armee befreit, aber schon am 25. April vom Kriegserkundigungsdienst der I. Weißrussischen Front verhaftet. Auf der Grundlage von § 58 Teil Ia des Kriminalkodexes der RFSR wurde ich anschließend zu zehn Jahren Gefängnis verurteilt. Ab 25. Oktober 1945 war ich im Arbeitsbesserungslager des Bezirks Krasnojarsk. Nach Ableistung der 10 Jahre wurde ich zur Zwangsansiedlung in die Stadt Norilsk verbannt. Daraus wurde ich am 9. November 1955 befreit.

Im GULagsystem gab es noch größere körperliche Probleme, und dazu bedrückte mich die ganze Zeit über die tödliche Beleidigung, die ungerechte Aburteilung. Was hatte ich vor meinem Gewißen und meinem Vaterland denn verbrochen? Und dazu kam dann noch die totale Hoffnungslosigkeit: keine Aussicht und keine Zukunft!

Es gab Minuten, in denen mich die Verzweiflung überflutete und ich an die Grenze des Selbstmords geriet. Nur der Gedanke, daß ich am Leben bleiben muß, um der künftigen Generation von diesen Greueln zu erzählen, erhielt mir mein kaum noch glimmendes Leben. Und wenn sich auch mein körperlicher Zustand irgendwie veränderte, von sehr schlecht zu einigermaßen erträglich – mein Gemütszustand blieb immer derselbe, niedergeschlagen …"

Den Beurteilungen, die er ausspricht, ist anzumerken, daß sein Leiden in den sowjetischen Lagern ungleich länger dauerte, und auch, daß es ihn tiefer schmerzte, wenn sein eigenes Land, seine eigenen Leute und nicht fremde Nazis, ihm völlig unverschuldete Leiden auferlegten. Gewalt und Unrecht zu erleiden, das ist etwas sehr Persönliches. Wir können es nur in schweigendem Gedenken ehren.

Grüße das Grab der Mutter an meiner Statt!

„Guten Tag, meine Hildegard!   16.10.1997

Endlich bin ich wieder mit Dir zusammen, mein schönes Kind! Ich habe Sie so lange gesucht, und nun ist es mir gelungen, Sie zu finden und alles zu erfahren.

Hildegard, meine Liebe! Ich bin sehr traurig und leide zusammen mit Ihnen über den Tod von Mutter Erna. Sie ist sehr früh von uns in die Ewigkeit gegangen. Mir tut es leid, sie war solch eine gute, edle Frau. Sie hat mir in den schwersten Minuten meines Lebens viel geholfen. Ich danke ihr, verneige mich vor ihr und ehre ihr Andenken mit tiefem Schweigen der Seele.

Hildegard, was ist mit Mutter Erna passiert, warum hatte sie einen Infarkt? Du schreibst nichts über Vater. Wo ist er, ist er nach dem Kriege am Leben geblieben? Helmut hat Glück gehabt, daß er diesen fürchterlichen Krieg überlebt hat. Mein Bruder ist gefallen, mit 20 Jahren. Hildegard, warum bist Du im Krankenhaus? Was macht Dir Sorgen? Was tut Dir weh? – Ich bin auch nicht ganz gesund. Ich bin jetzt schon 72. Ich leide an hohem Blutdruck und sehe schlecht. In den Augen entwickelt sich der graue Star, dazu habe ich noch Gelenkkrankheiten. Ja, die Jahre zählen …

Ich bitte nochmals, wenn Du auf dem Friedhof bist, beuge Dich tief an meiner Statt vor Mutters Grabmal, grüße sie, umarme und küsse es!
                         Olga Maximowna Lobowko,
                         Domotkani, Gebiet Dnjepropetrowsk"

Mutter Erna

Ein Foto zum Andenken

7.12.1997

„Vom September 1943 bis zum Juni 1945 mußte ich im Werk Nr. 1 Georg Allgair arbeiten. Neben ihm standen die Werke Nr. 2 seines Bruders Erwin und Nr. 3 seines Bruders Oskar. Es war im Dorf Uhingen Kreis Göppingen, nahe bei Stuttgart.

Ich war als Lader einer Elektrokarre beschäftigt, und der Fahrer war ein Deutscher, etwa 36 Jahre alt: Eugen Lange. Das war ein sehr guter, freundlicher, mitfühlender Mensch, nicht nur mir gegenüber, sondern auch zu anderen solchen wie mir.

Auch seine Familie war sehr gut zu mir, obwohl so eine Beziehung sie teuer zu stehen kommen konnte. Das waren seine Frau Ottilie und seine beiden Söhne: Manfred, acht Jahre und Hermann, etwa sechs. Es war eine arme Familie, aber sie fanden doch die Möglichkeit, ein Stück Brot zu entbehren, um es mir, einem hungernden Ausländer, zu geben, gegen dessen Volk ein tödlicher Krieg geführt wurde. Diese Familie stand hoch über allen Rassenvorurteilen der Faschisten. Später, als wir uns sehr nahe gekommen waren, nahm Eugen mich immer wieder nach Hause zum Mittagessen mit. Wir saßen an einem Tisch. Und ein jedes von ihnen, sogar die Kinder, sagte mir etwas Aufmunterndes. Ein solches Verhalten, eine so öffentliche Freundschaft mit einem Zwangsarbeiter, war schon an sich eine offene Herausforderung der Machthabenden; doch im Werk waren, wie sich herausstellte, alle anständige, ehrliche Leute, und niemand hat meinen älteren Freund angezeigt.

Ein oder zwei Tage vor meiner Abfahrt in die Heimat bin ich zu den Langes gegangen, um Abschied zu nehmen und mich für ihre Menschenfreundlichkeit zu bedanken. Sie baten mich um ein Foto zum Andenken; auf dessen Rückseite habe ich meinen Namen geschrieben. Die Familie hat es aufbewahrt, und jetzt befindet es sich im Museum der Stadt Uhingen. An Weihnachtstagen habe ich meinen Kindern später oft meine Weihnachtsgeschichte von 1944 erzählt:

Gegen abend begann es zu regnen, und ich bekam die Anweisung, zum Direktor zu kommen. Ich klingelte, und es kam ein Dienstmädchen und sagte: ‚Moment, bitte!' Dieser Moment zog sich aber in die Länge, und ich stand weiter im Regen vor der Tür. Aus dem Hause gegenüber hörte man Musik und angeregte Stimmen.

Auf einmal ging oben eine Tür auf, und auf den Balkon schob sich eine Gruppe junger Leute heraus, offensichtlich vom Alkohol angeheitert. Viele von ihnen trugen Hitlerjugend-Abzeichen. Als sie mich sahen, fingen sie an zu grölen, warfen Schimpfworte auf mich, einer sogar einen Zigarettenstummel. Dann ging eines von den Mädchen, dem Aussehen nach in meinem Alter, ich war damals 17, in das Zimmer zurück und kam nach einigen Minuten zu mir herunter, ein Stück Kuchen in der Hand. Es war ein riesengroßes Stück Torte! Und sie schenkte mir, dem nassen und schmutzigen Kerl, dabei ein Lächeln! Nach einem halben Jahrhundert hat dann meine Enkelin Julija ein Bild mit dem Mädchen und der Torte gemalt.

Ich könnte auch über wütende Nazis schreiben, ich erinnere mich an ihre Namen und Gesichter. Sie gingen mit uns wie mit einem Stück Vieh um, haben uns geschlagen, gepeinigt, erniedrigt. Doch das deutsche Volk, das sind die Langes und dieses Mädchen, und nicht die Nazis. Das kann man, auch wenn mehr als 50 Jahre vergangen sind, nicht vergessen.

Michael Bondarenko,
Pologi, Gebiet Saporoshje"

Dieses Foto von Michael Bondarenko aus Saporoshje hat die Familie Lange aufbewahrt.

Frau Calvelage, das bringt kein Glück!

„Meine Mutter durfte wegen ihrer schweren Krankheit nicht mehr bei den Bauern arbeiten. Da wurde sie von der Partei eingeteilt zur Betreuung eines Lagers für ukrainische Zwangsarbeiter. Wie die nach Deutschland gekommen sind und unter welchen Umständen, ist mir nicht bekannt. Man hatte auf dem Bahndamm der Strecke Hannover–Celle–Hamburg eine große Holzbaracke für sie gebaut. Vier Männer schliefen in einem Zimmer.

Im ersten, gleich neben dem Gemeinschaftsraum, wohnte zusammen mit seinem Freund Ringori der Obmann der 40köpfigen Gruppe, ein Student aus Kiew, dessen Vater im Stadtsowjet als Beamter angestellt war. Er war der einzige, der Deutsch sprach. Er kaufte Lebensmittel ein (auf Marken natürlich), kochte und machte sauber. Er wischte alle Zimmer täglich mit Lysol. Wenn die Männer abends müde und hungrig von der Arbeit kamen, standen auf den Tischen im Gemeinschaftsraum 40 Blechschüsseln, in die zwei Teller Suppe hineingingen. Darin schwammen die Dinge, die Jakob zugeteilt bekam, manchmal mehr und manchmal weniger … Zum Frühstück gab es zwei Scheiben Brot, für den Tag ein kleines Stückchen Wurst. Mutter brachte ab und zu einen Korb mit

Vielleicht erinnert sich Jakob aus Kiew noch an diese Mädchen: Anneliese und Gerda, denen er verboten hatte, Kartoffeln zu pellen.

Gemüse mit. Aber wir hatten selber nicht viel, eben unser Hausgärtchen und Hühner. So hatten die Männer immer Hunger. Sie mußten auf der Bahnstrecke Großburgwedel–Celle unter einem Aufseher die Gleise und Schwellen kontrollieren, reparieren und auswechseln – keine leichte Arbeit. Oft wurden die Männer bei alliierten Luftangriffen beschossen. Wenn sie abends nach 22.30 Uhr auf der Straße erwischt wurden, wurden sie in eine Zelle beim Feuerwehrhaus gesperrt und tagelang mit einem Gummiknüppel geschlagen.

Jakob versuchte, seine Kameraden vor solchen Fehlern zu bewahren, und sie respektierten ihn. Er hatte es sich zur Aufgabe gemacht, sie gesund und unbeschädigt nach Hause zu bringen. Einmal schickte er uns zwei seiner Schwächsten ins Haus, sie sollten für Mutter Holz sägen, aber kein Geld dafür nehmen. Mutter verstand. Sie kochte dann den beiden soviel Kartoffeln, wie sie mochten, dazu Spiegeleier mit Speck und Gemüse von dem, was sie von Bauern für Aushilfe bekommen hatte. Ich sehe die beiden noch vor mir. Sie aßen ganz langsam und schauten ganz traurig durchs Küchenfenster in die Ferne. Normalerweise durfte man Ausländer nicht ins Haus nehmen, nur dann, wenn sie eine Arbeit verrichteten.

Am 18. Oktober 1943 ließen zwei angeschossene englische Bomber ihre ganze Ladung auf unser Dorf fallen. Wo hätten die Männer hinsollen? Eine Woche später hatte der ‚Diplomat' Jakob es schon wieder geschafft, daß Bretter und Stützbalken für einen langen Stollen geliefert wurden für den Bau eines Stollens, in dem alle 40 bei Luftalarm Schutz suchen konnten.

Als der Krieg endlich vorbei war, durften die vielen Ausländer sich frei bewegen, und viele plünderten. Während der Luftangriffe waren nämlich viele Waren aus der Stadt auf die Dörfer verlagert worden. Die wurden jetzt weggeholt, vor allem von Polen, die sich Trecker besorgt hatten. Jakob kam und warnte Mutter, half ihr auch, ihre wertvollsten Sachen unter dem Schuppen hinterm Haus zu vergraben. Als Mutter ihn fragte, warum er sich nichts aus den Kleiderlagern hole, sagte er: ‚Frau Calvelage, das bringt kein Glück!' – ‚Gluck', sagte er immer.

Ich erinnere mich noch, daß an einem späten Nachmittag drei Männer von der Russenbaracke zu uns kamen. Sie hatten getrunken und waren angeheitert; einer von ihnen war Ringori, Jakobs netter Zimmergenosse. Der fragte unseren Nachbarn: ‚Frau zu Hause?' – ‚Ja', sagte der, ‚geht ma hin!' Mutter hörte das schon und erkannte Ringoris Stimme. Sie rief: ‚Anneliese, Gerda, holt schnell Jakob!' – und schloß die Tür von innen zu. Gerda und ich rannten, so schnell wir konnten, zur Baracke, quer über die Felder den Bahndamm hinauf. Jakob war Gott sei Dank nicht fort. Er packte den großen Ringori am Kragen, setzte ihn auf die Fahrradstange, und ab ging es.

Am nächsten Tag kam Jakob und entschuldigte sich für seinen Kameraden. Mutter war ja noch jung (Anfang 30) und eine hübsche Frau. Ringori habe Mutter schon immer nett gefunden, verriet Jakob. Vielleicht wollte er Mutter ja auch nur besuchen, jetzt, wo er ein freier Mann war. Mutter hatte aber Angst, weil sie getrunken hatten.

Schließlich hieß es, daß die Russen aus der Baracke nach Hause wollten. Wir fanden es viel zu früh; sie waren uns ein gewisser Schutz gewesen, überall herrschten ja Chaos und Anarchie.

Sie hatten einen alten klapprigen offenen Frachtwagen ‚organisiert'. Jakob kam zu uns, nahm Abschied von uns und gab uns das Foto. Er brachte noch ein paar neue Schuhe, zwei Bettjäckchen und ein großes Stück Räucherspeck mit. Mutter bekam von ihm den Schlüssel zum Kohlenstall der Baracke: Nur sie sollte sich von den übriggebliebenen Kohlen holen dürfen.

Am Tag der Abreise sind wir drei zur Baracke gelaufen. Alle 40 Männer saßen schon auf dem offenen Frachtwagen. Sie hatten sich zugedeckt mit einer großen roten Fahne mit Hammer und Sichel. Wir haben ihnen Glück gewünscht und nachgewinkt. Das war das letzte, was wir von ihnen sahen und hörten.

Oft haben wir uns gefragt, ob sie wohl alle so, wie Jakob es wünschte, zu Hause angekommen sind.

Annelise van Deelen-Calvelage,
Valkenswaard/Niederlande, März 1998"

Noch in 100 Jahren könnte ich dieses Haus finden

„Zu jener Zeit war auch ich zur Zwangsarbeit in Deutschland. Nach vielen Plagen und Strapazen kam ich für eine längere Zeit zur Arbeit in die Zeche ‚Viktoria' in der Stadt Lünen in Westfalen, nahe bei Dortmund, welche zu den Hermann-Göring-Werken gehörte. Die Arbeits- und Lebensbedingungen im Lager waren schrecklich. Und wir waren Dorfburschen, die noch nichts vom Leben gesehen hatten, damals etwa 17 Jahre alt. Aber ich, und darum schreibe ich auch diesen Brief, ich hatte das Glück, mit einer Familie bekannt zu werden, welche mir viel half und mein Leben erleichterte. Ich habe sie nicht vergessen, auch wenn ich ihren Familiennamen nicht kannte. Es war ja Krieg. Der Verkehr mit Ausländern, dazu noch aus dem Lande des größten Feindes, war gefährlich. Es gab da genug ‚Aktivisten', welche empört auf der Straße schrieen: ‚Wann wird man endlich mit diesen stinkenden Säuen aufräumen?' Das war damals, als man uns in Kolonnen zur Arbeit hintrieb. Wir haben in der Tat nicht angenehm geduftet, denn wir konnten die Kleider nicht wechseln. Sie können sich unser erbärmliches Aussehen vorstellen – uns Jungen aus dem weit entfernten Dorfe. Das Haus – was auch geschehen würde, ich bin überzeugt, daß ich es noch nach 100 Jahren finden würde. Es war in der Straße, die zum imposanten Schloß eines einstigen Grafen führte. Nahe dabei war ein Konditorbetrieb, in dem Süßigkeiten hergestellt wurden. Zu diesem Betrieb führte eine Quergasse, wo vier bis fünf Häuser standen. In einem dieser kleinen Häuser mit zwei Eingängen an der Seite der Fabrik wohnten zwei Brüder. Einer von ihnen war das Oberhaupt der Familie, die mir so viel geholfen hat. Er hieß Paul, den Namen seiner Frau habe ich nie erfahren. Sie war eine ehrliche und warmherzige Frau. Sie hatten zwei kleine Kinder, das ältere war ein Mädchen und hieß Agnes. Nach diesen Anhaltspunkten würde ich die Familie bestimmt finden; und wenn nicht sie selbst, dann ihre Nachkommen – weil ich mich unbedingt von ganzem Herzen bedanken möchte für alles Gute, was mir in dieser Familie begegnet ist.

Fjodor Belokonj,
Isjum, Bez. Charkow"

Dort habe ich die ersten Schritte meines Lebens gemacht

„Guten Tag, geehrter Herr Bürgermeister der Stadt Rüdersdorf!

In Hochachtung wendet sich an Sie Lydia Alexandrowna Babura-Kosa. Meine Mutter ist Tatjana Fjodorowna Babura-Masnitschenko, mein Vater war Alexander Fjodorowitsch Masnitschenko, gestorben vor zwölf Jahren. Wir sind Ihnen sehr dankbar für Ihre unerwartete Einladung!

Leider kann meine Mutter nicht zu Besuch kommen, sie ist seit einem Schlaganfall gelähmt. Schade, daß sie nicht dahin fahren kann, wo sie wichtige Jugendjahre verbrachte, meinen Vater heiratete und mir das Leben schenkte.

Mutter hat uns oft erzählt, wie sie in einer Zementfabrik als Laderin arbeiten und schwerste Männerarbeit verrichten mußte. Als ich auf die Welt kam, hat sie große Angst ausgestanden, weil man mich von ihr wegnahm – andere Frauen im Lager berichteten, es seien schon Neugeborene umgebracht worden. Doch es stellte sich heraus, daß die Deutschen erstaunt gewesen waren, was für ein großes Mädchen die Ostarbeiterin geboren hatte, und es zur Untersuchung in eine Berliner Klinik geschafft hatten. Mutter bekam mich nach ein paar Tagen zurück mit einem Kinderwagen sowie Babynahrung und -kleidung.

Sie hat dann gute und mitfühlende Deutsche getroffen, welche ihr geholfen haben, am Leben zu bleiben und mich weitere eineinhalb Jahre zu behalten, bis wir gemeinsam in die Heimat kommen konnten. In der Fabrik war ein Wachmann, sein Vorname war Franz, welcher sie zu sich nach Hause nahm, als sie schwanger war. Dort half sie ihm beim Würstemachen, und als er sie ins Lager zurückbrachte, bekam sie auch Würste von ihm. Damals durften Ostarbeiter keine Briefe schicken, aber mit Hilfe des Wachmanns gelang es, die Verwandten in der Heimat zu benachrichtigen.

Anfang 1945, als schon sowjetische Flugzeuge Bomben auf Rüdersdorf warfen, wurden die Männer zum Schanzen aus dem Lager herausgenommen. Die Frauen aber entschloßen sich zu fliehen und selbständig nach Osten in die Ukraine zu gehen. Als sie durch ein Feld gingen, kam ihnen eine Dorfbewohnerin entgegen und winkte mit den Händen, sie sollten ja nicht weitergehen, denn dort würde geschossen. Sie führte sie dann in einen Luftschutzkeller, wo sie fünf Tage festsaßen. Sie teilte auch ihre Lebensmittel mit ihnen und den sowjetischen Gefangenen. Es stellte sich dann heraus, daß in das Haus dieser Frau eine Bombe gefallen war und ihre beiden Kinder samt der Schwiegermutter getötet hatte – ihr Mann war an der Front …

Ich bedanke mich noch einmal für die Einladung und hoffe, daß mein Wunsch in Erfüllung gehen wird und ich über die Erde gehen werde, wo meine kleinen Füße die ersten Schritte machten und ich zum ersten Male ‚Mama' sagte.

Lydia Kosa,
Malokaterinowka, Gebiet Saporoshje"

Der Wunsch der Tochter der ehemaligen ukrainischen Zwangsarbeiterin hat sich erfüllt. Die Stadt, in der sie ihre ersten Schritte machte und ihr erstes Wort „Mama" aussprach, hat sie sehr freundlich aufgenommen. Nach slawischem

Brauch hat sie eine Handvoll ukrainischer Erde und ein Trauerband auf das Grab der deutschen Frau gelegt, welche sie, ihre Mutter und die anderen aus dem Lager geflohenen Frauen vor dem Tode rettete.

Sie schenkten der Stadt Rüdersdorf ein wunderschönes ukrainisches Handtuch – gestickt von der ehemaligen Gefangenen Tatjana Babura und ihrer Tochter – als Zeichen der Dankbarkeit für das gerettete Leben.

„Dorf Primoskoje, Ukraine – die Stadt Rüdersdorf, Deutschland".
Dieses wunderschöne ukrainische Handtuch, das die ehemalige Gedfangene Tatjana Babura und ihre Tochter Lydia gestickt haben, schenkten sie der Stadt Rüdersdorf als Zeichen ihrer Dankbarkeit für das gerettete Leben.

Wir werden uns daran erinnern unser Leben lang

„Guten Tag, Journalist Viktor Pedak!

Ich hörte Ihre Sendung und dachte mir: Vielleicht würden Sie auch meiner Mutter helfen, die deutsche Familie zu finden, welche sie zu ihrem Glück in den Kriegsjahren in Deutschland angetroffen hat. Sie sagt, sie würde nur stillstehen und weinen vor Freude des Wiedersehens.

Mutter lebt jetzt in Poltawa. 1943 wurde sie nach Deutschland gebracht. Dort hat sie in einer Fabrik gearbeitet. Ihr Geburtsname ist Schtscherbanij, jetzt ist sie Sacharowa Irina Maksimowna, 69 Jahre alt.

Im Betrieb mußte man sehr viele Stunden arbeiten und bekam wenig zu essen, nicht genug zum Leben und zuviel zum Sterben, und wurde geschlagen. Aber es gab da auch gute Deutsche mit Herz und Gefühl. Und einer, berichtet die Mutter, ist für sie eingetreten, als ein SS-Mann ihr ins Gesicht schlug.

Es war so, daß deutsche Familien sich aus dem Werk Dienstmädchen holen konnten. Mutter kam zu einer sehr guten Familie, unweit von Berlin, ins Dorf Schönefeld. Der Mann hieß Ernst Dreske, seine Frau Lene. Sie hatten zwei Töchter, Christel und Bärbel. Wie Mutter erzählte, waren sie sehr gut zu ihr. Wenn sie ins Werk zurückging, bekam sie immer Lebensmittel mit. Auch die Mädchen haben sie sehr liebgewonnen – vielleicht kam das von ihrer ukrainischen Herzlichkeit. Sie verdiente auch eine gute Behandlung, denn sie war sehr tüchtig.

Mutter wurde vorgeschlagen, sie solle bei ihnen bleiben als dritte Tochter. Aber als unsere Armee Berlin eroberte, sagte Mutter, sie wolle nach Hause. Aber diese deutsche Familie stand ihr sehr nahe. Als Mutter, alle umarmend und küssend, aus dem Hause ging, weinten sie alle zusammen. Die Deutschen winkten noch lange, an der Pforte stehend.

Alexander Cherson,
Ukraine"

Heimat ist Heimat

„Ich wurde gerade auf Ostern verhaftet, 1943. Ich war damals 16 Jahre alt. Ich bin im Dorf Gorodischtsche, Gebiet Poltawa, geboren. Mein Name ist Jekaterina Michailowna Obmok.

Am Anfang ging es mir, wie auch vielen anderen, in Deutschland sehr schlecht. Aber darüber will ich jetzt nicht berichten, besser über die guten Samariter, die mich vor dem Hungertod bewahrt haben. Die Familie lebte im Dorf Kirchhosbach bei der Stadt Sontra. Die Frau hieß Luise Gesang; ihr Mann war an der Front. Es waren noch ein Junge namens Elmar und der Großvater bei ihr. Ich habe zwei Jahre bei ihnen gearbeitet und niemals ein grobes Wort gehört. Als der Mann von der Front zurückkam, hat er mich gebeten, ich solle auf immer bei ihnen bleiben. Aber zu Hause warteten auf mich Mutter und Heimat. Und Heimat ist Heimat.

Jekaterina Polakowa, geb. Obmok,
Nowoorechowka, Gebiet Lugansk"

Ich sollte Deine Schwester werden

„Guten Tag, mein liebes, gutes Brüderchen Elmar!   14.8.1995
Dich grüßt Katja Obmok.

So hat mich Dein Vater genannt, er wollte doch, daß ich bei Euch bleibe und Deine Schwester würde. Wo ist Vater jetzt?

Ich sehe ihn noch im Traum und befürchtete damals, er käme nicht aus Königsberg zurück!

Ich kam schon 1945 nach Hause. Zuerst haben uns die Amerikaner in ein Lager gesteckt, dann fuhren sie uns auf Lastwagen zu den Russen. Und diese haben uns zu Fuß von der Elbe bis nach Lemberg (Lwow) getrieben. Von dort bin ich mit dem Zuge bis nach Lubny gefahren. Auf solchem Weg bin ich nach Hause gekommen. Dort wartete meine Mutter; auch mein Vater ist vom Kriege heimgekehrt.

Lange Jahre durfte ich nicht weiterlernen, denn man nannte uns ‚Verräter der Heimat'. Später habe ich doch noch eine medizinische Schule besucht und 36 Jahre als Krankenschwester gearbeitet.

Mein Gott, ich bin Deiner Mutter so dankbar, daß sie mich vor dem Verhungern im Lager gerettet und zu sich in die Familie genommen hat. Ich war erstaunt, daß Ihr mich an den Tisch einludet und keinen Ekel vor mir hattet. Ich dachte, ich müßte in der Scheune schlafen, aber ich bekam sogar ein eigenes Zimmer.

Danke der Mutti, dem Vater und Euch Buben, daß Ihr zu mir so wart wie zu einer Verwandten! Ich habe nie einen Bruder oder eine Schwester gehabt, bin das einzige Kind meiner Eltern. Zusammen haben wir beide gemäht und gepflügt und das Heu auf den Wagen geladen. Ich war sehr erschüttert, als Du nach dem Abschied von Deinem Vater (er mußte an die Front, und vielleicht sahest Du ihn zum letzten Mal!) auf dem Dachboden bewußtlos wurdest. Ich habe Deinen Bruder gerufen, und wir brachten Dich gemeinsam herunter. Du hast immer nach dem Vater geschrien, und Mutter war nicht da, sie begleitete ihn doch bis zum Walde.

Nochmals will ich Euch danken, daß Ihr mir das Leben gerettet habt. Als der Polizist mich verprügelte, hat Mutter mich so bemitleidet – immer habe ich ihr leid getan.

Schreib mir, Elmar. Ich werde mich anstrengen, es auf Deutsch zu verstehen. Grüße Deine ganze Familie. Ich umarme dich fest.
          Katja"

„Seid immer lieb zu Maria", mahnte die Mutter

Es gibt Frauen, welche sich auf die Kunst verstehen, die Distanz zwischen Menschen aufzuheben, die sich bisher nicht kannten. Diese Kunst ist nicht gebunden an die Höhe des Bildungsniveaus. Ebensowenig die Begabung dafür, scheuen, verschlossenen Menschen Herz, Gemüt und Mund aufzuschließen für ein gelingendes Miteinander. Louise, die uns das Folgende berichtet, hat solch eine Frau zur Mutter gehabt, und gewiß hat sie auch von ihr gelernt. Welche Eindrücke sie als kleines Mädchen in sich aufgenommen hat, ist dafür aufschlußreich:

„Meine Eltern bewirtschafteten in Barlo (Raum Bocholt), unmittelbar an der holländischen Grenze gelegen, eine kleine Landwirtschaft, wozu der Vater gleichzeitig noch einen Viehhandel betrieb. Mein Vater wurde aber bereits 1939 zur Wehrmacht einberufen. Wir waren drei Mädchen im Hause; meine Mutter litt an einer Herzerkrankung und hatte sich um Zuteilung einer Hilfskraft für die Landwirtschaft und den Haushalt bemüht. Ich war damals acht Jahre alt, als eines Tages im Jahre 1943 Maria Litwinenko, eine junge Ukrainerin, auf unseren Hof kam. Sie hatte sich, wie wir später erfuhren, in der Heimat auf das Lehramt vorbereitet. Warum sie nun zu uns geschickt wurde, und auf welchem Wege, das war uns damals unvorstellbar. Maria war äußerst schüchtern und machte auf uns Kinder anfangs den Eindruck eines tiefbedrückten Wesens. Es hätte ja auch niemand mit ihr sprechen können – es fehlte die gemeinsame Sprache.

So sah Maria Litwinenko aus, als sie in die Familie Telaar kam

Meine Mutter stellte ihr ein eigenes, gepflegtes Zimmer zur Verfügung. Am ersten Morgen, seit Maria in unserem Hause war, wunderte sich Mutter, daß Maria das Bett überhaupt nicht benutzt hatte. Offenbar hatte sie auf dem Boden vor dem Bett geschlafen. Da sie kein einziges Wort Deutsch sprach, zeigte meine Mutter dem neuen Hausgast mit Handgriffen und Gesten, wie man ein deutsches Bett benutzt.

Dieses erste, eigenartige Erlebnis mit Maria veranlaßte meine Mutter gleich in den ersten Tagen zu der eindringlichen Mahnung an uns, zu diesem Mädchen ‚immer lieb' zu sein. Und das tat sie noch öfter, bestimmt nicht nur mit dem Nebengedanken, daß auch unserem Vater, welcher sich zu jener Zeit in Rußland befand, dort auch Menschen begegnen möchten ... So gehörte Maria von Anfang an wie ein Mitglied zu unserer Familie, bei der Arbeit, am Tisch und während der Freizeit. Sie war einfach eine von uns, wie eine Tochter oder eine Schwester. Allmählich taute sie auch etwas auf. Abends nach dem Essen nahm sie mich öfters auf den Schoß, liebkoste uns Mädchen und scherzte mit uns. Mutter tat diese Wandlung des Mädchens besonders wohl. Sie widmete der jungen Russin, das ist für uns Kinder noch heute unvergeßlich, eine besondere Fürsorge.

Nicht nur, daß Maria gelobt wurde wegen ihres Fleißes, war sie doch dem Großvater auf dem Felde eine recht kräftige Hilfe. Sie war auch äußerst hilfsbereit und hielt auf peinliche Sauberkeit. So durfte sie auch bei den Sonntagsspaziergängen immer mit der Familie gehen – wenn sie nicht in ihrer Freizeit eine Cousine besuchte, die bei einem Landwirt in der Nähe zwangsverpflichtet war, oder einen in der Nähe wohnenden Landsmann, von dem ich mich erinnere, daß er Stanislaus hieß.

Als Maria zu uns kam, trug sie eine abgetragene graue Steppjacke, die auf uns Kinder einen besonders tristen Eindruck machte. Mutter, die sich als Handnäherin ein kleines Zubrot verdiente, sorgte dafür, daß Maria bald in angemessener Kleidung auftrat, die sie nicht mehr von den Deutschen unterschied. Mutter wollte auch nicht, daß Maria, wie es Vorschrift war, ihre Registriernummer auf dem Revers trug. ‚Den steck nur in die Manteltasche!', forderte sie sie auf, als der neue schwarze Samtmantel anprobiert wurde, den ihr Mutter aus ihrem eigenen Bestand geschenkt und auf ihre Figur umgearbeitet hatte. Maria schien uns dabei zum ersten Mal wirklich glücklich zu sein, und auch Mutter freute sich sichtlich, daß ihr Werk gelungen war und sie sich an der schmucken Dame erfreuen konnte!

Als Maria sich dann zum Kirchgang mit Mutters Goldschmuck herausputzen durfte, kannte ihre Dankbarkeit keine Grenzen mehr. Von der Kirche ist mir noch im Gedächtnis geblieben, daß ich mich anfangs

Maria Litwinenko nach einem Jahr der Arbeit in der Familie Telaar.

über ihr ‚komisches Kreuzzeichen' beim Gebet gewundert habe, das mir ‚falschherum' gemacht schien. Wenn es dann Abend wurde, erlebten wir Maria oft sehr still und traurig. Heimlich hat sie dann wohl auch geweint, wenn das Heimweh über sie kam; nicht immer konnte sie das verbergen. Von geradezu stoischer Ruhe erfüllt erschien sie uns, wenn in der Nähe Bomben detonierten und die Erde erschütterten.

Irgendwann im Jahre 1945, es war während der Zeit, da wir unseren Hof verlassen mußten, weil die Alliierten auf der deutschen Seite der Grenze einen Sperrstreifen einrichteten, wurde Maria plötzlich abgeholt. Nach einigen Tagen erfuhren wir, daß sie mit anderen Landsleuten in das ehemalige Stalag Stenern (bei Bocholt) gekommen war.

Ganz unerwartet, es mag einige Wochen später gewesen sein, besuchte sie uns an einem Sonntagnachmittag und verabschiedete sich. Sie bedankte sich insbesondere bei unserer Mutter und versprach, uns zu schreiben, wenn sie wieder daheim sei. Doch wir haben niemals wieder von ihr gehört.

Einige Jahre später, es war 1947, als mein Vater aus russischer Kriegsgefangenschaft nach Hause kam, sollte unser ‚Leben mit Maria' noch einmal auf eigenartige Weise vor uns erstehen: Vater schilderte, wie er im Donezbecken zusammen mit einigen Kameraden auf einer Kolchose eine Ukrainerin an einer Viehtränke um einen Schluck Wasser gebeten habe. Dabei habe sich herausgestellt, daß die Frau recht gut Deutsch sprach. Sie erzählte auch, daß sie nach Deutschland zwangsverpflichtet worden sei und deswegen im eigenen Land nachher erneut deportiert und mit Zwangsarbeit bestraft worden sei. Sie ließ nicht locker mit Fragen, woher der Deutsche denn stamme. Als mein Vater dann den Namen ‚Bocholt' verlauten ließ, war die Verblüffung auf beiden Seiten groß: Jene Ukrainerin, das erfuhren die Kriegsgefangenen, war als Zwangsverpflichtete in der Land- und Hauswirtschaft des Bocholter Klosters ‚Zum guten Hirten' tätig gewesen.

Und noch eins ist mir dazu in der Erinnerung verblieben: Als mein Vater von unserer Fürsorge für ‚unsere Maria' hörte, schilderte er uns seinerseits, wie er und seine Kameraden wiederholt von russischen Frauen irgend etwas an Nahrungsmitteln gegen den größten Hunger ganz heimlich zugesteckt bekommen hätten.

Und diese Erfahrung hat unsere liebe Mutter überaus glücklich gemacht.

Louise Telaar,
Vreden"

Wie hätte sich ihre „liebe Mutti", die früh Verstorbene, über die Nachricht gefreut, daß die Tochter Louise nach 52 Jahren, nach vieljährigem Suchen in der Ukraine „ihre ältere Schwester" gefunden hat, an deren Hände Wärme sie sich bis heute erinnert.

Louise Telaar
„Liebe Maria! Vreden, 30.11.1997
Du bist immer noch Unsere Maria!
Wie glücklich und froh sind wir, daß wir Dich nun endlich gefunden haben. Du lebst und erinnerst Dich an uns!
Wie gut erinnere ich mich noch an Dich! Du hast am Tisch immer neben mir gesessen, und ich habe oft meine Wange an Deinen Arm gelegt, der ganz weich und warm war. Das kann ich heute noch fühlen.
Wie sehr wünschen wir uns bald gute Nachrichten von Dir!
Viele liebe Grüße und eine herzliche Umarmung von
Hilde, Brigitte und Louise"

Und hier der erste Brief aus der Ukraine, der dem „deutschen Schwesterchen" Hoffnung auf viele weitere gab:

„Schönen Dank für den Brief und die Fotos, sie haben mich noch einmal an die ferne Vergangenheit erinnert. Ich bin schon 74, aber ich habe noch alles im Gedächtnis, denn so etwas kann man nicht vergessen. Damals war ich erst 18 Jahre alt, und ich mußte mein Dorf, meine Heimat, meine Angehörigen verlassen.
Und alle meinesgleichen, Jungen und Mädchen, aus allen Dörfern des Kreises. Deutsche Soldaten trieben uns mit Maschinenpistolen zur Station Meshewaja. Und uns begleitete das ganze Dorf die 18 km bis zur Eisenbahn. Bei jedem der Viehwagen standen zwei MP-Schützen. Wir wurden wie das Vieh eingeladen. Es gab keinen Platz zum Sitzen, schlafen konnten wir nur auf dem Boden. Unterwegs haben sich zwei Mädchen mit Läusesalbe vergiftet. Sie wollten lieber sterben, als in der Fremde in Sklavenarbeit leben.
Zuerst brachte man uns nach Polen zur sanitären Behandlung, dann nach Deutschland. Im Sammelort standen ganze Scharen der preisgegebenen Jugend, und die deutschen Bauern wählten sich ganz sachlich ihre Arbeitskraft aus. Da nahmen Ihr Großvater und Ihre Mutter mich mit zur Arbeit in der Landwirtschaft. So kam ich in Ihre Familie. Zu

Weihnachten schenkte mir Ihre Mutter etwas, so wie allen Kindern. Auch das grüne Kostüm, von welchem Sie schreiben, hat Ihre Mutter mir geschenkt. Wir aßen zusammen an einem Tisch. Mutter nahm mich sogar zum Friseur, um Dauerwellen machen zu lassen. Eines Tages ist es passiert, daß ich mich beim Fensterputzen heftig in die Hand schnitt – da hat mich Ihre Mutter persönlich ins Krankenhaus gebracht.

Am Ende des Krieges saß ich zwei Wochen im Karzer, weil ich in einem Brief an Freundin Olga (sie arbeitete im Nachbardorf) geschrieben hatte, daß der Krieg bald zu Ende ginge. Dann ließ man mich wieder frei, und Ihr Großvater holte mich ab. Ich wurde gebadet, frisch gekleidet und verköstigt. Ihr habt Euch wie nahe Verwandte über mein Wiederkommen gefreut.

Im Frühling 1945 kamen die Amerikaner und brachten ihre Feldküche in unsere Scheune. Ich melkte gerade die Kühe. Da kippten sie mir die Milch um und schrieen: ‚Hitler kaputt! Genug mit der Arbeit!'

Ich habe dann noch einen Monat bei Euch in der Landwirtschaft gearbeitet, dann brachte man mich nach Bocholt, wo wir uns auch verabschiedet haben. Ich war zwei Monate im Lager und wurde häufig überprüft, aber es war alles in Ordnung bei mir. Ich wollte so sehr nach Hause zurück, daß ich in den erstbesten Zug stieg. Der aber führte mich ... nach Sibirien.

Auf solche Weise kam ich nach Tjumen, wo ich sechs Monate auf einem Schiffbauwerk beschäftigt war. Von Tjumen bin ich nach Moskau gefahren und später, im Frühjahr 1946, kam ich in meine Heimat zurück. Ich möchte gerne Ihr Land wiedersehen und Sie auch, aber ich werde immer schwächer, bin kränklich, denn am 23. März bin ich schon 74 geworden.

               Ich umarme alle mit Zärtlichkeit
               Maria"

Dieser innigste Wunsch der ehemaligen Zwangsarbeiterin wurde nicht erfüllt, aber das Schicksal hat ihr doch ein Wiedersehen mit dem „deutschen Schwesterlein" geschenkt. Wie später Louise Telaar, die mit dem Flugzeug in die Ukraine kam, schreiben wird: „Minuten, von welchen der Atem und das Herz stockten, Flüsse von Tränen, kräftige Umarmungen, und zwischen ihnen zwei für uns wertvolle Namen" – Maria, Louise.

„Gerade in diesen Tagen, auf die unendlichen Weiten der Ukraine schauend", wird die deutsche Frau sagen, „dachte ich oft an den verstorbenen Va-

ter". Er kam am 13.12.1947 in die Heimat zurück nach dreijähriger russischer Kriegsgefangenschaft (er war in einem der Lager Dnepropetrowsk – V. P.). Wie oft litt er an Hunger und Kälte. Wie oft erzählte er, ohne Hilfe der russischen Menschen wäre er nicht am Leben geblieben. Er sagte immer: „Das System war unmenschlich, aber die Menschen dort sind gut." Dasselbe könnte auch Maria sagen.

Ihr zu Ehren hat man mich Margarita genannt

„Meine Mutter Licholat Valentina, geboren 1926, wurde 1943 aus der Stadt Sumy nach Deutschland verschleppt. Sie hat in einer Textilfabrik in Ochtrup, Kreis Münster, gearbeitet. Dort wurde ich am 9. Juli 1943 geboren. In der Fabrik gab es einen Kindergarten, in den die Kinder der

Margarita auf den Händen der Mutter
sowie Krankenschwester Margund Fehrmann

Arbeiterinnen gebracht wurden. Mutter erinnerte sich mit besonderer Liebe an die Krankenschwester Margund Fehrmann, welche mit außergewöhnlicher Güte und Fürsorge mit den Kindern umging. Es entwickelte sich eine besonders herzliche Freundschaft zwischen ihr und meiner Mutter. Sie brachte mich sogar zur Taufe in die kleine Kirche der Stadt Ochtrup. Sie war meine Taufpatin, und ihr zu Ehren wurde ich Margarita genannt."

Margarita Shurba,
Sumy, Ukraine

Margarita hat wie nur wenige von den in den Lagern geborenen Kindern das Glück gehabt, am Leben zu bleiben. (In dem Buch von Gisela Schwarze „Kinder, die nicht zählten", das 1997 in Essen erschienen ist, gibt es viele Zeugnisse vom tragischen Tod von Hunderten, ja Tausenden slawischer Säuglinge. – V. P.)

Margund Fehrmann ist nicht nur Patin unseres „Margaritchens" geworden, sie hat das Leben von Hunderten von Kindern anderer Ostarbeiterinnen gerettet, ähnlich wie Maria Euphemia, welche in Deutschland sehr bekannt geworden ist. Von letzterer stammt das Wort:

„Ich habe gedient, und mein Lohn ist der Friede."

Vielleicht ein Friede, der Hunderten von Kindern das Leben schenkte.

Hörner auf meinem Kopf gesucht

„Sehr geehrter Herr Pedak,   Dorf Glinsk, 18.2.2001

Ich möchte versuchen, einen Deutschen ausfindig zu machen, mit dem ich befreundet war, leider nur ganz kurz. Aber es war eine ehrliche, kindliche (ich war damals erst 16) und unvergeßliche Freundschaft. Man hatte ihm in der Schule gesagt, daß die Russen Deutschland angegriffen hätten, und daß die Russen Hörner am Kopf hätten. (*Vielleicht deshalb, weil die Mützen bestimmter Rotarmisten, der ‚Budjonnowki', ähnlich wie Hörner aussahen? – V. P.*)

Eines Tages prüfte er nach, ob auch ich solche Hörner habe, und nachdem er keine gefunden hatte, glaubte er mir auch, daß die Deutschen Rußland angegriffen haben, und nicht umgekehrt. Als er mich zum ersten Mal gesehen hatte, hatte er noch verächtlich auf mich heruntergesehen. Jetzt mußten wir gemeinsam arbeiten beim Bohnenaushülsen, und nach unserem Gespräch änderte sich alles.

„Hörner auf meinem Kopf gesucht"

Zeichnungen von Tichon Balimov

Kurz über mich: Zusammen mit Landsleuten wurde ich mit Gewalt nach Deutschland deportiert und mußte als Hilfsarbeiter auf einem Bau der Firma Neumann in Watenstedt arbeiten, Lager Nr. 23. Unser Meister Erwin Gronat wohnte im Dorf Bettmar, 20 km von Watenstedt entfernt. Ende 1944 hat er ein paar Zwangsarbeiter mit nach Hause genommen, zur Mithilfe bei häuslichen Arbeiten. Später nahm er nur mich allein mit, vielleicht weil ich der Jüngste und Schwächste war. Eines Tages kam ein Junge zwischen 11 und 15 Jahren zu ihm zu Besuch, der hieß Harry. Weil ich zu mager war, bemühte er sich immer, mir Essen zuzustecken. Wenn ich ins Lager zurückmußte, hatte er Angst, ob ich wiederkommen würde. Erwin Gronat war damals 40 bis 45 Jahre alt, seine Frau Klara etwa 35 bis 40. Ich bezweifle, daß jemand von ihnen noch lebt. Aber vielleicht erinnert sich jemand an Harry? Ich möchte das wissen. Ich möchte ihm sagen, daß es unmöglich ist, das Gute zu vergessen. Und das Böse?

Alles, was ich im Lager ertragen mußte, hat nichts mit Harry zu tun. Es gab viel Schlechtes, ich bräuchte viel Papier, um alles aufzuschreiben. Aber zum Glück ist es mir gelungen, am Leben zu bleiben.

Ich glaube, daß es auch für Harry eine riesige Freude wäre, zu erfahren, daß ich noch lebe; und auch ich möchte etwas von seinem Leben in Erfahrung bringen und ihm mein Dankeschön aussprechen. Ich habe nie vergessen, daß er mir in der schwersten Zeit geholfen hat. Und das Wichtigste: daß wir damals gute Freunde waren – und Freunde darf man nicht vergessen!

Tichon Balimow,
Gebiet Kirowograd, Ukraine"

Kinder der Hungerszeit

Als sie Vater und Mutter verloren, waren sie zu dritt: drei obdachlose, hungrige Kinder. Valentina Wasiljewna Pusyrjowa war damals fünf Jahre alt, ihr Schwesterchen war noch ziemlich klein. Gerettet hat sie ihr Bruder Paul, zwölf Jahre alt. Er selbst schämte sich zu betteln, doch die Schwesterchen hat er dazu angeleitet. Sie gingen auf den Bahnhof der Stadt Stalino im Donbass und streckten vor den Reisenden ihre dünnen Händchen aus. Und die Leute teilten ihr ärmliches Essen mit ihnen. Zu Hause kochte Paul dann die winzigen Kartöffelchen, die kaum größer als Erbsen waren, und gab auf jedes einen Tropfen Speiseöl. So blieben sie in der schrecklichen Hungersnot des Jahres 1933 am Leben.

Walli Pusyrjowa

Später hat man die Kinder auf verschiedene Waisenhäuser verteilt. Walli wurde ins Waisenhaus der Stadt Janow in der Westukraine gebracht. Dort wurde nur ukrainisch gesprochen, und Walli konnte sich nur schwer mit Erziehern und anderen Kindern verständigen.

Im Sommer mußten die Waisenkinder mit der Sonne aufstehen und aufs Feld fahren zur Arbeit. Die Kleinsten sammelten Ähren, die Älteren banden Garben. Ein Stückchen Brot mit Marmelade und kaltes Wasser dazu – das war das ganze Mittagessen. Die Kinder waren immer hungrig, tags wie nachts.

Am Beginn des Krieges 1941 hat man versäumt, das Kinderheim zu evakuieren, die Front ging darüber hinweg. Die Besatzungsbehörde brachte 1942 die Kinder nach Deutschland. Wir sind es gewöhnt, durch Filme und Bücher über Mißhandlung von Kindern und schreckliche Experimente in der Nazizeit zu erfahren. Walli Pusyrjowa, die mit 15 Jahren nach Deutschland kam, weiß nichts von derartigem zu berichten.

In München haben die Kinder in der Kartonagenfabrik Obmacher in der Hoffmannstraße arbeiten müssen; sie falteten Lotterielose zusammen und packten sie ein. Sie wohnten in einem kleinen Haus, einem Arbeiterinnenheim für 20 Personen; die andere Hälfte des Hauses wurde von einer Familie bewohnt. Der Fabrikbesitzer war, wie Walli schrieb, ein wirklich guter Mensch, der für die Kinder sorgte. So war auch der Leiter des Wohnheims, ein Herr Ostertag. Er hat sich an die Bevölkerung der Stadt gewandt und Kleidung für die Kinder gesammelt. So mußten sie sich nicht schämen, in ihrer freien Zeit in der Stadt auszugehen. Es war vorgeschrieben, das Abzeichen ‚Ost' auf der Brust zu tragen, aber im Stadtzentrum nahmen die Mädchen es immer ab und legten es, wenn sie ins Lager zurückgingen, wieder an.

Was die ewig hungrigen Waisenkinder am meisten wunderte, das war ihr Essen: Es war reichlich und nahrhaft. Valentinas schönste Erinnerung sind große Platten mit dem zweiten Gang, auf denen Gemüse, Salate und andere Beilagen gereicht wurden. Und das war in den Tagen, als feindliche Flieger Bomben auf die Stadt warfen, Lebensmittel nur durch das Kartensystem verteilt wurden und die Deutschen selber sich nicht satt essen konnten.

Eines Tages nach einem großen Luftangriff war die Fabrik vernichtet, und die Kinder waren im Keller, der ihnen als Luftschutzraum diente, verschüttet. Ein Glück, daß französische Kriegsgefangene aus dem benachbarten Lager kamen und sie befreiten! Doch morgens nach dem Luftangriff beschloß der Lagerleiter Ostertag, in den Keller hinunterzugehen, um irgendwelche wertvollen Sachen zu retten, und er nahm eines der Mädchen, Galina aus Tscherkassy, mit; dabei sind sie beide ums Leben gekommen.

Dann schickte man die Kinder zum Arbeiten in eine Fabrik für landwirtschaftliche Maschinen in Freising. Mit dem dortigen Chef hatten sie Glück: Der Mann war klein von Wuchs, sagte immer, er esse kein Fleisch, und überließ den Mädchen seine Fleischration ... Seine Frau mußte er im Rollstuhl fahren, sie war schon viele Jahre behindert.

Nach Ende des Krieges haben die Amerikaner den Mädchen vorgeschlagen, in die USA zu fahren. Einige haben es auch getan, aber Valentina dachte an ihre Geschwister, die in der Sowjetunion geblieben waren, und hoffte, sie zu finden. Ihre Schwester fand sie in Odessa, wo sie bei einer Tante aufgewachsen war, doch den Bruder sucht sie noch heute.

In sowjetischen Archiven findet sich keine Spur darüber, daß die Kinder aus dem Waisenhaus Janow nicht rechtzeitig evakuiert wurden und dem Feinde überlassen wurden. Liegt das vielleicht an den Leitenden, die nur auf die Rettung des eigenen Lebens bedacht waren?

Nach den Erinnerungen
von Valentina Pusyrjowa
aufgezeichnet von Isolde Tolok

Wehe, ihr krümmt ihr ein Haar. Das ist meine Mama!

„Während der Osterferien des Jahres 1942 traf ein Transportzug mit russischen Fremdarbeitern in Borken ein. Sie wurden über die Kreisbauernschaft den Ostbauernführern zugewiesen.

Mein Vater schickte mich zum Hof der Brennerei Wolbring nach Borkenwirthe, um eine dringend benötigte „Arbeitskraft" zu besorgen. Zwei ältere Brüder waren bereits Soldaten, und meine Einberufung stand kurz bevor.

Ich hatte freie Auswahl und entschied mich für Sergej. Mir gefiel der Name, doch noch mehr seine blanken, fröhlichen Augen. Sergej, 16 Jahre alt, trug eine abgeschabte, wattierte Jacke und Hose, Schuhe ohne Schnürsenkel, verdreckte Fußlappen und eine Tschapaka auf dem Kopf.

Ein durchnäßtes Jutejäckchen baumelte über den Schultern. Darin befand sich eine verschimmelte Runkelrübe – seine Wegzehrung für die lange Fahrt von der Ukraine bis Westfalen.

Bauer Johann Wolbring ermahnte mich, wohl mehr aus Gründen der Pflicht als aus Neigung, jede Fraternisierung zu unterlassen. Sie würde strengstens bestraft.

Ich forderte Sergej auf, sich auf den Gepäckträger meines Fahrrades zu setzen. Mich kritisch musternd, zögerte er zunächst, dann schwang er sich auf den Sitz, wobei er mich wie ein Äffchen fest umklammerte.

Sergej sorgte zu Hause für große Aufregung. Ein Russe ist da! Meine Schwestern zitterten vor Angst. Was verband sich nicht alles mit diesem Namen: Mongolen und Tataren, Rasputin und Stalin, Tscheka und Sibirien, Bolschewiki und Rotarmist …

Doch meine Mutter nannte ihn sogleich liebevoll Cherry. Denn Sergej klang wie Cherry. Und als Wirtin war ihr Cherrybrandlikör bestens bekannt. Der junge Russe hatte somit einen Spitznamen, der aber gar nicht spitz gemeint war.

Die resolute Tante Kathrin rief sogleich zum Mittagessen, und das galt selbstverständlich auch für Cherry. Es gab Reibeplätzchen mit Rübenkraut, dazu gekühlte, frische Milch. Cherry blinzelte in die Runde und prüfte, wie es die anderen wohl machten. Dann griff auch er kräftig zu. Zu kräftig, wie sich bald herausstellte. Der ausgehungerte Magen konnte so viele Kalorien auf einmal nicht vertragen. Ihm wurde speiübel.

Bei Tisch schimpfte Vater mit seinen Töchtern, sie sollten sich nicht so anstellen. Sergej sei ein ganz normaler Mensch, der zur Fremdarbeit abgestellt wurde, weil er in der Frontnähe wohnte und die Gefahr bestand, daß er als Partisan eingesetzt werde. So lange Sergej in der Familie lebte, würde er wie sein eigener Sohn behandelt.

Ich wies Cherry sein Zimmer zu, zeigte ihm Bett und Schrank und bedeutete ihm, er solle sich waschen und ein wenig ausruhen. Doch Cherry stammte aus einem Dorf. Und dort schlief die ganze Familie, kaum ausgezogen, auf dem selbstgemauerten, warmen Lehmofen. Er wußte also mit dem Bett nichts anzufangen. Erst als ich ihn bat, die Liegestatt auszuprobieren, warf er sich oben auf das Federbett, und schon spürte er die Schwingungen der Matratze. Voller Begeisterung benutzte er sein Bett als Trampolin und dabei rief er ständig: „Krowatt! Krowatt! Karascho!" Seiner Äußerung war unschwer zu entnehmen, daß er nicht Krawatten, sondern sein Bett meinte.

Cherry war für alles zu gebrauchen. Schon nach kurzer Zeit konnte er mit dem Pferd umgehen, pflügen, eggen, säen, mähen, ernten, den Kuhstall versorgen, füttern, tränken, melken, ausmisten, den „Wuortelpott" für die Schweine kochen, den Garten bestellen, Botengänge verrichten, dem Küchenpersonal zur Hand gehen ... Cherry war Kalfaktor und „Mädchen für alles".

Auch dauerte es nicht lange, da konnte dieser aufgeweckte Bursche deutsch sprechen. Zunächst aphoristisch, dann in kurzen Sätzen und bald fließend. Cherry hatte zwei Wünsche: radfahren und Schach spielen. Das erste mußte er noch lernen, beim zweiten war er unschlagbar. Als ihm erlaubt wurde, aus einigen alten Drahteseln einen eigenen fahrbaren Untersatz zu machen, war er überglücklich. Bald radelte er nach Feierabend über Fuhrwege und Pättkes und aufrecht und stolz durchs Dorf. So lernte er die nähere Umgebung kennen. Er brauchte keinen Aufpasser, erst recht keine Bewachung. Er war ein grundanständiger Kerl ...

Der Krieg ging zu Ende. Um Ostern 1945 wurde die Kreisstadt Borken bombardiert. Das Krankenhaus war völlig zerstört. Es wurde ausgelagert. In meinem Elternhaus wurde notdürftig eine Krankenstation für Schwerverletzte eingerichtet. In der Waschküche wurde gekocht. Die Ordensschwestern hatten in zwei Schlafzimmern ihre Klausur.

Nun herrschte große Not in Großburlo. Nicht nur die ärztliche Versorgung war ein Problem, auch die Lebensmittel waren knapp. Dafür zuständig war Schwester Droga. Was Pater Arnold im benachbarten Kloster „Mariengarden", das war Schwester Droga im Behelfskrankenhaus des Gasthofes „Zur Klosterpforte". Sie verstand zu „organisieren". Und „organisieren" war der Ausdruck für Überlebenshilfe, für „hamstern". Doch wie über Land kommen? Motorisierte Fahrzeuge bzw. Benzin gab es nicht. Mit Pferd und Karren ging es zu langsam. Auch war es wegen der englischen Tiefflieger zu gefährlich. Also mußte Cherry mit seinem Fahrrad her. An der Lenkstange hingen rechts und links Körbe für Eier und Butter, über die Querstange Beutel für Wurst, Speck und Schinken. Schwester Droga bewährte sich als Huckepackfahrerin. Sie stellte sich auf die beiden „Pinne", die die Achse des Hinterrades verlängerten. Ihre Hände legte sie auf die breiten Schultern Cherrys. Und schon ging die abenteuerliche Reise los. Eines Tages hatte Cherry die Landpartien satt. Schwer mit den Schätzen der Bauern beladen, fuhren sie heim. Mitten im Klosterbusch, kurz vor einer kleinen Brücke, bewegte sich das Fahrrad hin und her, plötzlich bremste und stoppte es. Schwester Droga flog in hohem Bogen in den Bach. Sie hatte nicht einmal mehr Zeit, dem Himmel ein kurzes Stoßgebet zu schicken. Sie schrie um Hilfe.

Als Waffenruhe eingekehrt war, mußten sich die Fremdarbeiter im ehemaligen Stalag in Bocholt melden. Plündernd und raubend zogen die Russen über das Land. So kam auch Cherry zweimal nach Großburlo.

Das erste Mal war er allein. In überlegner Siegerpose forderte er Lebensmittel aller Art. Dabei wies er darauf hin, daß er genau wisse, wo sie lagerten. Meine Mutter schaute ihn ernst an und sagte: „Bist du der alte Cherry noch?" Da kullerten dicke Tränen über seine Wangen. Er umarmte meine Mutter und bat sie um Verzeihung.

Beim zweiten Mal betrat er mit einer Schar Russen mein Elternhaus. Als sie mit den Fäusten drohten, stellte er sich vor meine Mutter und brüllte die wilde Rotte an: „Wehe, ihr krümmt dieser Frau auch nur ein Haar. Das ist meine Mama!" Da machten sie auf der Stelle kehrt und zogen weg.

Es ging damals das Gerücht, daß Fremdarbeiter und Kriegsgefangene, die gut über ihren Zwangsaufenthalt berichteten, als Wachsoldaten auf Lebenszeit an die mongolisch-mandschurische Grenze abkommandiert wurden – ob Cherry zu ihnen gehörte? Ob er noch lebt?

Josef Wilkes,
Schwerte"

Der junge Russe und ich

„Auf zwei Feldern in Norddeutschland, nur durch einen flachen Graben getrennt, arbeiteten bei großer Sommerhitze zwei junge Menschen.

Ich, aus Hamburg – 16 Jahre alt, konnte, weil Krieg war, meinen Wunschberuf nicht erlernen.

Der Andere, so alt wie ich, war aus Rußland zur Zwangsarbeit nach Deutschland verschleppt worden.

Ich arbeitete in der Gärtnerei eines Kinderheimes. Er auf einem Bauernhof, der Bauer war Soldat. Endlose Reihen von Kohl, Rüben und Gemüse mußten ständig bearbeitet werden. Der Arbeitstag war 12 und mehr Stunden lang. Hin und wieder standen er und ich aufrecht da, weil die ständig gebeugte Haltung bei der harten Feldarbeit auch jungen Menschen schwerfällt. Vielleicht war das gemeinsame Mühsal das, was die Grenze zwischen uns aufhob.

Zögernd kamen wir uns näher. Ich bekam fünf Mahlzeiten am Tag, er nur zwei. Trockenes Brot und dünne Wassersuppe. Ich brachte täglich in meiner Hosentasche in Papier eingewickelt Butter, Wurst, Zucker und andere Lebensmittel mit. Er hatte nicht danach gefragt, es war ein stilles Einverständnis – einen ganzen Sommer lang. Kontakt zu und Hilfe für Russen war streng verboten.

Dann mußte ich für drei Wochen zur vormilitärischen Ausbildung. Als ich wiederkam, war der junge Russe nicht mehr da. Ich suchte ihn und fragte überall beharrlich nach: Wo ist der Russe? Ich gab nicht auf. Es wurde von der Polizei bemerkt. Da ich Jugendlicher war, war die Bestrafung zu ertragen, obgleich ich mich weigerte, Aussagen im Zusammenhang mit dem Russen zu machen.

Alle drei Wochen ging ein Polizist mit mir zum Friseur, wo mir jedesmal meine Haare fast ganz abgeschnitten wurden. Aus der Hitlerjugend wurde ich ausgeschlossen. Als ich 17 Jahre alt geworden war, wurde auch ich Soldat. Ich habe den kleinen Russen nie vergessen.
Reginald Holm,
Hamburg"

Die Denkmünze „Für Selbstaufopferung"
(in der Stadt Nikolajew im August 1997 hergestellt)

Mit dieser Denkmünze ist posthum eine deutsche Frau, Mutter von drei kleinen Kindern, ausgezeichnet worden, die mich, einen russischen Jüngling, ihren vierten Sohn nannte: Elisabeth Dommes.

Unter Lebensgefahr, die ihr selbst und ihren Kindern in den Jahren des grausamen nazistischen Terrors drohte, rettete sie mich vom Tode, als ich aus dem Lager flüchtete, im April 1945.

Ich nenne sie darum mit Recht, Stolz und Ehrfurcht meine Mutter.

Ich beuge tief meinen Kopf vor ihr.

Zum ewigen Andenken
Peter Kudrjaschow,
St. Nikolajew, Ukraine

Die Denkmünze wurde ihrem ältesten Sohne, meinem Bruder Albrecht, überreicht (siehe Abb. auf Seite 120). Sie soll ewig aufbewahrt werden mit Ehre und vererbt werden wie ein Symbol grenzenloser mütterlicher Selbstaufopferung und Tapferkeit.

Die Gedenkmünze für Selbstaufopferung und Tapferkeit

Ein Märtyrer des Gebotes der Nächstenliebe

Aus dem Gefängnis in Potsdam schrieb Pfarrer Fröhlich im Mai 1941 an seinen Bischof:

„Ich freue mich, ein Märtyrer der Kirche und des Gebotes der Nächstenliebe zu sein, nur schmerzt es mich unendlich, daß mein Vaterland der Richter sein muß. Priester verhaften, weil sie das Gebot beachten: ‚Du sollst Deinen Nächsten lieben wie Dich selbst‘, wird nie zur Ehre gereichen … "

Er hatte sich als Pfarrer in zehn Fällen bei der Firma Busch in Rathenow beschwert, weil polnische Zwangsarbeiterinnen mißhandelt worden waren. Sein furchtloses Eintreten, viermal durch persönliche Rücksprache und sechsmal in schriftlichen Eingaben, sollte ihm zum Verderben werden.

Pfarrer Fröhlich war ein aufrechter und warmherziger Mensch, dessen Herz nur eines kannte: Gott und seinen Mitmenschen zu dienen. Sein Gefühl für Gerechtigkeit, Korrektheit und Unbeugsamkeit, wenn es um das Recht ging, bestimmte seine Handlungen. Unaufrichtigkeit war ihm verhaßt, jede Verstellung ihm fremd. Diese Haltung brachte ihn öfter in Konflikt, aber sein sprühender Humor half über manche Härten hinweg. Mehr als alles andere jedoch war bestimmend für sein Leben als Priester: sein Mitgefühl für Notleidende, Bedrängte und Verfolgte. Er öffnete seine Pfarrei für alle, die Hilfe in irgendeiner Form nötig hatten, seine Gastfreundschaft hieß jeden willkommen: Gemeindemitglieder, Priester aus anderen Bezirken, Kommunionkinder vom Lande, mittellose Studenten; kein Bettler verließ das Pfarrhaus unbeschenkt, er verwandte sein persönliches Einkommen fast vollständig für mittellose Familien und Pflegekinder; einige von ihnen hatte er im Pfarrhaus aufgenommen.

In den elf Monaten der Lagerzeit – nach Buchenwald ging es nach Ravensbrück und schließlich nach Dachau – kamen wenige Lebenszeichen, meist nur kurze Anweisungen über dienstliche Dinge und die Fortzahlung seiner Unterstützungen an Notleidende. Er wurde der Strafkompanie zugeteilt und wurde besonders schlecht behandelt, so daß er über 100 Pfund abnahm. In Buchenwald log man ihm vor, in seinem Zustand könne er nicht befreit werden und komme deshalb nach Dachau, um sich zu „erholen" …

„Es war für ihn ein großer Trost zu hören, daß man draußen an seinem Schicksal großen Anteil genommen hätte und auch über die Gründe seiner Verhaftung, die Sorge für polnische Arbeiterinnen, gut orientiert war", schreibt ein Mitbruder, Pfarrer Dr. Willig, der mit ihm in Dachau war. Seine Schwester ermahnt Fröhlich noch kurz vor seinem Tode in seinem letzten Brief: „Seid nicht traurig um mich." Ein Mithäftling, Rudolf Mössmer, schreibt:

„Es war für mich ein furchtbarer Anblick, ruhig und stumm lief jene Gestalt, bald dem Zusammenbrechen geweiht, die Lagerstraße auf und ab, wie ein gehetztes Wild stand er vor dem mit Starkstrom geladenen Stacheldraht … jener Mann, der den Tod vor Augen sieht, aus seinen vor Hunger abgezehrten Gesichtszügen … es stellte sich heraus, daß ein Priester der Diözese Berlin vor mir stand, mit Namen Pfarrer Fröhlich.
… Pfarrer Fröhlich war durch Mißhandlungen der SS körperlich so weit heruntergekommen, daß er nur noch als Knochengerippe, mit dünner Haut darüber, umherlief, doch geistig sehr wachsam. Gebet und Hoffnung verlängerten ihm das Leben. Oft gab er den Wunsch von sich: ‚Noch einmal die Heilige Messe lesen und dann sterben …'
Er bat mich oft, wenn ich die Freiheit erreiche, ein Vaterunser für ihn und alle KZ-Häftlinge, die ihr Leben lassen mußten, zu beten, denn Fröhlich und alle Priester, die hinter dem Stacheldraht starben, starben schwer und grausam …"

Er starb am 22. Juni 1942 in Dachau. Sein Gesicht war unkenntlich, und die Angehörigen, die ihn vor der Einäscherung noch sehen konnten, erkannten ihn nur an den Spuren seiner Kriegsverletzungen. Seine Asche wurde auf dem St.-Matthias-Friedhof in Berlin am 28. Juli 1942 beigesetzt.

Es bleibt als sein Vermächtnis für die Gegenwart, für alle Mitmenschen in Liebe und Hilfsbereitschaft einzutreten, besonders aber auch für die notleidenden Mitglieder aller Nationen.

Pfarrer Josef Mersdorf

II

Kriegsgefangenschaft

Meinen Schwur habe ich eingehalten

Es ist wahr, daß es bei den Deutschen wie bei den Russen und Ukrainern die verschiedensten Charaktere und Menschentypen gegeben hat. Die beiderseitigen Herrschaftssysteme konnten das nur unterdrücken, nicht auslöschen. So konnte es passieren, daß solche „Eigengewächse" sich begegneten. Davon ein Bericht, der dem vom braven Soldaten Schwejk nur wenig nachsteht:

„Sehr geehrter Herr Pedak!

Ich suche einen ehemaligen russischen Kriegsgefangenen, der mein bester Freund wurde. Unsere 227. Infanteriedivision lag vor Leningrad, und wir als Nachrichtenabteilung der Division durften uns aus dem Lager P 6, das ein Major zu betreuen hatte, zwei Kriegsgefangene als ‚Hiwis' (Hilfswillige) aussuchen und nahmen sie mit.

Die beiden bauten sich eine Unterkunft und waren damit freie Leute ohne besondere Bewachung. Der eine von ihnen, wir nannten ihn Georg, wurde bald mein bester Freund, wir waren ein Herz und eine Seele. Bald nannte ich ihn Schorsch, auf Russisch wurde ‚Schotsch' daraus. Er stammte aus Gorki, erzählte er mir. Er durfte, auch wenn wir nicht da waren, in unseren Bunker gehen und sich eine ‚Papirossa', eine Machorka-Zigarette, drehen. Er durfte alles, weil ich Vertrauen zu ihm hatte.

Er zeigte mir ein Bild von seiner Frau, wie sie auf einem Stuhl saß und er daneben stand. Er hatte damals drei Kinder. Wenn die Lage ernst war, hatte er immer Vertrauen zu mir und ein Lächeln im Gesicht. Er war groß und breit und nahm mir viel Arbeit ab. Wenn ich von meinen Eltern ein Päckchen bekam, war er selbstverständlich daran beteiligt. Ich mußte dann immer hören: ‚Willi, du guter Kamerad'. Als wir von der Außenstelle zurückmußten, wurden wir auseinandergerissen. Aber der Georg war schlau. Er hat es herausgefunden, wo und wann ich Dienst in der Fernsprechvermittlung hatte. Er klopfte ans Fenster, und wenn ich allein war, rief ich ihn herein. Sonst durfte keiner hereintreten, auch kein Deutscher, aber der Georg durfte es.

Als es weiter rückwärts ging, wurde ich zur Infanterie versetzt. Den Vorgesetzten hat das wohl nicht gepaßt. Konnte mich nicht einmal von meinen Kameraden und von Georg verabschieden. Habe immer daran gedacht: Hoffentlich ist der Schorsch gut zu Frau und Kindern zurückgekehrt! Wenn Sie ihn finden, sagen Sie ihm 1.000 Grüße von seinem deutschen Kameraden. Und er möchte bitte Antwort geben! – Ich wurde am 26. April 1945 noch verwundet und mußte mir infolge der schweren Verwundung noch im Jahre 1950 mein Bein abnehmen lassen. Aber meinen Schwur habe ich eingehalten und während des ganzen Krieges auf keinen Soldaten mehr geschossen.

Wilhelm Vahrson,
Duisburg"

Von einem glücklichen Wiedersehen kann hier leider nicht berichtet werden. Zu hoffen wäre aber, daß die große Kriegsgeschichtsschreibung über die hier festgehaltene Form von Tapferkeit nicht einfach zur Tagesordnung übergeht ...

Erinnerungen eines ehemaligen russischen Kriegsgefangenen

„Ich habe fast zwei Jahre, 1941–1943, in deutscher Gefangenschaft verbracht. Im Frühling 1942 war ich zusammen mit zwei Kameraden bereit, auszubrechen; die Flucht wurde aber nicht verwirklicht, weil meine Fluchtgenossen, kräftige und hochgewachsene Burschen, zwangsweise in die Russische Befreiungsarmee ‚einberufen' wurden. Im März 1943 brach ich mit zwei anderen aus dem Arbeitsgefangenenlager aus (Gutsbesitz Großweckow nahe der Stadt Wollin, unweit von Stettin). Nach dreieinhalb Wochen wurde ich in Polen aufgegriffen und nach Stargard gebracht. Darauf folgten der Karzer, die Strafbaracken und schließlich der Abtransport von 500 Kriegsgefangenen ins Gefangenenlager Tömmerneset (Norwegen). Ende August 1943 bin ich dann mit vier Kameraden von dort ins neutrale Schweden geflohen.

In der ukrainischen Mittelschule hatte ich die deutsche Grammatik recht gut gelernt, deshalb konnte sich unter den Umständen des Gefangenenlagers mein Deutsch ziemlich schnell verbessern. Die Gespräche mit Deutschen, vorwiegend Soldaten, waren zwar kurz, reichten aber aus, um gewisse Beobachtungen über das Verhalten der Deutschen zu den Gefangenen anzustellen. Einige Beispiele werden im Folgenden angeführt:

Der Obergefreite:
Er war 1941 Chef der Wachmannschaft des Lagers Großweckow, ein Blonder mit blauen Augen, anspruchsvoll und streng, aber nie grausam. Die Gespräche mit ihm wurden länger und auch freundlicher, berührten

Geschichte und Literatur. Die Maske von Strenge und Härte und des Stolzes auf die arische Rasse hat er bald abgelegt. Er spürte, daß ich eine Ausbildung hatte, und wollte mir zeigen, daß er ein Intellektueller war. Ich bekam den Eindruck, daß er eine denkende Persönlichkeit und ein Mann von Ehre war. Er verheimlichte nicht, daß er den damaligen Krieg nicht mochte und daß ihm die Ideale des Mittelalters gefielen, wo man die Möglichkeit gehabt hatte, in offenem Kampf mit dem Degen in der Hand für die Gerechtigkeit einzutreten. – Nach ein paar Monaten wurde er zu einer anderen Einheit versetzt. Im Frühjahr 1942 ist er wieder als Unteroffizier in Großweckow aufgetaucht, um das Lager zu visitieren. Es war wie ein Treffen von Freunden.

Der Gefreite und der Gemeine:
Diese Lageroberen waren bestrebt, den Eindruck zu erwecken, daß sie vorbildliche Deutsche und standhafte Soldaten der Wehrmacht waren. Wir Gefangenen haben begriffen, daß es sich um ganz gewöhnliche Menschen handelte. Sie vertrauten mir, glaubten an meine Anständigkeit. Dabei führte ich eine gründliche Vorbereitung der Flucht durch, was einen Vertrauensbruch gegenüber den Wachmännern in sich schloß und Folgen für sie nach sich ziehen mußte. Es war ein echter moralischer Konflikt. Ich war mir der Schuld bewußt, unkorrekt zu handeln. Sogar jetzt noch, nach 58 Jahren, befallen mich Gewissensbisse über diese Unanständigkeit den Wachsoldaten gegenüber.

Offiziere:
Etwa drei Wochen nach meiner Flucht im Jahre 1943 wurde ich in Polen infolge der Denunziation eines Ortsbewohners wieder verhaftet und zum Stab einer Einheit gebracht. Da waren fünf Offiziere, die mich nach allem ausfragten. Auf die Frage ‚Warum bist du geflüchtet?' gab es keine Antwort. Ich kann nicht offen lügen. In Großweckow verhungerte man nicht, und die Deutschen respektierten mich; es gab also keine gewöhnlichen Fluchtgründe. Einer der Offiziere verlor die Geduld: ‚Warum plagen wir uns ab mit ihm?' – und zog mich ans Fenster und fragte: ‚Wo sollen wir dich erschießen, hier oder dort?'

Ich antwortete: ‚Das ist mir ganz egal. Es ist kein Unterschied, wo ich sterben muß. Erschießt mich, wo es für euch bequemer ist.' Plötzlich aus dem Hintergrund die Frage: ‚Wo hast du Deutsch gelernt?' Und ich erzählte von meiner Ukraine, von der Mittelschule in Saporoshje, von

Goethe, Schiller und Heine. Nicht die Augen ‚faschistischer Bestien', sondern freundliche, kluge Augen sahen mich an. Und wieder die Frage: ‚Warum bist du geflohen?' Darauf sagte ich: ‚Ich habe meine Soldatenpflicht erfüllt – – – (Pause) Ich bin sicher, wenn jemand von euch in Rußland in Gefangenschaft gerät, wird er dasselbe machen.' Sie fanden keine Antwort. Ich meine fast, sie sind meine Freunde geworden.

Der Wachmann in der Strafbaracke:
Nachdem ich die 21 Tage im Karzer wegen der Flucht abgesessen hatte, wurde ich in die Strafbaracke überführt, um die Bestrafung fortzusetzen. Die Tür schloß sich hinter mir, und ich stand in der Baracke. Ich erblickte drei Reihen von Gefangenen, die den ganzen Tag stehen bleiben mußten. Ich fühlte, daß ich das Bewußtsein verlieren konnte, und sagte meinem Nachbarn davon. ‚Der Wachmann bringt dich mit dem Gewehrkolben auf die Beine!', war die Antwort. Da schlug ich einen Plan vor: Mein Nachbar fällt wie in Ohnmacht um, und wenn der Wachmann hereinläuft, um ihm die übliche Lehre zu erteilen, rede ich ihn auf deutsch an – kann sein, daß er seine Absicht ändert! Das Schauspiel wurde vorgeführt, und als der Mann den Gewehrkolben aufhob, rief ich: ‚Schlagen Sie ihn nicht, er ist in Ohnmacht gefallen!' Der Wachmann ließ in der Tat den Kolben sinken, winkte mich an seinen Platz und fragte mich aus. Nachdem ich alles beantwortet hatte, fügte ich einen Vorschlag hinzu: Damit wir nicht vor Schwäche umkippen, setzen wir uns auf den Boden, aber zwei von uns stehen an den Fenstern Schmiere; wenn sie einen Vorgesetzten sehen, geben sie Alarm, und alle stehen stramm wie befohlen. Der Wachmann konnte sich eines Lächelns nicht erwehren und nickte zustimmend!

Der Hauptmann:
Mein Freund Alexander Naumkin, Panzersoldat, wurde 1942 gefangengenommen und kam ins Gefangenenlager Bila Podlaska (Polen), aus welchem er ausriß.

Mehrere Tage marschierte er nach Osten. Da luden ihn zwei polnische Mädchen ins Haus ein, gaben ihm zu essen und ein Bad – und verrieten ihn den Deutschen, die ihn in ein Lager einlieferten. Nachdem er verprügelt worden war, befahl der Lagerchef, ihn in eine nasse Grube zu bringen und darin verhungern zu lassen. Der russische Lagerkoch brachte ihm aber heimlich zu essen, half ihm nach den zwei Strafwochen wieder heraus und besorgte ihm neue, saubere Kleidung. Der Lagerchef war sehr erstaunt, ihn so sauber vor sich zu sehen, vermutete zu Recht, daß ihm von russischen Kameraden geholfen worden war, und wandte sich an die deutschen Soldaten mit den Worten: ‚Das heiße ich echte gegenseitige Hilfe!' – und sandte Alexander ohne weitere Bestrafung in die Baracke.

Der Künstler:
Nachdem in Tömmerneset (Norwegen) die Vorbereitung zur Massenflucht verraten worden war, wurde ich mit drei Kameraden in den Karzer gesteckt. Der wurde von besonderen Wachmännern bewacht. Einer davon ließ sich ohne Zögern darauf ein, Fragen von mir zu beantworten. Heute scheint mir, daß er zwischen 40 und 50 Jahre alt war. Er hatte vor dem Krieg die Länder Europas besucht und Kunstwerke für deutsche Museen und Gemäldegalerien gekauft. Der Mann glaubte, daß man mit der richtigen Ausbreitung der Kunst die moralischen Grundlagen der Menschheit so veredeln könnte, daß ihr Denken künftig nicht mehr von Kampf und Krieg, sondern von der Idee einer friedlichen und besseren Weltgemeinschaft erfüllt sein würde.

Ich setzte dem entgegen, daß die Entwicklung der Kunst von der ökonomischen Evolution der Menschheit abhänge. Wir fühlten beide, daß man die Geschichte der Kunst von zwei Seiten her betrachten kann. Natürlich konnte man nicht davon sprechen, daß uns das zu Freunden gemacht hätte – aber eine gewisse gegenseitige Zuneigung hat sich doch herausgebildet. Außerdem bin ich ihm mein Leben lang zu Dank verpflichtet, hat er doch mich und meine drei Kameraden vor dem Verhungern bewahrt.

Der Nationalsozialist:
Im Sommer 1943 wurde das Lager Tömmerneset von Führungskräften der von den Nazis aufgestellten Russischen Befreiungsarmee aufgesucht, mit der Absicht, bei unseren Gefangenen für den Eintritt in diese Armee zu werben. Der erste Besuch führte zu keiner Anwerbung.

Beim zweiten Versuch verließ uns der Werber mitten in der Versammlung und meldete der Lagerleitung, daß ‚Iwan mit dem Bart' (so nannten mich alle im Lager) die Werbung torpediert habe. Der Parteibeauftragte der Lagerleitung ließ mich zu sich kommen. Er fluchte und fuchtelte mit seiner Pistole vor meiner Schläfe herum und brüllte mich an. Schließlich setzte er sich und befahl: ‚Los, erzähl!' ‚Ich möchte einen Dolmetscher haben', sagte ich. Damit konnte ich Zeit zum Besinnen während der Übersetzungspausen gewinnen.

Wieder schrie er: ‚Na warte! Dir will ich's zeigen, einen Dolmetscher!' Der zweite Wutanfall begann – ich glaubte, er dauere eine Ewigkeit. Endlich konnte ich sprechen. Ich sagte: ‚Der Werber war schlecht vorbereitet, deshalb konnte er die Fragen der Gefangenen nicht beantworten und wurde ausgelacht, da hat er die Versammlung vorzeitig verlassen. Wir sind nicht schuld daran. Was mich betrifft', sagte ich, ‚ich bin in der Sowjetunion geboren und dort zur Schule geschickt worden. Dort ist meine Weltanschauung geformt worden. Bin ich schuld daran? Kann man mich deshalb eines Vergehens beschuldigen? In der Sowjetunion wurde mir über den Nationalsozialismus nur Negatives mitgeteilt. In deutscher Kriegsgefangenschaft hat mir niemand das Wesen des Nationalsozialismus erklärt. Welche Schuld trage ich daran? Der Werber versteht wohl nichts von den Gesetzmäßigkeiten der Weltgeschichte. So habe ich weiterhin meine eigene Weltanschauung, aber ich bin nicht absolut sicher über deren Wahrheit. Welche Ansprüche kann man an mich stellen?'

Ich hatte mein Herz weit aufgemacht. Was ich sagte, entsprach der Wirklichkeit. Es schien, als ob meine Offenheit dem Hauptmann gefiel, er mochte sie nicht erwartet haben.

Er begann nun seinerseits, mich über die Weltherrschaft der Juden zu instruieren. Ich stellte eine Frage, die ihm zeigte, daß ich den Sinn seiner Rede erfaßt hatte. Da sagte er: ‚Genug für heute – ich teile dir mit, wenn du zu mir kommen mußt!'

Ich ging in die Baracke zurück. Das Lager schlief. Ein Unwetter mit starkem Wind und Regen brach an.

Da meine vier Kameraden längst zur Flucht bereit waren und zur Ausführung nur auf solche Wetterbedingungen warteten, sagte ich: ‚Heute brechen wir aus. Heute oder nie.' Anfang September 1943 waren wir in Schweden.

Es tut mir sogar heute noch leid, daß ich dem Hauptmann meine Erklärung so vorgetragen habe, wo ich doch von der Flucht träumte. Aber ich konnte nicht anders.

Die beschriebenen Fälle:
- die Maske der strengen Härte über der Freundlichkeit beim Besuch der Gefangenen,
- die vom Standpunkt der Nazis aus mustergültigen Deutschen, die doch ganz normale Menschen sein konnten,

– der unvermittelte Übergang vom Schlag mit dem Gewehrkolben, von der Drohung mit dem Erschießen zur freundschaftlichen Unterhaltung,
– der Sprung von der grausamen Bestrafung in deren Aufhebung bis hin zur Hilfe gegen das Verhungern

zeigen immer wieder dieselbe Situation auf: Der Deutsche, der unter dem Einfluß der rassistischen Propaganda die Russen als Untermenschen zweiter Klasse betrachtet, sieht unerwartet einen russischen Menschen vor sich, der dieselben menschlichen Werte wie ein Deutscher hat.

Die Umgestaltung des Feindes in einen Freund ging im Bewußtsein des Deutschen verhältnismäßig schnell vor sich. Daraus erhellt, daß die Seele des Deutschen für eine gewisse Sittlichkeit günstig gestimmt war. Die humane Essenz der deutschen moralischen Prinzipien war von der faschistischen Propaganda nicht ausgerottet. Das Faschistische, d.h. alles, was im Gegensatz zur Humanität stand, war etwas seit kurzem zeitweilig existierendes Äußeres, und es befand sich immer im Widerspruch zu den besten Idealen der Menschheit, welche die Grundgesetze der deutschen Geisteswelt und das beständige Innere des deutschen Volkes bilden.

58 Jahre sind verflogen. Ich war in schrecklicher deutscher Kriegsgefangenschaft – die Deutschen waren die Gefangenen der nationalsozialistischen Ideologie.

Ich möchte alle Soldaten, die ich in meiner Erzählung erwähnt habe, gesund wiedersehen, freundliche Gespräche mit ihnen weiterführen und ihnen die Hände drücken. Möge mein Traum verwirklicht werden!

22.2.2001   Iwan Denisow,
    Professor an der Technischen Universität in Saporoshje"

Ich könnte jedem ehrlich in die Augen blicken

„Ich weiß nicht, ob sie, ‚meine Russen', in diesem blutigen Kriege am Leben geblieben sind, aber wenn Du, lieber Viktor, das Grab eines von ihnen findest, dann zünde dort auch von mir eine Kerze an. Ich könnte jedem ehrlich in die Augen blicken.

Helmut Goebel,
Münster"

„Deutschland, Ostern 1944" – ein solches Foto schenkte
Helmut Goebel beim Abschied jedem von „seinen Russen".

„Obwohl ich als Soldat an der Ostfront dreimal schwer von Russen verwundet worden bin, habe ich während der Zeit, in der ich bedingt durch meine Verletzungen als Wachposten im Hinterland eingesetzt war, nur positive Erfahrungen mit den russischen Kriegsgefangenen gemacht, die mir damals unterstellt waren. Wir hatten ein regelrecht freundschaftliches Verhältnis zueinander. Ich würde mir deshalb nichts sehnlicher wünschen, als die Russen noch einmal wiedersehen zu können", betont Helmut Goebel.

Vom Frühjahr bis Herbst 1944 war der blutjunge „Spund" allein als Wachposten für 20 Russen auf das Gut von der Recke im niederschlesischen Kraschnitz (Kreis Militsch) unweit von Breslau abkommandiert worden. Während seiner Zeit als Aufseher lernte er die Russen von einer Seite kennen, die nichts, aber auch gar nichts mit der ehedem allgegenwärtigen nationalsozialistischen Propaganda vom blutrünstigen Bolschewiken in den Wochenschau-Berichten gemein hatte.

„Vom ersten Tag an kamen wir prima miteinander aus. Wir verstanden uns nicht als Sieger und Besiegte, Freunde oder Feinde, sondern als Menschen wie du und ich, die nur ein Ziel kannten: den Krieg lebend zu überstehen", *schildert der 73jährige die Beziehung. Geprägt durch seine religiöse Erziehung (der Vater widerstand als strammer Zentrumswähler ebenso wie der Sohn allen Daumenschrauben der NSDAP, Parteimitglied zu werden), setzte er das Gebot der christlichen Nächstenliebe von der Theorie in die Praxis um.*

„Auf dem Gut von der Recke waren die Russen in der Landwirtschaft tätig, bestellten die Felder und versorgten das Vieh. Es war, so paradox dies klingen mag, eine Oase des Friedens inmitten kriegerischer Wirren. Wir bildeten eine aus der Not geborene Schicksalsgemeinschaft, die von gegenseitigem Geben und Nehmen geprägt war. Eine Hand wusch die andere. Wir hätten es gut und gerne noch 20 Jahren miteinander ausgehalten. Keiner der Russen kam auf die Idee, etwas Dummes anzustellen oder wegzulaufen", *unterstreicht Helmut Goebel.*

Die freundschaftlichen Kontakte blieben den Vorgesetzten des damals 19jährigen indes nicht lange verborgen, und der stillen Verbrüderung wurde von heute auf morgen ein Riegel vorgeschoben. „Die Kungelei ging den Parteigenossen zu weit, die mich vorsorglich versetzten. Bevor dies geschah, habe ich zum Abschied jedem Russen ein von mir gemachtes Foto *(siehe auf Seite 131)* als bleibende Erinnerung an jene Zeit ausgehändigt. Allein für diese Aktion hätte ich damals sofort an die Wand gestellt werden können", *denkt er noch heute schaudernd an jene Tage zurück.*

Sie rettete deutschen Kriegsgefangenen das Leben

In der Stadt Leninogorsk war ein Lager für ca. 4.000 deutsche Kriegsgefangene eingerichtet worden. Die meisten von ihnen hatten in den dortigen Bleibergwerken Schwerstarbeit zu verrichten, der ihre angeschlagene Gesundheit nicht gewachsen war. Hilfe durften sie von der russischen Lagerärztin Vera Iwanowna Dudina erwarten. Einer der Gefangenen, Wilhelm Fritzen, berichtet:

„Sie war etwa 35 bis 40 Jahre alt und trug ihr sowjetisches Käppi immer etwas schräg auf den blonden Haaren. Sie war ein Glücksfall für uns Gefangene. Sie hatte ein Herz für die ihr anvertrauten Menschen, auch wenn diese als Feinde galten. Unermüdlich war sie im Einsatz und kam bei kritischen Fällen auch in der Nacht in die Lazarettbaracke. Unter den Gefangenen waren, den Umständen entsprechend, auch Ärzte und Sanitäter. Mit deren Unterstützung machte sie Unmögliches möglich. Ein Beispiel von vielen: Ein Darmverschluß wurde mit einem Küchenmesser operiert. Der Patient überlebte.

Beim Lagerkommandanten setzte die Ärztin die Errichtung eines Genesungsheims durch, immerhin mit 50 Betten! Dorthin wies sie jene Gefangenen ein, die zwar nicht direkt krank, aber zu schwach für einen Arbeitseinsatz waren. Das Genesungsheim war eine Oase und rettete manches Menschenleben.

Ich selbst verdanke dieser Ärztin wahrscheinlich mein Leben. Infolge einer Denunziation sollte ich zum Arbeitslager ‚Sägewerk Gatter' überstellt werden. Dorthin schickte die sowjetische Lagerleitung jene Kriegsgefangenen, die man aburteilen wollte. Gründe dafür fand man

Vera Dudina –
eine sowjetische Lagerärztin

immer. Wer vor einem russischen Militärgericht stand, war verloren. Vera Dudina schrieb mich krank, auch wenn sie das vor dem Lagerkommandanten verantworten mußte. Ich war gerettet.

Auch der Gefangene Walther Maisack, ein Kunstmaler, war ein Schützling der Vera Dudina. Er war ein intelligenter, dem Krieg innerlich fern gebliebener Mensch. Als Dank malte er für die Ärztin das Bild ‚Ein russisches Märchen'. Ihre Familie hat es aufbewahrt, betrachtet es oft.
Wilhelm Fritzen"

Kommt als Freunde wieder!

(aus dem Tagebuch eines deutschen Kriegsgefangenen)

20. Juli 1944	bei Lwow in Gefangenschaft geraten
21. – 28. Juli 1944	im Lager Lemberg (Lwow)
29. Juli 1944	Transport nach Kiew. Lagern auf freier Fläche, zwei bis drei Tage Marsch von ca. 30.000 bis 40.000 Gefangenen durch Kiew.
Anfang August	marschieren ca. 600 Gefangene über die alte Dnjepr-Holzbrücke in Richtung Darniza, dort

	werden wir in einem ehemaligen Fabrikgelände untergebracht: Deutsche, Ungarn, Rumänen, Italiener, Österreicher. Bis Ende August in Quarantäne.
Ab September	zum Holzeinschlag im Wald, schwerste körperliche Arbeit
Mitte Oktober	von der Lagerärztin vom Arbeitskommando befreit: ‚Sehr schwach, ist noch jung!'
Bis 8. Mai 1945	in der Krankenbaracke, drei Mann in einem großen Bett. Zwei Mitpatienten, Ältere, werden krankheitshalber entlassen.
9. Mai 1945	mit einer Brigade zu 15 Mann zum Ernteeinsatz auf einen Kolchosebetrieb. Ernten von Tomaten, Gurken, Melonen, Buchweizen und Kapusta bis zum Herbst.
Ab Herbst 1945	Arbeit als Bauhandlanger im Panzerwerk in Darniza beim Bau einer Wohnsiedlung und Kaserne der Roten Armee im Merse-Kombinat im Sägewerk am Dnjepr im Waggon-Depot in Kiew beim Wiederaufbau an der Krestschatnik-Straße
Dann	Umschulung zum Gipser-Stukkateur durch Kameraden Arbeit als ‚Spezialist' mit z.T. 180 % Normerfüllung unter dem Namen ‚Kostja' geachtet und begehrt. Am Bau Engelsstr. 7/10 mit einem jüdischen Zivilisten zusammengearbeitet, der Essen mit ihm teilt. Auch unter gleichaltrigen russischen Zivilarbeitern und -arbeiterinnen gab es mitleidige Menschen, die mir Brot oder etwas von ihrem Kasch zusteckten, obwohl sie lange Zeit nur 300 g Brot pro Tag erhielten.
1949	kann ich die gleichaltrigen Ukrainerinnen Olga und Vera ins Gipserhandwerk einschulen. Sie waren zur Zwangsarbeit in Deutschland gewesen und verstanden Deutsch gut.

Obwohl das erste Jahr in Gefangenschaft ein sehr schlechtes gewesen ist, muß man betonen, daß es unter den Zivilisten und teilweise auch unter dem Lagerpersonal gutmütige Menschen gegeben hat, die einem zu helfen suchten, so gut sie konnten.

Als wir 1949 in Darniza entlassen wurden, lief neben mir ein altes Mütterchen (‚Babuschka') her, mit Tränen in den Augen, und sagte zu uns:

,Kommt als Freunde wieder!'
Robert Thomae"

Jetzt bist du bei deiner Mama, Kleiner!

Ein Bericht aus der Zeit, da in den Lagern für deutsche Kriegsgefangene in der Sowjetunion das große Sterben begann.

„Mit unserem Kleinsten, dem ‚Malinkij', ging es offensichtlich dem Ende zu. Schon seit Tagen hatte er kein Essen mehr angerührt, nur noch trinken wollte er. Das Fieber verbrannte seinen Körper, der nur noch aus Haut und Knochen bestand.

Die ganze Nacht durch hatten wir abwechselnd an seinem Bett gesessen, ihm die glühendheiße Stirn gekühlt. Nun begann der Morgen. Er fing an, wirr durcheinander zu sprechen, unverständliches Zeug zumeist. Mal sprach er mit seinen früheren Vorgesetzten, mal mit Kameraden, mal mit uns Unbekannten. Seit einiger Zeit rief er nur noch nach seiner Mama, sie möge doch kommen und ihm helfen. Ratlos holten wir den Sanitäter, der gleich die Ärztin mitbrachte. Diese setzte sich sogleich zu ihm auf die Bettkante, nahm seine Hand in die ihre und begann, mit leiser monotoner Stimme auf ihn einzusprechen. Manchmal klang es wie ein Lied – ein Wiegenlied vielleicht? Je länger sie so sprach und sang, um so ruhiger wurde unser Kleiner. Nur ab und an konnten wir ein leises Seufzen hören. Unbeirrt sprach die Ärztin mit leiser Stimme weiter, bis der Kranke verstummte. Unser Kleiner war tot. Die Ärztin stand auf und sagte in die Stille hinein, mehr zu sich selbst als zu uns:

,Malinkij, jetzt bist du bei deiner Mama!'

Wir hätten schwören können, daß sie Tränen in den Augen hatte. Wochen später, als sie mich zum Hilfssanitäter gemacht hatte (ich durfte den OP saubermachen und die Instrumente abkochen), kam ich oft mit ihr ins Gespräch. Auf meine Frage, woher sie so gut Deutsch spreche, verriet sie mir, daß sie einige Semester in Bonn studiert habe. Da dies meine Garnisonsstadt war, ergaben sich viele Anknüpfungspunkte für weitere Gespräche. Ich muß wohl nicht erwähnen, daß sie immer wieder versuchte, nicht nur mir, sondern auch anderen etwas außer der Reihe zuzustecken. Schon bald, vertrauter und damit auch mutiger geworden, fragte ich sie: ‚Frau Doktor, warum tun Sie das alles für uns Deutsche?'

‚Ihr seid keine Deutschen, ihr seid Menschen, denen ich helfen muß, sonst nichts. Es gibt so viel Böses auf der Welt und so viel Leid, und es geschehen so viele Ungerechtigkeiten, da muß es doch auch Menschen geben, die versuchen, etwas dagegen zu tun!'

Sie sah in uns nicht die Masse Kriegsgefangener, abgewirtschafteter Männer, kraftlos und krank. Sie sah in uns Menschen in Not und Bedrängnis, erbarmungswerte unterernährte Kranke, und da war ihr menschliches Mitgefühl aufgerufen wie ihr ärztliches Können. So einfach praktizierte sie echte Menschlichkeit in einer unmenschlichen Welt. Im übrigen verdanke ich es ihr, daß ich schon im Oktober 1945 heimkehren durfte, zu einer Zeit also, in der die Russen nur Invaliden auf die Heimreise schickten.

Hans Büning,
Bottrop-Kirchhellen"

Sjostra – Kamerad kaputt!

Natürlich ist das gesamteuropäisches Kauderwelsch. Aber es ist von den Beteiligten damals verstanden worden, denn ein gemeinsamer Schmerz vereinte sie. Mit ‚sjostra' ist die deutsche Lazarettschwester gemeint. Sie berichtet uns in aller Kürze:

„Ihre beeindruckende Suche nach russischen Kriegsgefangenen in Deutschland veranlaßt mich, ein paar Sätze über meine Erfahrungen mit russischen Kriegsgefangenen oder Überläufern niederzuschreiben, welche in deutschen Feldlazaretten in Rußland als Hilfskräfte eingesetzt waren.

Auf einer Schwerverwundeten-Station saß ein ehemaliger russischer Soldat am Bett eines sterbenden deutschen Soldaten und hielt seine Hand. Mit einem Male schaute er auf und sagte mit Tränen in den Augen zu mir: ‚Sjostra – Kamerad kaputt!'

Ein anderer – wie es hieß, war er in Friedenszeiten erster Geiger an der Leningrader Oper gewesen – mußte mir immer beim Umbetten und Neubetten der Schwerkranken helfen. Anschließend bekam er immer ein Gläschen Wodka. Einmal hielt er es vor sich in die Höhe, klappte die Hacken zusammen und sagte in bestem Deutsch: ‚Schwester, ich habe die Ehre, auf Ihre Gesundheit zu trinken!' Und das Glas war in einem Zug leer.

Ein kleiner runder Taschenspiegel ist heute noch in meinem Besitz. Seine Rückseite ist aus Schildpatt. Ein etwa 18jähriger russischer Soldat hat seinen Kosenamen Wanja (Iwan) hineingeritzt und ihn mir zum Andenken geschenkt. Meine Sympathie gilt den slawischen Völkern, die so viel Leid ertragen mußten – leider auch von uns Deutschen.

Stephanie Spork,
Dortmund"

Deutschland, Deutschland …

„Die dünne Morgensuppe war vergessen und mit ihr die Scheibe Brot, die dem Magen ein gewisses Gefühl der Sättigung vorgegaukelt hatte. Durch die Tür des Krankenzimmers trat die ‚Wratsch Major', die russische Chefärztin, welcher dieses Gefangenenlazarett unterstand. Die Morgenvisite konnte beginnen, hinter ihr stand der Perewodschik, der Dolmetscher. Statt sich aber an die Gefangenen zu wenden, blieb die Ärztin neben der Tür stehen und betrachtete eine kleine Deutschlandkarte, die wir aus der Lagerzeitung des ‚Nationalkomitees Freies Deutschland' herausgeschnitten und an die Wand geheftet hatten. Auf ihr verfolgten wir Tag für Tag die Berichte über den Vormarsch der alliierten Truppen im Westen und der Roten Armee im Osten. Langsam wandte die Ärztin sich um und sagte: ‚Deutschland, Deutschland über a-alles.' Einer der Kranken glaubte nun, auch seine Meinung kundtun zu müssen, und rief: ‚Nix Deutschland, Deutschland über alles – Deutschland Scheiße!' Kaum waren diese Worte gesprochen, da explodierte ein Vulkan – so kannten wir unsere Ärztin gar nicht! Sie hatte sich zwar jeden Tag zweimal zur Visite sehen lassen, dabei aber immer nur das Nötigste gesprochen, und das auf russisch. Nun aber kam es in unverfälschtem Deutsch: ‚Was sagst du? Deutschland Scheiße? Du bist Scheiße! Du bist kein Patriot! Du bist kein Deutscher! Pfui Teufel! Warum mache ich mir Sorgen, dich gesund zu machen, wenn du nicht in dein Scheißdeutschland zurückwillst? Ich will dir mal etwas sagen: Deutschland ist schön, sehr schön! Die Deutschen sind gut, sehr gut! Nur Hitler ist Scheiße!' So prasselte es auf den armen Kerl herunter, dem es vor Schreck die Sprache verschlagen hatte – wie uns übrigens auch. Lange noch, nachdem sie die Tür hinter sich zugeknallt hatte, herrschte betretenes Schweigen über die unbedachten Worte unseres Kameraden, mehr noch aber über die Lektion, welche die russische Ärztin nicht nur ihm, sondern uns allen erteilt hatte.

Am nächsten Tag tat sie ihren Dienst weiter in der gewohnten Art. Der Sünder vom Vortag wollte sich entschuldigen. Sie aber winkte ab mit den Worten: ‚Wenn du Deutschland so liebst wie ich Rußland, bist du ein guter Deutscher. Und wenn du ein guter Deutscher bist, dann willst du auch nach Hause. Wenn du nach Hause willst, muß ich dich gesund machen. Ponimajete? Verstanden?' Anstelle einer Antwort schossen dem Sünder die Tränen in die Augen – tak kak! – (… so ist das!)

Hans Büning,
Bottrop-Kirchhellen"

Mitgefühl und Hilfsbereitschaft

„Es war im Mai 1946 in Pinsk. Das liegt im Osten von Brest am Pripjet. Ich mußte in einer Sperrholzfabrik arbeiten, Nachtschicht. Mit noch drei Leidensgenossen an einer mit heißem Dampf betriebenen Presse. Wir schufteten mit nacktem Oberkörper in der zugigen Fabrikhalle – ‚im Schweiße deines Angesichts', das paßte gut auf uns.

Eines Tages bekam ich hohes Fieber, Hals- und Rückenschmerzen. Es ging nicht mehr. Also schickte man mich ins Krankenrevier. Die Diagnose lautete eben ‚Fieber', mehr zu wissen hielt man nicht für notwendig. Mir ging es miserabel; Medikamente gab es nicht. Ich konnte kaum noch schlucken. Was mich, abgesehen von den Schmerzen, besonders beunruhigte, war, daß ich die tägliche Wassersuppe nur noch teilweise hinunterwürgen konnte; der andere Teil lief zu meiner Nase wieder heraus. Nach meiner Rückkehr hat ein Arzt vermutet, da müße infolge einer Diphtherie das Gaumensegel gelähmt gewesen sein.

Als mein Freund davon erfuhr (damals waren wir noch beisammen), verzichtete er auf sein kostbares tägliches Stück Brot und brachte es mir. Das wenigstens fand den Weg zu meinem Magen. Was dieser Freundschaftsbeweis für eine übermenschliche Opferkraft erforderte, das vermag nur einer zu beurteilen, der unsere Hungerration am eigenen Leibe ausprobieren mußte.

Inzwischen begann anscheinend auch der russische Lagerleiter, sich Sorgen zu machen. Noch 1945 hatte man kaum registriert, ob es mehr oder weniger Tote gab – jetzt im Jahre 1946 schien sich dies zu ändern. Man wollte solche ‚Ausfälle' jetzt vermeiden; die Gefangenen sollten arbeiten am Wiederaufbau, wiedergutmachen … Kurz und gut, an einem Nachmittag besuchte eine russische Ärztin das Krankenrevier. Sie war freundlich, sprach gut deutsch und untersuchte mich gründlich. Dann eröffnete sie mir, daß ich außer einer Halsentzündung eine nasse Rippenfellentzündung mit Verdacht auf Lungentuberkulose habe. Schöne Aussichten das.

Doch dann geschah etwas Überraschendes: Am nächsten Tag ließ mich diese Ärztin (es hieß, sie sei eine Jüdin) in ein ziviles Krankenhaus nach Brest verlegen. Der ‚Revierarzt', ein deutscher Sanitäter, wollte das zuerst nicht glauben: ‚Sowas hat's hier noch nicht gegeben!' Mir war schon alles gleichgültig.

Ja, so kam ich ins Krankenhaus unter lauter russische Zivilisten. Da gab es das noch: frisch bezogene weiße Betten! Zu acht lagen wir im Krankenzimmer; man nahm mich mit Sympathie auf, zeigte Mitgefühl und Hilfsbereitschaft. Von dem, was die Angehörigen ihren Kranken an Eßbarem brachten, bekam ich jedesmal etwas ab, sei's Brot oder Obst, manchmal auch Speck oder gar einen Schluck Wodka. So habe ich das überstanden. Mein Freund Hans, die jüdische Ärztin und jene russischen Menschen im Krankenhaus haben mir vermutlich das Leben gerettet. Ihr menschliches Handeln in dieser unmenschlichen Welt ließen mich nach meiner Genesung – auf sie folgen mehr als drei bittere Jahre in verschiedenen Lagern – wiederum an das Gute im Menschen glauben.
Kurt Deckert,
Stuttgart"

Unbekannte ukrainische Mutter

„Eines Tages stand ich vor deiner Tür, ich hatte mir dein kleines Haus am Rande des Waldes ausgesucht. Das Land war weit, der Hunger groß. Ich klopfte an, ein Gefangener deines Landes. Du machtest die Tür auf und dein Blick traf mich. Deine Hand zeigte nach innen, ich trat ein.

Der nicht sehr große Raum war einfach eingerichtet. Die Fenster waren ungewöhnlich klein, aufgrund der strengen Kälte im Winter. Nicht zu übersehen war der gewaltige Backofen. Auf ihm wurde geschlafen, neben ihm gesessen und in ihm gekocht und gebacken. All dieses wußte ich, als ich deinen Raum betrat. Ein Küchentisch mit zwei Stühlen stand dort, wo ein Fenster war. Wortlos zeigtest du auf einen Stuhl, ich verstand und setzte mich. Dann holtest du mit einer langen Stange Gefäße aus dem Ofen heraus, stelltest sie auf den Tisch und fülltest eine Holzschale mit einer dampfenden Mahlzeit für mich. Ein oft gedachter Traum wurde wahr. Während ich aß, sahst du mich schweigsam an, bis ich die Holzschüssel leergegessen hatte. Du warst eine hochgewachsene Frau von kräftiger Figur. Dein Haar war stark ergraut. In deinem mütterlich weichen Gesicht bemerkte ich harte Züge. Deine Augen strahlten tiefe Trauer aus. Auf einer alten Kommode neben der Tür an der Holzwand stand ein schlichter Bilderrahmen mit Trauerflor, daneben eine fast abgebrannte Kerze. Du hattest meinen Blick dorthin bemerkt und nahmst den Bilderrahmen und zeigtest das Bild. Es war das Foto eines sehr jungen russischen Soldaten mit fröhlich offenem Gesicht, nicht älter als ich.

 Ich hatte mich vom Stuhl erhoben und du bist ganz nahe an mich herangetreten. Dann glitten deine rauhen Hände ganz behutsam über mein Gesicht, du nahmst mich in deine starken Arme und drücktest mich fest an deine Brust. Wenig später hörte ich ein stilles Weinen. Dann spürte ich deine heißen Tränen auf meiner kahlgeschorenen Kopfhaut. Niemals zuvor habe ich eine so wohltuende Geborgenheit und mütterliche Liebe empfunden. Auch nicht in meiner Heimat. Ich war in diesem Moment davon überzeugt: So und nicht anders müßte die Urmutter gewesen sein. Du hast mich spüren lassen, was ich erst später begriffen habe. Das Herz und Gefühl einer Mutter reicht weit über alle von den Menschen geschaffenen Grenzen hinweg.
     Reginald Holm,
     Hamburg"

Aufopfernde Mütter

Im Kriegsrat saßen immer nur Männer. Die Frauen und Mütter sind nie gefragt worden, ob ein Krieg begonnen werden sollte. Sie hatten nur dafür zu sorgen, daß neue Generationen von Soldaten heranwuchsen. Und sie hatten es

Eine unbekannte ukrainische Mutter

dann zu leiden, daß ihre Männer und Söhne von ihrer Seite gerissen und in die Vernichtungsschlachten geschickt wurden. Sie hatten Opfer zu bringen, sich selbst und ihr eigenes Glück, dazu ihre Kinder, ihre Gefährten und Ernährer. Das war in allen Völkern gleich, das schuf Gemeinsamkeiten zwischen den Müttern. Und ab und an sogar Gemeinsamkeiten zwischen denen, die zu solchen Müttern aufblickten ...

Erst als die Not die deutschen Soldaten nach Wegen zum Überleben suchen ließ, ging ihnen auf, welche Voraussetzungen russische Frauen zum Kampf ums Überleben mitbringen, welche Kräfte zum Ertragen und Überwinden in ihnen schlummerten – und wozu russische Mütter fähig sind, wenn es um ihre Kinder geht. Ein deutscher Offizier schildert ein entsprechendes Schlüsselerlebnis:

Spassibo, Matuschuka!

„Es dürfte im Frühjahr/Sommer 1947 gewesen sein. Wir waren eine Arbeitsbrigade aus jungen ehemaligen Offizieren im Kriegsgefangenenlager Sestroresk und arbeiteten bei der Firma DSU (Doroshnoje Stroitelnoje Uprawlennie = Straßenbauverwaltung). Unserer Brigade war zur Mitarbeit eine russische Frau im Alter von 50 bis 60 Jahren zugeteilt. Sie erhielt eine tägliche Brotration von 400 Gramm – während wir Gefangenen zu jener Zeit 600 Gramm erhielten.

Trotzdem brachte sie jeden Tag die Hälfte ihrer Zuteilung auf den Arbeitsplatz mit und schenkte sie einem von uns! Dabei hatte sie ihre einzigen Angehörigen in den Krieg ziehen lassen müssen und seit ihrer Einberufung nie wieder etwas von ihnen gehört: zwei tüchtige Söhne, Halt und Stolz ihres Lebens! – Auf meine erstaunte Frage, warum sie uns deutsche Gefangene trotzdem beschenke, bekannte sie: ‚Ich hoffe, wenn ich zu euch gut bin, wird auch zu meinen Söhnen jemand gut sein!'

Diese Frau wurde für mich zum Symbol für Mütterchen Rußland – und sie hat dann meiner Hilfsaktion auch den Namen gegeben:
    Spassibo, matuschka – hab Dank, lieb Mütterchen!
Wie glücklich wäre ich, wenn ich sie wiedersehen könnte!
    Alfred Behr"

Keine Angst haben – Mutter gute Frau!

Es gibt immer wieder Anzeichen dafür, daß in den Söhnen jener russischen Mütter tief verborgen das Bewußtsein davon schlummert, was eine gute Mutter ist, und was sie für das Leben bedeutet. Ein solches Anzeichen ist einem deutschen Mädchen in den schwersten Tagen deutlich vor Augen getreten. Sie berichtet in kurzen Worten davon:

„Vor 50 Jahren war ich gerade 14 Jahre alt. Damals während des Krieges sind wir bei den Luftangriffen immer in den Luftschutzbunker des Morian-Stifts gelaufen, des evangelischen Krankenhauses von Birkenkamp in Herborn. Wir mußten dabei erst durch die Kellergänge des Gebäudes rennen. Dort standen an der Seite Betten mit verwundeten Kriegsgefangenen aus Rußland. Meine Mutter, die selbst drei Söhne im Krieg hatte, ging heimlich zu ihnen hin und warf ihnen ab und zu mal irgendwas zu essen aufs Bett oder auch eine Zigarette. Davon durfte natürlich keiner etwas merken, sonst wäre sie verhaftet und als Ehrlose beschimpft worden.

Als dann die Amerikaner einmarschiert waren, war der Krieg für uns zu Ende. Die Zwangsarbeiter und Kriegsgefangenen wurden befreit, und man hörte allerorts, sie würden an den Deutschen üble Rache nehmen.

In jenen Tagen geschah es, daß bei uns die Hausglocke geläutet wurde. Ich ging öffnen. Aber weil man in dieser Zeit so viel von Vergewaltigungen gehört hatte, erschrak ich zutiefst, als da ein Russe in Uniform vor mir stand. Ich schrie: ‚Mutter, Mutter!' Aber der Russe sagte auf deutsch: ‚Keine Angst haben – Mutter gute Frau', und dann überreichte er uns ein großes Stück Brot. Später stellte sich heraus, daß dieser Mann einer von jenen Kriegsgefangenen war, denen meine Mutter in den Bombennächten etwas zu essen zugesteckt hatte.
Theresia Gesing,
Duisburg"

Die alte Bäuerin

„Als ich eines Nachmittags vom städtischen Krankenhaus in Leninogorsk zurückging, in dem ein junger Kriegsgefangener lag, winkte mir eine Bäuerin zu, ich möge in ihr Haus eintreten. Ich befand mich plötzlich in einem kleinen überhitzten Raum mit Herd, Bettstelle, Tisch und

zwei Stühlen. In einer Ecke standen zehn Hühner in einem Käfig, in einer anderen Ecke stand angebunden ein kleines Kälbchen. Es roch fürchterlich. Dann füllte sie einen tiefen Teller mit der berühmten russischen Suppe (Borschtsch). Ich aß sie mit Genuß. Die alte Bäuerin stand hinter mir und legte leicht eine Hand auf meine Schulter. Als ich zu Ende gegessen hatte, habe ich ihr die Hand gestreichelt. Sie sah mich ruhig an und murmelte einige russische Worte, die ich nicht verstand. Vielleicht sollte es heißen: Mein Enkel ist auch Soldat, vielleicht findet er auch im Feindesland einen guten Menschen.
Wilhelm Fritzen"

Durch den Türspalt kam nur eine Hand mit dem Kochgeschirr

„Meine Mutter und ich saßen in der Küche am Ofen und wärmten uns. Es war bitter kalt. Mein Vater war im Krieg und ich noch sehr jung. Plötzlich hörten wir die Haustür gehen. Gleich darauf öffnete sich die Küchentür um einen Spalt, und eine Hand mit einem Kochgeschirr streckte sich uns entgegen. Wir waren sehr erschrocken. Mutter stand auf und machte die Tür weiter auf. Vor ihr stand ein sehr junger Mann, fast noch ein Kind. Es war ein russischer Gefangener. Schnell ließ meine Mutter ihn herein und machte die Tür noch schneller wieder zu. Dann gab sie dem jungen Mann zu essen. Er hörte gar nicht wieder auf zu essen. Dann füllte meine Mutter ihm noch sein Kochgeschirr. Der junge Mann tat mir so leid, daß ich Mutter bat, ihn auf dem Heuboden schlafen zu lassen. ‚Das kann ich nicht', sagte meine Mutter. ‚Wenn sie ihn hier finden, kann das unser Tod sein.' Vorsichtig ließ meine Mutter den jungen Mann wieder heraus. Das Gesicht habe ich nie vergessen, die traurigen Augen. Es war schlimm, und er weinte.
Irmgard Gunnewig"

Hausschuhe als Dankeschön

„Wir hatten im Zweiten Weltkrieg ein Haus gemietet, das von einer hohen Mauer umgeben war. Es lag in der Nähe von einem Kanal, zu dem ausländische Kriegsgefangene zum Arbeiten gebracht wurden. Als kleines Mädchen habe ich immer geweint, wenn ich sah, wie die Männer auf

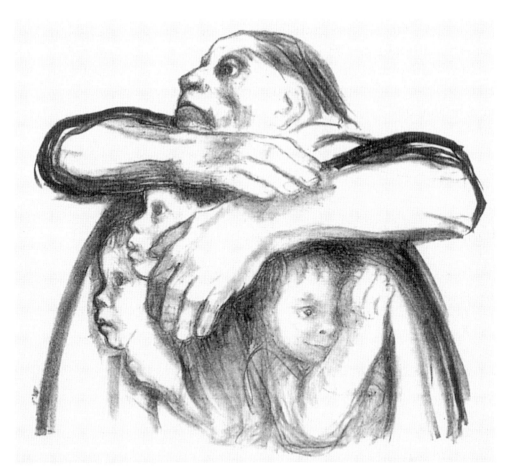

Käthe Kollwitz: „Saatfrüchte sollen nicht vermahlen werden", 1942
(© VG Bild-Kunst, Bonn 2002)

ihren Mund deuteten und um Essen bettelten. Dann sagte meine Mutter: ‚Wir haben so viele Obstbäume, wir wollen etwas Obst unten an die Mauer legen.'

Ich stellte mich neben das Tor und zeigte, wo das Essen lag. Einer von den Gefangenen kroch an die Mauer und brachte sorgfältig das Päckchen weg. Das war gefährlich für uns, da unsere Nachbarn bekannte Nazis waren. Sie drohten meiner Mutter damit, sie ins KZ zu schicken. Trotzdem hörte meine Mutter nicht auf zu helfen. Einmal fanden wir handgefertigte Hausschuhe unten an der Mauer. Die hatten uns die Kriegsgefangenen als Dankeschön für Brot und Obst dorthin gelegt.

Als dann die Alliierten in die Stadt kamen, erfuhren wir wirklich, was Dankbarkeit heißt. Drei oder vier Gefangene wollten randalieren und in unserem Haus plündern. Da kam noch ein Gefangener hinzu und schrie:

‚Nicht hier – hier ist eine gute Frau!' Sie verließen alle unser Haus, wir haben nichts mehr von ihnen gehört. Sie gingen dann in andere Häuser.

Zum Teil konnte ich ihre Rache verstehen. Wie schwer haben diese Leute gelitten, nicht nur unter Hunger! Ich habe gesehen, wie Deutsche sie schlugen und traten, wenn sie nicht mehr schnell genug laufen konnten. Aber ihre menschliche Dankbarkeit vergesse ich nie.
Ruth Mühlenkamp,
Dorsten"

Heimlich heiße Suppe am Küchenfenster

Nie hätte Frau Bühning darüber besondere Worte gemacht oder gar zugestimmt, daß ihr verborgenes Tun in die Öffentlichkeit getragen würde. Aber ihr Sohn kam in russische Kriegsgefangenschaft und konnte dort, nach manchen trostreichen Erlebnissen, nicht anders, als zwischen dem zu Hause Miterlebten und den Erfahrungen in „Feindesland" einen inneren Zusammenhang herzustellen. Vielleicht geht es manchem Leser ähnlich, wenn er das Folgende liest:

„Der Krieg hatte wohl seinen Höhepunkt erreicht. Die Stalingrad-Tragödie schwebte als drohendes Menetekel über Deutschland. Die deutschen Truppen standen zwar noch tief in Rußland; wer aber Augen hatte zu sehen, der ahnte bereits das fürchterliche Ende. Ich befand mich nach einer Verwundung auf einem sogenannten Genesungsurlaub im elterlichen Hause. Wir bewohnten ein der damaligen Reichsbahn gehörendes Haus, nur wenige Meter von der Eisenbahnlinie Bottrop-Kirchhellen entfernt. Es war im Frühsommer 1943, als an eben dieser Strecke ein Gleisbautrupp mit Ausbesserungsarbeiten beschäftigt war. Der weitaus größte Teil dieses Trupps rekrutierte sich aus russischen Kriegsgefangenen, die besonders im ersten Kriegsjahr 1941 zu Hunderttausenden in deutsche Hände gefallen waren. Diejenigen von ihnen, welche die ersten Tage und Wochen in den frontnahen Stacheldrahtlagern überlebt hatten, waren anschließend zum Arbeitseinsatz ins ‚Reich' gebracht worden.

An den Anblick russischer Soldaten war ich von der Front her gewöhnt, aber ich war zutiefst erschrocken, als ich diese hohläugigen Elendsgestalten sah, die kaum imstande waren, die schweren Geräte für die Gleisarbeit anzuheben, geschweige denn damit zu arbeiten. Das war also aus den russischen Soldaten geworden, die zum großen Teil aus Vertrauen auf humane Behandlung durch die Deutschen ihre Waffen weggeworfen und sich ergeben hatten! Der Diktatur Stalins hatten sie entkommen wollen, aber in die ebenso schlimme Hitlers waren sie geraten!

Zwar ließ der Rottenführer immer wieder Verschnaufpausen einlegen, aber ihrer physischen Ohnmacht stand er machtlos gegenüber. Nicht aber meine Mutter! Kurz entschloßen stellte sie einen großen Kessel, unseren sogenannten ‚Einkochkessel', der immerhin zwanzig oder mehr Liter faßte, auf den Herd, füllte ihn mit Kartoffeln, Gemüse, Nudeln usw. und kochte daraus eine nahrhafte, dicke Suppe. Wie aber sollte sie verteilt werden an jene ‚Untermenschen', zu denen jeder Kontakt verboten und unter Strafe gestellt war?

Da der Rottenführer ein Arbeitskollege meines Vaters war, knüpfte meine Mutter ein Gespräch an, und sie heckten dabei miteinander den folgenden Plan aus: Jeweils einer oder zwei von den Gefangenen sollten, als gingen sie zum Austreten, die Kolonne verlassen und hinter die Rückseite unseres Hauses kommen, wo außerdem Werkzeug und Baumaterial gelagert war. Aus dem rückwärtigen Küchenfenster wurden dann einzelne Portionen herausgereicht und – wie sollte es anders sein – mit Heißhunger rasch verschlungen. Diese nicht ungefährliche Aktion wurde so lange fortgesetzt, wie der Bautrupp sich in der Nähe des Hauses befand. Immer stand in den nächsten Tagen der dampfende Suppenkessel auf unserem Herd.

Selten in meinem Leben habe ich so dankbare Augen gesehen. Und an das zärtliche ‚spassibo, Mamotschka' der verwilderten Gestalten habe ich mich zwei Jahre später immer wieder erinnert, wenn ein Stück Brot oder etwas Ähnliches, von mitfühlenden Russen mir zugesteckt, unversehens in meine Taschen wanderte und ich mich verlegen dafür zu bedanken versuchte …

Hans Bühning,
Bottrop-Kirchhellen"

Tausch in Mülltonnen

„Wir, meine Familie und Nachbarn, haben oft gesehen, wie russische Kriegsgefangene in Mülltonnen nach Resten gesucht haben und sorgfältig wegbrachten, was sie da gefunden haben. Heute kann man sich das schwer vorstellen, aber damals zwang der Hunger zu allem. Wir haben uns entschloßen, einen Teil von unserer Ration für sie zu lassen; so ließen wir dort Brot, manchmal auch gekochte Kartoffeln oder Gemüse, in

Papier gewickelt. Das klappte sehr gut, wir waren sehr froh, daß sie es ‚fanden'. Eines Tages entdeckten wir in der Mülltonne ein Holzspielzeug (Holzbrett mit miteinander verbundenen Hühnern, wenn man die Fäden zieht, fangen die Hühner zu picken an). So ging es weiter. Wir haben immer mehr Spielzeug bekommen, unsere Kinder spielten gern damit, sogar draußen, es gab kein anderes Spielzeug. Einmal hat das eine überzeugte Nationalsozialistin gemerkt und drohte, uns anzuzeigen.

Wir hatten alle Angst, aber sie machte das doch nicht. Ab und zu wiederholte sie ihre Drohung und verängstigte uns, aber sie hat nie erfahren, wie wir das Spielzeug bekamen. Und die Kriegsgefangenen kriegten weiter ihre Ration aus den Mülltonnen.
Ilse Böttcher,
Dortmund"

Die „pickenden Hühner" wieder entdeckt

Not macht bekanntlich erfinderisch. Wenn auch zunächst jeder für sich selbst sehen muß, wie er über die Runden kommt, so bringt es doch den größten Erfolg, wenn man etwas gemeinsam tut. Und dazu findet sich immer eine Gelegenheit:

„Mein Bruder Wolfgang und ich wurden im Jahre 1943 zu Verwandten aufs Land (in den Kreis Buren) geschickt. Wir sollten vor den Bombenangriffen in Sicherheit gebracht werden. Aber wir konnten uns auch immer irgendwo in Haus und Hof nützlich machen, denn die Verwandten mußten den ganzen Tag über schwer arbeiten. Dort gab es in der Nähe ein Gefangenenlager mit russischen Kriegsgefangenen. Die mußten während der Woche bei den Bauern arbeiten, da lernten wir sie kennen und verloren alle Scheu vor ihnen. Sonntags hatten sie frei, da blieben sie im Lager, und wir gingen an den Zaun und schauten ihnen zu, was sie da machten. Sie hatten primitive Messer in der Hand und schnitzten aus Holzstücken herrliche Spielzeuge, die sie auch bunt anmalen konnten. Sie kamen damit sogar an den Zaun und boten ihre Erzeugnisse gegen Brot, Tabak oder ähnliches zum Tausche an. Mir gefielen dabei besonders die ‚pickenden Hühner', die so lustig mit ihren Köpfen nicken konnten. So gingen wir zur Tante, bekamen von ihr auch ein Stück Brot, und wirklich, der Tausch durch den Zaun hindurch kam zustande, wenn da auch ein paar Maschen auf die Seite gedrückt werden mußten …

Diese pickenden Hühner sind inzwischen natürlich längst kaputtgespielt, von mir und meinen Nachfolgerinnen. Aber als ich jetzt eine Flußkreuzfahrt auf einem russischen Schiff machen konnte, entdeckte ich in einem Souvenirladen an Land wieder meine ‚pickenden Hühner' – und ich habe sie mir gleich wieder erworben, ein zweites Mal, wenn nun auch neue und frisch lackierte ...

Sie verbinden mich nicht nur mit meiner Kindheit – auch mit etwas, das uns allen half, jene Zeit zu überstehen.
Marlene Groener,
Dortmund"

Leben Sie noch, Klaus?

„Es geschah am Ende des Krieges in Duisburg. Mehr als 3.000 unserer Leute, Ostarbeiter und Kriegsgefangene, wurden von den Nazis hinter der Stadt in einem Waldgebiet in einen Viehstall getrieben und dort unter strenger Bewachung zusammengesperrt.

Als es dunkel war, hörten wir, wie jemand leise die Tür öffnete. Es war ein nicht mehr junger deutscher Mann mit einem Fahrrad. Noch ganz außer Atem flüsterte er uns zu: ‚Schnell, kommt leise heraus und lauft auseinander in den Wald! In zwei Stunden wird der ganze Stall in Brand gesetzt, zusammen mit euch allen!' Jemand fragte noch: ‚Wer sind Sie denn?' Er antwortete: ‚Nur ein Mensch, ich heiße Klaus ... ich bin froh, daß ich euch helfen kann, am Leben zu bleiben', so der Unbekannte.

Leben Sie noch, Klaus? Wenn Sie Nachkommen haben – wissen sie wohl etwas von Ihrer Heldentat?
O.S. Dorofeewa,
Stadt Orechow, Bezirk Saporoshje"

Das Gute dieser Zeit habe ich nicht vergessen

„Herrn Oberbürgermeister Alexander Smirnow
349870 Rubeshnoje – Ukraine

Sehr geehrter Herr Oberbürgermeister Smirnow!

Ich nehme mir die Freiheit, diesen Brief an Sie zu schreiben und damit Ihre Zeit in Anspruch zu nehmen. Ich werde in diesem Jahre 70 Jahre alt und war, wie die meisten Männer meines Alters in Europa, Soldat im letzten Krieg. Damals habe ich – nein: mußte ich Ihre Stadt kennenlernen. Am 1. Oktober 1944 mitten in der Nacht, jetzt also vor 50 Jahren, stand ich hinter einem Stacheldraht am Rande einer Stadt. Irgend jemand sagte, sie hieße Rubeshnoje. Ich hatte nie von ihr gehört. Seit sieben Wochen war ich Kriegsgefangener der Roten Armee, und hier sollte der Weg ins Ungewisse, den wohl jeder Kriegsgefangene gehen muß, für mich und 1.500 weitere Kameraden ein vorläufiges Ziel erreichen. Für 14 Monate blieb ich in Rubeshnoje. Unser Arbeitslager befand sich am Rande der Stadt in zwei Gebäuden, die vor dem Krieg nicht mehr fertig geworden waren. Sie hatten weder Fenster noch Türen und auch keine Heizung. Verantwortung für uns trug das Wachkommando der Armee. Wir verließen das Lager nur in den zehn Stunden am Tage, während der wir in der Stadt arbeiten mußten. Wenn abends der lange Zählappell zu Ende war und wir unsere Kohlsuppe erhalten hatten, versuchten wir uns in die Ecken des Gebäudes zu verkriechen, um dort Schutz vor der Kälte zu finden. Und die Kälte nahm jeden Tag zu. Und die Zahl derer, die sie nicht mehr ertragen konnten, nahm auch jeden Tag oder jede Nacht zu. So war es unvermeidlich, daß die Sterblichkeit ständig anstieg. Ich schildere dies alles nicht, um Ressentiments zu wecken, sondern nur, um unsere damalige Situation zu erklären, die wir von uns aus in keiner Weise zu ändern vermochten. Auch Ihre Vorgänger oder die Stadtverwaltung konnten nicht für diese Situation haftbar gemacht werden – verantwortlich war allein die Armee mit ihrer strengen hierarchischen Abgeschlossenheit. In den ersten Novembertagen konnte ich es selbst draußen nicht mehr ertragen. Ich meldete mich krank und wurde ins Krankenrevier aufgenommen, obwohl meine Kameraden mich warnten und sagten, von dort sei noch keiner wiedergekommen. Doch es kam anders: Am 14. November morgens beim Appell hielt zwischen dem Lagergebäude und dem Krankenrevier ein Jeep mit vier Offizieren mit weißen Schulterklappen. Jeder von ihnen ging in ein Gebäude; einer kam auch in unsere Krankenstube. Er fragte in fließendem Deutsch: ‚Welche Klagen haben Sie?' – und als er keine Antwort erhielt, fügte er hinzu: ‚Sie können ruhig reden, niemand hört uns zu.' Da kamen denn ein paar Kleinigkeiten zur Sprache. Aber er hatte wohl auch so genug gesehen. Die Offiziere fuhren wieder weg. Und es vergingen einige Tage. Wieder am Morgen beim Zählappell fuhren mehrere Fahrzeuge mit Soldaten vor das Lagertor. Das ganze Wachkommando wurde abgelöst, ebenso der Koch und die Sanitäterin. Ins Krankenrevier kam eine Ärztin. Für mich begann hier eine Wendung der Dinge. Ich hatte eine schwere Entzündung bekommen. Die neue Ärztin hat mich operiert – wäre die Entzündung eine Woche früher eingetreten, wäre ich ihr ohne die ärztliche Hilfe vielleicht erlegen. In den nächsten Tagen hatten wir Gefangenen ein einziges Gesprächsthema: Was hatte unsere Situation so verbessert? – bis dann durchsickerte, daß die Bürger von Rubeshnoje sich bei einer höheren Dienststelle über die Zustände im Lager beschwert hätten. Und daß diese Beschwerde die Veränderungen bewirkt hätte. Dabei war dies nur ein Anfang. Wir Kranken sollten in ein richtiges Hospital gebracht werden – was zu jener Zeit niemand glauben wollte. Aber dann wurde es doch wahr: Am 24. Dezember mußten wir das Krankenrevier verlassen und in einem langen Zug durch die Stadt marschieren, um uns schließlich nach dem Baden und Rasieren in einem Militärlazarett zwischen weißen Baumwolltüchern wiederzufinden.

Dieser 24. Dezember 1944 – er ist in Deutschland der höchste Festtag des Jahres, der Heiligabend – hat uns dieses Geschenk gebracht. Und wir waren uns bewußt, daß es nur durch die Beschwerde von Bürgern der Stadt Rubeshnoje möglich geworden ist. Heute ist es genau 50 Jahre her, daß ich in der Gefangenenabteilung des Militärhospitals die Chance bekam, den Winter 1944/45 zu überstehen. Eine Chance, die sich nur aufgrund des Mutes von Bürgern Rubeshnojes hat ergeben können. Daß Mut dazugehörte, muß man immer wieder betonen. Denn nichts ist für Militärs unerträglicher, als wenn Zivilisten ihnen nachsagen, sie hätten einen Fehler gemacht. Und Fehler macht jeder von uns.

Ich habe Ihnen, Herr Bürgermeister, diesen Brief geschrieben, um Ihnen zu sagen, daß ich Ihren Mitbürgern heute noch dankbar bin, denen, die sich beschwert haben ebenso wie denen, die uns gepflegt haben. Bei unserem Zustand wären viele nicht mehr auf die Beine gekommen ohne die hingebende Betreuung durch die Ärztinnen und Krankenschwestern dieser Abteilung im Militärhospital. Ihnen gebührt das Verdienst, daß ich heute diesen Brief schreiben kann. Ihnen möchte ich danken. Es war ja auch zu jener Zeit keine einfache Sache, kranke Deutsche aus den Reihen der Feinde zu pflegen, während eigene Angehörige und Landsleute noch an der Front sterben mußten. Wenn die eine oder andere jener Personen heute noch am Leben sein sollte, wäre ich Ihnen, verehrter Herr Bürgermeister, sehr zu Dank verpflichtet, wenn Sie diesen meinen Dank weitergeben würden. Ich habe das Gute dieser Zeit nicht vergessen.

      Mit freundlichem Gruß
      Friedrich-Wilhelm Voß,
      Kosel"

III

Menschlichkeit mitten im Kampf

Ein bißchen Menschlichkeit

„Eines Tages lagen wir bei Staraja Russa. Das liegt südlich vom Ilmensee. Ein wochenlanger Einsatz mit schweren Verlusten lag hinter uns. Man hatte uns von der Front zurückgenommen, ‚zur Auffrischung'. Es war im August 1943: Flirrende, quälende Hitze und Stechmücken als ständige Begleiter. Unserer Flakbatterie war es gelungen, ein russisches Flugzeug abzuschießen, das uns angreifen wollte. Der Pilot schaffte es, rechtzeitig mit dem Fallschirm abzuspringen, ganz in unserer Nähe. Also wurden fünf Mann von uns auf Russenjagd geschickt, darunter auch ich. Wir schwärmten – alles andere als begeistert – strahlenförmig aus und entfernten uns allmählich immer weiter voneinander. Bald war ich allein und schlich durch den niedergebrannten Wald. Es waren einmal weiße Birken gewesen, doch jetzt klagten nur noch geschwärzte Stümpfe irgend jemand vorwurfsvoll an. Mir war gar nicht wohl in meiner Haut. Ich machte mir auf dieser ‚Treibjagd' nichts vor: Den Russen wollte ich überhaupt nicht finden ... am liebsten wäre ich umgekehrt. Aber so schnell durfte ich keinesfalls zurückkommen, schon gar nicht ohne den Russen.

Einige hundert Meter vor mir lag ein zerschossener deutscher Panzer. ‚Bis dahin gehst du noch', setzte ich mir zum Ziel. Auf dem Weg dahin mußte ich einen Bombentrichter umgehen. Er war zu einem Tümpel geworden, bis an den Rand gefüllt mit brauner Brühe. Darüber schwirrte eine große, buntschillernde Libelle auf und nieder in den Staubbahnen der Sonnenstrahlen. So, als gäbe es da überhaupt keinen Krieg.

Während ich das Tier beobachtete, verzaubert von dem friedlichen Anblick, trat urplötzlich hinter dem Panzerwrack eine große Gestalt hervor – der russische Pilot, die Pistole in der Hand auf mich gerichtet! Er hätte nur abzudrücken brauchen, getreu dem Lehrsatz: ‚Töten oder sich töten lassen.' Erschrocken starrte ich den Soldaten in seiner olivgrünen Uniform an. Schließlich ließ er die Waffe sinken und näherte sich mir langsam, zögernd. Er war in meinem Alter. An der Stirn hatte er eine leicht blutende Wunde. Keiner von uns sprach ein Wort. Was würde geschehen?

Nach bangen Minuten – oder nur Sekunden? – fragte mich der ‚Feind', indem er nach Norden zeigte: ‚russkij Kamerad?' – Ich nickte. Und da machte er mir durch Gesten deutlich, ich solle zu meinen Leuten gehen, er gehe zu den seinen. So trennten wir uns ...

Diese unerwartete menschliche Geste hat mir für den sinnlosen Rest des Krieges eine Losung gegeben (und auch eine Lösung): ‚Menschlichkeit'."

Kurt Deckert,
Stuttgart"

Erinnerungen eines Soldaten
Feinde sind doch auch Menschen!

„Das Wetter hatte eine Zwangspause diktiert. So versuchte man, sich einzurichten. Eine Gruppe des IR 426 hat ein Dach über dem Kopf. Auf dem Boden des einzigen beheizbaren Raumes rund um den gemauerten Ofen haben wir uns ausgestreckt. Ein kleines Öllämpchen unter der Ikone in der Ecke verbreitet gerade so viel Helligkeit, daß die Umrisse im Raum zu erkennen sind. Wir schlafen, wie eben ein Soldat zu schlafen pflegt, tief und fest. Aber auch ein schlafender Soldat reagiert auf Dinge, auf die ein normaler Mensch nicht reagieren würde.

Ich wurde plötzlich hellwach. Mitten im Raum erkannte ich eine Frau, die im Lichte der nun aufflammenden Taschenlampe erschrocken etwas unter einem Tuch zu verbergen sucht. Nervös gemacht durch allerlei Parolen über Partisanen, Spione, Sabotage usw. nehme ich der vor Schreck erstarrten Frau das Tuch vom Arm und entdecke darunter ein Gefäß, aus dem eine Speise dampft. Die Frage nach dem ‚Wohin' wollte sie nicht beantworten. Erst eine massive aber sicher nicht ernst gemeinte Drohung mit der Maschinenpistole brachte sie zum Reden. Sie führte mich in den unter dem Hause gelegenen niedrigen Keller, in dem die Fässer mit Kapusta (Sauerkraut), den Salzgurken und, wenn es gut ging, auch mit dem eingesalzenen Schwein stehen. In der Ecke, versteckt hinter Brennholzscheiten, lag ein verwundeter russischer Soldat, den die Frau, da ihn seine Truppe mit einem Oberschenkeldurchschuß zurückgelassen hatte, seit Tagen schon versorgte. Es sah nicht gut mit ihm aus, seine fieberglänzenden, vor Angst geweiteten Augen sagten alles.

Was sollte nun aber ein Soldat in einer solchen Situation tun? Ich wußte es zunächst selber nicht und vertraute mich meinem oben schlafenden Unteroffizier an. Dessen Reaktion war verblüffend einfach: ‚Halt die Schnauze, erzähl' keinem was und hol den Sani (Sanitäter)!'

Ohne viele Fragen zu stellen, reinigte der Sani seine Wunden, legte ihm einen frischen Verband an, verpaßte ihm eine Spritze, ließ ihn auch ein paar Tabletten gegen das Fieber schlucken und deutete ihm an, daß er in der nächsten Nacht wiederkommen werde.

Oben waren natürlich mittlerweile alle wach geworden, sogar der alte Batjuschka, der Opa, ist vom Ofen geklettert und hat eine Petroleumlampe auf den Tisch gesetzt. Um diesen Tisch saß nun zunächst schweigend die ganze Gruppe mit dem Sanitäter, der Frau und dem Opa, bis dann jemand mit einem ‚Mann – o Mann!' das nun notwendige Gespräch in Gang setzt. Eine richtige Verschwörung entstand, denn jeder wußte, was mit ihnen geschehen würde, aber auch, was mit dem Russen geschähe, wenn ‚oben' bekannt würde, was sich da gerade abgespielt hatte. Alle versprachen zu schweigen, und der Sanitäter verabschiedete sich mit den Worten: ‚Feinde sind doch auch Menschen!'

Schon in der darauffolgenden Nacht fanden wir unseren Russki nicht mehr. Nach den Worten der Frau hatten Partisanen ihn weggeschafft. Für uns war damit das Thema beendet, oder doch nicht? Während in den kommenden Tagen und besonders in den Nächten überall Partisanen die Gegend unsicher machten, Häuser plötzlich in Flammen standen und Posten angeschossen wurden, blieben wir verschont. Das war sicherlich kein Zufall!

Hans Büning,
Bottrop-Kirchhellen"

Der private Waffenstillstand

„Die einzige Wasserstelle, ein intakter Ziehbrunnen, lag etwa 500 bis 800 Meter vor unseren Stellungen. Nur nachts konnten wir unsere Wasserbehälter dort auffüllen. Das Fatale an der ganzen Sache war nur, daß dieser Brunnen auch für die Russen wohl der einzige sein mußte. Aber es gab ein stilles Übereinkommen: Hatten wir als erste die Stelle erreicht, warteten die russischen Wasserträger in respektvoller Entfernung, bis wir abgezogen waren, und umgekehrt.

Da kam eines Tages einer auf den Gedanken, auf dem Brunnenrand ein Päckchen Zigaretten mit einem Gruß von der ‚anderen Feldpostnummer' zurückzulassen.

In der darauffolgenden Nacht erlebten wir dann eine Überraschung. Unsere Zigaretten waren verschwunden. An der gleichen Stelle lag ein Päckchen Machorka mit einer in fürchterlichem Deutsch gefaßten Erklärung, daß sie sich bedankten, daß die russischen Soldaten aber keine

Der private Waffenstillstand

so guten Zigaretten bekämen, nur Machorka, oder, wenn es gut ginge, auch mal Papirossi. Zigaretten mit Krimtabak erhielten nur ihre Offiziere. Erst viel später erfuhr ich, daß es in dem sozialistischsten aller Länder verschiedene Verpflegungssätze für Mannschaften und Offiziere gab. Und dann kam etwas, das uns zunächst die Sprache verschlug, sie forderten uns auf, doch in der nächsten Nacht auf sie zu warten, dann könnten wir zusammen eine Zigarette rauchen und Tschai (Tee) oder eine Butilka Wodka trinken.

Wir brauchten viele Nächte, um unser Mißtrauen zu überwinden. Dann beschlossen wir doch unter Wahrung aller möglichen Vorsichtsmaßregeln, einen Versuch zu wagen. Als Verstärkung hatten wir drei Mann mit Maschinenpistolen in der Nähe des Brunnens als Schutz vor Überraschungen postiert. Mit Spannung warteten wir nun auf unsere Gäste. Als sie nach geraumer Zeit aus dem Dunkel auftauchten, stieg bei uns die Spannung, was wird nun geschehen? Was dann aber wirklich geschah, kann man im nachhinein schwerlich beschreiben. Da warfen diese ‚pervertierten bolschewistischen Untermenschen' ihre Wassergefäße beiseite, kamen mit ausgebreiteten Armen auf uns zu, redeten fortwährend uns kaum Verständliches, und, ehe wir uns versahen, schlossen sie uns in ihre Arme. Sie sprachen von ‚Hitler kaputt, Stalin kaputt, Woina kaputt! Wsche charoscho!' Soviel verstanden wir denn doch: Wenn Hitler und Stalin kaputt seien, dann sei auch der Krieg kaputt und dann sei alles gut!

Wir hockten dann mit brennenden Zigaretten zusammen, genossen unseren Separatfrieden und palaverten alles Mögliche durcheinander. Wir waren nun Brüderchen, Towarischi, Kamerad, Druk, Frontschweine, die für einige Augenblicke nicht aufeinander zu schießen brauchten. Dann aber mußten wir uns schämen, als nämlich unsere schwerbewaffneten Beschützer aus der Dunkelheit auftauchten.

Dieser Waffenstillstand erfuhr ein schnelles Ende, als eines Nachts der russische Wasserholtrupp nicht wie gewöhnlich am Brunnen wartete, sondern in respektvoller Entfernung. Anscheinend waren ‚unsere' Russen abgelöst worden, und diese wußten nichts von der gegenseitigen Vereinbarung. Als dann auch noch ein verrückter deutscher Artillerieleutnant es durchsetzte, daß dieser Brunnen nicht mehr von uns aufgesucht werden durfte, da er mit seiner Batterie diesen unter Feuer nehmen wollte, ‚um denen da drüben die Suppe zu versalzen', war der Friede in vieler Hinsicht dahin. Von da an rauschten auch bei Tage und besonders bei Nacht schwere Brocken auf unsere Gräben. Sicher war durch diesen unseren Krieg, wie wir ihn, Russen wie Deutsche, in der letzten Zeit geführt hatten, kein taktischer Nachteil für die eine oder die andere Seite entstanden. Wohl aber hätten wir durch diese Art der Kriegsführung Menschenleben retten können, die nunmehr dem Ehrgeiz oder der Dummheit eines VB [Vollzugsbestimmung; V.P.] zum Opfer fielen.'

‚Es gibt nur eine Sünde – das ist die Dummheit' (Oscar Wilde) oder ‚Mit der Dummheit kämpfen Götter selbst vergebens' (Schiller), der einfache Mann im Volke würde sagen, und das träfe in diesem Fall den Nagel auf den Kopf: ‚Dummheit und Stolz wachsen auf einem Holz.'

Der einfache Landser aber hat, wie zu erwarten, denn auch gehandelt und dem Leutnant eine entsprechende Antwort erteilt: Von nun an bekam der Bursche von uns kein Wasser mehr, mit dem er den Teller seines Leutnants jeden Mittag wusch. Wir brachten ihn auf den Gedanken, daß es doch auch noch andere ‚Wasser' gebe, die in einem solchen Falle doch wohl das richtige Reinigungsmittel für Teller und Eßbesteck seien. Genügend Wasserspender waren immer vorhanden.

Hans Büning
Bottrop-Kirchhellen"

Ich muß mich tief verneigen

Das Folgende stammt aus den Erinnerungen von Frau Maria Alexejewna Sinikowskaja. Als Kind einer bäuerlichen Familie ist sie in dem Dorfe Podgorjewka bei Starobelsk, Bezirk Woroschilowgrad (jetzt Lugansk) im Donezbecken, aufgewachsen. Später hat sie sich verheiratet und lebt jetzt als Rentnerin in der Westukraine, in der Stadt Ternopolj. In ihrem Geburtsort sind die Dinge geschehen, welche der russische Schriftsteller Alexander Fadejew in seinem allgemein bekannten Roman „Die junge Garde" beschrieben hat. Was sie selbst erlebt hat, faßte sie in die folgenden Worte:

„Ich erinnere mich an ein außergewöhnliches Ereignis in meinem Leben. Es war im Kriege, im Jahre 1943. Die Deutschen waren auf dem Rückzug. Wir drei Kinder waren bei der Mutter in der Küche; drinnen in der Stube befanden sich etwa 20 schwerbewaffnete Soldaten; sie saßen gedrängt beieinander und warteten auf den weiteren Rückzugsbefehl.

Mutter lag krank im Bett. Sie hatte ein totes Kind geboren, und sie schrie ganz schrecklich. Die Soldaten hatten unsere Lampe mitgenommen, deshalb war alles dunkel. Und da passierte so etwas! Ich ging hinein zu den Soldaten und bettelte: ‚Lampe!' Sie sahen mich finster an, mir war es, als ob gleich etwas Schreckliches geschehen würde.

Nach einer Weile ging der älteste der Soldaten (er war nicht groß von Wuchs und hatte rote Haare) aus dem Zimmer und suchte die Nachbarn auf. Plötzlich kam er mit einem Kerzenstummel zu uns zurück, ging in die Küche zur Mutter. Er entband sie, wusch alles auf, wickelte das tote Kind in ein Tuch und beerdigte es im Garten. Und das mitten in der Nacht, im Spätherbst! Uns gab er Schokolade und sagte: ‚Viele, viele Kinder.' Dabei zeigte er mit der Hand nach Westen (wir verstanden: er hatte selbst viele Kinder zuhause in Deutschland). Wir sind diesem unbekannten Retter sehr dankbar. Es tut mir sehr leid, daß ich seinen Namen nicht weiß. Es kann sein, daß er schon nicht mehr am Leben ist. Aber es sind bestimmt seine Kinder noch da, vielleicht auch Enkelkinder. Ich muß mich tief verneigen im Gedenken an ihren Vater und Großvater, der unter Gefahr für sein eigenes Leben (ich weiß heute, was ihm hätte geschehen können!) unsere Mutter und uns gerettet hat. Edelmut und Menschenliebe haben in seinem Inneren gewohnt. Vielleicht hat er seinen Kindern etwas davon erzählt, wenn er nach 1945 noch am Leben war.

Aber ich will dem deutschen Volk von ihm erzählen: Es gab solche ritterlichen Deutschen, die auch in Minuten fürchterlichster Todesgefahr ihre Menschlichkeit nicht verloren – nicht alle Deutsche waren eingefleischte Nazis. Das sagte ich schon in den Jahren Stalins, das sage ich auch heute. Mein Herz drängt mich, die Wahrheit auszusprechen.

Ich hoffe, daß sich in Deutschland jemand meldet. Die Deutschen sollen wissen, daß wir Ukrainer uns auch an Gutes von ihnen erinnern.
Maria Sinikowskaja,
Ternopolj"

So lebten wir miteinander in Mogilew

Wenn man sich in einem vom beiderseitigen Haß hochgepeitschten Kriege nach der Stimme des Gewissens richtet, kann es geschehen, daß man von beiden Seiten mißverstanden und verurteilt wird. Deshalb haben manche Männer, die entsprechend gehandelt haben, das Erlebte in sich verschlossen, vielfach in ihr Grab mitgenommen.

50 Jahre danach hat die neue Offenheit für einander, die ‚glasnostj', es einem Deutschen erlaubt, den folgenden Bericht niederzuschreiben:

„Sehr geehrter Herr Pedak!

Vielleicht interessiert es Sie, was ich im Sommer 1943 in Mogilew erlebt habe. Ich war damals 22 Jahre alt und wurde als Flugzeugführer nach Mogilew versetzt, um als Luftaufklärer Partisanen im Umfeld der Stadt auszumachen. In dieser Zeit habe ich Beispiele an Menschlichkeit erlebt, die mir bis heute unvergeßlich sind.

Bei meiner Ankunft mußte ich mich beim Ortskommandanten, Polizeigeneral Sch., melden, dem ich direkt unterstellt wurde. Dieser machte mich darauf aufmerksam, daß es in Mogilew selbst eine ausgesprochene Stillhalte-Vereinbarung gab. Dem Sinne nach so: ‚Die Russen und wir sind gezwungen, als Mitbürger gut nebeneinander zu leben. Außerhalb der Stadt ist das Reich der Partisanen. Sie haben festzustellen, wo sich diese aufhalten.'

Dann wurde ich in der Schule nahe zum Flugplatz untergebracht. Ihr gegenüber befand sich das Lehrerhaus. Es war verschlossen, denn der Lehrer war mit etwa 20 Einwohnern als Geisel ins Stadtgefängnis eingeschlossen. An meinem Bett war ein Telefon mit direkter Verbindung zum General.

Eines Tages befahl er mir, sofort zu ihm zu kommen. Bei ihm befanden sich alle Führer der in Mogilew stationierten Einheiten. Der General teilte uns mit, daß sich eine SS-Einheit aus Wilna bei ihm angemeldet habe, und zu dieser Einheit gehöre ein Autobus, in den die gefangenen Geiseln gebracht werden müßten. Die Auspuffgase würden dann hineingeleitet, bis alle Insassen tot seien. Der General sagte, bei einer solchen Schweinerei mache er nicht mit. Er würde die Geiseln freilassen. Dann bat er um unsere Meinung – ungläubiges Entsetzen bei allen Beteiligten! Besonders ein Oberleutnant der Pioniere war fassungslos. Und alle acht bis zehn Anwesenden hielten es für richtig, die Geiseln freizulassen. Das geschah auch, und alle Papiere wurden vernichtet. Der General flog sofort danach zu seinem Vorgesetzten nach Deutschland. Als die SS ankam, tobte der Anführer und hätte gewiß den General erschossen, wenn er noch da gewesen wäre. So verschwand die SS nach wenigen Stunden. Letzteres erfuhr ich von der Standortschreibstube.

General Sch. kam Anfang August zurück. Er war sehr niedergeschlagen. Die freigelassenen Geiseln kamen, nachdem die SS abgezogen war, wieder zurück. Von meinem Fenster in der Schule sah ich, daß viele Bürger der Stadt in die Lehrerwohnung gingen. Neugierig fragte ich, was denn dort geschehe. Der Lehrer hat geheiratet, bekam ich zur Antwort. Ich besorgte in der nahe gelegenen Brauerei ein Fäßchen Bier und gratulierte. Daraufhin wurde ich zur Feier eingeladen. Ich holte meine Mandoline, die ich heute noch besitze. Es wurde eine schöne Feier.

Ich möchte erwähnen, daß ich nur wenige Worte Russisch kann; aber es waren viele Russen da, die Deutsch sprachen. Der Lehrer selbst gab in seiner Schule Deutschunterricht. So lebten wir in Mogilew friedlich miteinander, solange ich dort war.

Am 12. August 1943 wurde bei einem Erkundungsflug der Motor meines Flugzeugs von Kugeln der Partisanen getroffen, etwa 25 km von Mogilew entfernt. Bis etwa 1 bis 2 km vor Mogilew konnte ich das Flugzeug in der Luft halten, dann stürzte es in den Dnepr. Es überschlug sich und ich ging mit ihm unter, aber davon merkte ich nichts mehr. Als ich fünf Tage später wieder zu mir kam, erzählte mir ein Unteroffizier der Pioniere den weiteren Verlauf des Geschehens.

Partisanen hatten den Absturz beobachtet. Sie holten mich aus dem Flugzeug, pumpten meine Lunge leer und brachten mich in eine Hütte am Ufer, in der ein altes Ehepaar lebte. Wie der Pionier sagte, hatte er mit seinen fünf Männern den Absturz ebenfalls beobachtet und war zur Unfallstelle geeilt. Als er dort ankam, sah er die Partisanen weglaufen und erhielt bei einem kurzen Feuergefecht einen Schuß in den Arm.

Mich fand er dann in der Hütte, entkleidet und in eine Decke gewickelt am Boden der Hütte. Meine Bekleidung war zum Trocknen in der Hütte aufgehängt. Nichts wurde mir weggenommen, nur die Uhr im Flugzeug fehlte nachher. Im Lazarett in Mogilew wurden wir ärztlich versorgt. Mein Gesicht war völlig zugeschwollen. Der Arzt nähte die Wunde am Mundwinkel und verband meinen Kopf fast völlig.

Der Pionierunteroffizier wurde mit dem Lazarettzug nach Braunsberg in Ostpreußen verlegt, und ich wurde ihm im selben Zug mitgegeben. Er bekam vom Mogilewer Arzt den Auftrag, darauf achtzugeben, daß ich nicht etwa als Toter ausgeladen würde – ich würde sicher binnen fünf Tagen aus dem Koma wieder auftauchen.

Und ich bin auch wieder wachgeworden, wie vorausgesagt.
Hermann Leipertz,
Duisburg"

Dieser Schluß hört sich recht trocken an. Der Betroffene hat uns aber ein Gedicht überlassen, das er in tiefer Bewegung einige Tage vor seinem Absturz in Mogilew niedergeschrieben hat. Er läßt uns einen Blick tun in das, was unter den feldgrauen Uniformen im Innern der Kämpfer von damals vorging:

Mein größter Wunsch
(Mogilew, 8.8.1943)
Es wird einmal die große Stunde kommen,
in der die Stille herrscht auf dieser Welt,
und wo die Weisen und die christlich Frommen
ganz einsam stehen unterm Sternenzelt.
Es wird einmal der große Tag erwachen,
an dem wir alle bebend eingestehn,
daß alle Starken und auch alle Schwachen
auf Erden einen einzigen Weg nur gehn.
Dann wird der Lärm auf einmal ganz verstummen,
und jeder steht nur für sich selber da.
Ob nun die Weisen oder auch die Dummen -
einmal wägt jeder, wie sein Leben war.
Es wird kein Hader und kein Zwist mehr wachen,
die Angst wird weichen, es wird Freude sein;
es werden Tränen trocknen, und mit frohem Lachen
sieht jeder in die neue Zeit hinein.

– Doch fragt ihr mich: sag an, wann kommt die Stunde,
wann kommt der Tag, der alle Schmerzen bricht?
Mein Glaube gibt von dieser Zeit mir Kunde,
doch wann – das weiß cih selber nicht.
Ich weiß nur: wenn die Herzen aller offen,
und wenn sie selbst zur Guten sind bereit,
dann kann ein jeder hier auf Erden hoffen,
sie kommt schon bald, die segensreiche Zeit.
Laß, Himmel, nicht durch Angst und tausend Schrecken
die Menschen finden sich beim Weltenuntergang!
Daß sie in Frieden ihre Herzen wecken –
das wünsch' ich mir mein ganzes Leben lang.

Heute wissen wir, wie weit und dornenvoll der Weg bis dahin war. Und daß auf diesem Wege viel neues Unrecht auf das alte gehäuft wurde.

Alles, was der Führer sagte, war Lüge

So hatte darüber die 17jährige Elfi W. aus Sanbostel gedacht. In den letzten Tagen des Krieges wurde sie von der englischen Armee zur Arbeit in der Baracke für kranke Kriegsgefangene mobilisiert. Vom 1. bis zum 11. Mai führte das Mädchen ihr Tagebuch.

Aus dem Tagebuch einer deutschen Schülerin:

„1. Mai 1945: Die Engländer haben sich ausgedacht, sogar Schülerinnen zu mobilisieren. Ab morgen werden wir Häftlinge betreuen müssen.

2. Mai 1945: Zuhause wird uns niemand glauben, wenn wir das erzählen. Ich habe mich die ganze Zeit erinnert, wie wir den Führer liebten und ehrten. Alles, was er sagte, war Lüge! Was war das denn – National-Sozialismus? Wir dachten doch immer: etwas Schönes und Edles. Warum haben sie denn unschuldige Menschen umgebracht, die ganz wehrlos waren? Das ist unfaßbar! In dieser Nacht habe ich alles durchgestrichen, was ich für gut hielt. Wir sind scheußliche Schweine, alle, alle, auch ich. Wie können wir unsere Schuld sühnen?

3. Mai 1945: Sie liegen auf Tragbahren. Zu sehen sind nur die kahlgeschorenen Köpfe. Alles andere ist flach. Das sind Skelette! Von 60 bis 80 Pfund Gewicht. Polen, Russen, auch Holländer, Spanier, Griechen, Juden, Rumänen, Ungarn. Sie haben Typhus, Fieber, Dysenterie, Tuberkulose, offene und ganz vereiterte Wunden, in welchen verfaulte Binden zu sehen sind, je ganz verfaulte Gliedmaßen.

4. Mai 1945: Ich sah eben in der Desinfektionsabteilung, wie die Häftlinge gewaschen werden. Sie liegen kahl auf den Tischen. Bevor sie gebadet werden, muß man die Binden abnehmen. Öfter muß man sie abreißen. Sie schreien schrecklich. Oft halten die englischen Soldaten sie fest oder binden sie an. In der Typhusabteilung liegen die Skelette in ihren Exkrementen. Ich schäme mich jetzt, daß ich Deutsche bin. Was haben wir getan! Mutter glaubt nicht, daß Deutsche so etwas tun können!

6. Mai 1945: Ich war der Verzweiflung nahe, denn Inge war nicht gekommen. Ich stehe in der Baracke allein mit 103 Patienten. Da ist ein Rechtsanwalt, der mich aufmunterte und tröstete. Das kann man sich gar nicht vorstellen: Er, dem wir so viel Böses getan haben, will uns noch aufmuntern! Er denkt, was wir hier tun, ist wunderbar. Doch das ist eine große Schweinerei, wenn Kinder das gutmachen müssen, was die Erwachsenen verschuldet haben.

11. Mai 1945: Ich bin wieder zu Hause. Ich habe noch nichts erzählt. Es ist mir so, daß keiner mir glauben wird.

Nachwort: Meinen Eltern hat es die Stimme verschlagen, als ich ihnen von dem Geschehenen erzählte. Auch für sie ist eine ganze Welt zerbrochen."

Aus der Zeitung „OST",
Essen, 5. März 1995

Obwohl unter unseren Feinden ...

Es hat vielen deutschen Soldaten ins Herz geschnitten, wenn in besetzten Dörfern junge Menschen beiderlei Geschlechts einfach wie Kriegsbeute zusammengeholt und ins ferne Deutschland verschleppt wurden, um dort in der Rüstungsindustrie die einberufenen Soldaten zu ersetzen. Sie waren nun wirklich an allem schuldlos ... Aber wie hätte man sie davor bewahren können? – Einer hat es tatsächlich versucht. Und nachdem der Briefweg nach Südrußland wieder geöffnet war, hat er sich dafür interessiert, ob es auch wirklich erfolgreich war und hat dem Verfasser den folgenden Brief geschrieben:

„Werter Herr Pedak!   Müden, den 18.4.1994

Im Mai 1943 war ich in Oppasnoje bei Kertsch stationiert, als Führer einer Marine-Nachrichtenabteilung. Eines Tages erfuhr ich von der Nina Boijko, daß alle arbeitsfähigen Personen des Dorfes zur Zwangsarbeit nach Deutschland geschickt werden sollten.

Wir haben dann einen Plan gemacht, dieses zu verhindern. Wochen später bekam ich den Befehl, festzustellen, wie viele Personen in Oppasnoje in Frage kämen. Meine Antwort lautete: Im Dorf befinden sich nur alte Leute und Kinder. Diese Falschmeldung hätte mich um ein Haar vors Kriegsgericht gebracht, weil in diesem Falle Folgendes geschah: Einer meiner Leute sagte mir, er hätte jugendliche Russen dabei gesehen. Der Leutnant einer Nachrichteneinheit hätte das weitergemeldet und ihm gesagt, daß demnächst eine Strafaktion stattfinden sollte.

Auch dieses habe ich vereitelt, indem ich sagte, es habe sich dabei um keine Russen, sondern um deutsche Landser, die uns Marine-Leuten einen Streich hätten spielen wollen, gehandelt.

Da ich kurz darauf abkommandiert wurde, möchte ich gerne erfahren, was aus der ganzen Sache geworden ist. Niemand weiß das besser als etwaige Angehörige der Familie Bojko, mit denen ich gerne Kontakt aufnehmen würde. Würden Sie das arrangieren können?
                    Vielen Dank im voraus!
                    Helmut Thiels,
                    Müden/Aller"

Und der einstige Nachrichtenmann bekam auch bald eine gute Nachricht:

„Guten Tag, geehrter Helmut!

Ich freue mich sehr, daß Sie unsere Familie nicht vergessen haben. Wir waren zu Vieren, Vater, Mutter, Nina und ich. Ich war damals 15 Jahre alt, Nina 20. Ich erinnere mich sehr gut an Sie. Wir hielten Sie damals für Nachrichtenmänner der Gendarmen, die in demselben Gebäude wohnten. Ja, Helmut, Sie haben uns nicht nur vor der Verschleppung nach Deutschland, sondern auch vor der Erschießung gerettet. Die besoffenen Gendarmen wollten in unser Haus eindringen und schossen durch die Fenster und die Türen. Nach dem Bericht, den Sie geschrieben haben, wurden sie an die Front geschickt.

Unser Dorfältester war den Deutschen sehr ergeben und stellte Namenslisten aller Jugendlichen, die in Oppasnoje lebten, zusammen. Sie haben diese Listen zurückgehalten, und dafür hat man Sie zu einem anderen Truppenteil versetzt. Nach einiger Zeit tauchten Sie wieder in Oppasnoje auf und sagten, daß man Sie in Richtung Feodosia geschickt habe, nach Wladislawowka. Dieser Tag hat sich mir eingeprägt.

Und später begannen schreckliche Kämpfe. Uns alle verjagte man aus unseren Häusern, nur mit Handgepäck, verlud uns in Güterwagen und führte uns zu dem Graben bei Feodosia, wo Jungen erschossen wurden. Aber, gute Menschen stellten in Wladislawoska, wo die Abzweigung nach Simferopol ist, die Weiche um, und der Zug wurde vor Simferopol angehalten. Wir alle wußten, was man hier mit uns machen würde, und rissen nach allen Seiten aus. Wir fanden Unterschlupf in einem verlassenen Dorf, aus dem alle deutschen Familien ausgesiedelt worden waren. Da wohnten wir bis zum Ende des Krieges; wenn es Treibjagd gab, versteckten wir uns im Steinbruch nahe bei dem Dorf. Treibjagd auf Menschen gab es in den Dörfern jeden Tag und wer ihr ins Netz ging, wurde nach Deutschland geschickt.

Als wir nach Abzug der Deutschen nach Oppasnoje zurückkehrten, war von unserem Haus kein Stein mehr übrig. Oppasnoje lag in Ruinen; auch von dem Gebäude, in dem ihr Quartier war, war nichts übriggeblieben.

Nina verheiratete sich 1946 und fuhr nach Pensa, wo sie auch jetzt noch lebt. Sie hat zwei Söhne und auch Enkel. Unsere Eltern sind gestorben. Vor zwei Monaten habe ich meinen Mann begraben, plötzlicher Tod wegen einer Herzkrankheit. Auch ich habe Herz- und Blutgefäßleiden. Das Leben in Kertsch ist sehr schwer, es gibt keine Arzneien, und wenn welche zu kaufen sind, dann ganz teuer. Unsere Renten reichen dafür nicht aus.

Ich habe Nina geschrieben, daß Sie sich an uns und an die schweren Kriegszeiten erinnern. Gott möge Ihnen viel Glück und gute Gesundheit schenken!

Obwohl unter unseren Feinden, waren Sie ein wahrhaft guter Mensch!

Auf Wiedersehen! Antworten Sie uns bitte!
Maria Bondarenko (Boijko)"

Ein Vater erzählt

„Mein Vater, der zu meinem großen Schmerz seit dem 18. Mai dieses Jahres nicht mehr unter uns weilt, hat sich oft an seine Kriegsjahre erinnert. Eine seiner Erzählungen hat sich mir von meiner Kindheit her eingeprägt. Er konnte oft sagen: ‚Alle Deutschen sind verschieden, es gab auch gute Menschen unter ihnen.' Und er erzählte, wie es ihm in den ersten Kriegstagen bei den Deutschen erging:

Vater war Lehrer, liebte aber die Uniform sehr und trug immer eine Militärbluse und Reithosen. So auch am Tag, als die Deutschen kamen und alle Männer verhaftet wurden. Als man sie in Zivile und Militär aufteilte, wollte man ihn mit den Worten ‚Kommissar, erschießen!' zu der Gruppe der dem Tod geweihten Politruks schicken. Neben Vater aber stand ein Deutscher von schmächtiger Gestalt, dem konnte er auf deutsch zurufen: ‚Ich bin Lehrer!' Und dieser, nachdem die anderen Faschisten sich seitlich weggedreht hatten, tippte mit dem Finger an den Mund und flüsterte Vater zu: ‚Geh zurück, woher du gekommen bist!' So kam es, daß Vater zum zivilen Arbeitsdienst eingeteilt wurde. Ein Wunder und das gute Herz des kleinen Deutschen haben ihm das Leben gerettet. Auch ich wäre wohl ohne ihn nicht geboren!

Später, als die unseren zurückkamen, ist Vater noch mit ihnen an die Front gegangen, und er hat an viele heiße Kampftage erinnert. Aber zu mir hat er oft gesagt: ‚Vor mir steht immer der Deutsche, der mir das Leben gerettet hat.'

Nadeshda Kobko,
Browary, Gebiet Kiew"

Wenn man seine Landsleute verrät

„Am Anfang des Krieges war ich ein Jahr und 10 Monate alt. Als die Bombenangriffe auf Saporoshje einsetzten, floh meine Mutter, mit einem Bündel Wäsche und mir auf den Armen, aus der Stadt. Mit Mühe kam sie bis zu ihrer Heimat ins Dorf Snamenka.

Bald kamen im Haus ihrer Mutter, das mehr einer Scheune ähnelte, noch weitere Verwandte an, die sich ebenfalls vor den Bomben gerettet hatten: die Tante mit Mann und Kind, der Bruder mit Frau und zwei halbwüchsigen Jungen und noch irgendwer dazu. Alle lebten in großer Enge und bitterer Hungersnot. Die Onkel arbeiteten im Kolchos für die Deutschen, die Frauen, zumeist aus Saporoshje geflohen, wurden von der Polizei zu weiteren Feldarbeiten gezwungen.

Die Mutter hatte es da schwer mit mir. Wenn man sie zur Arbeit trieb, mußte sie auch mich mitnehmen – die Verwandten wollten nicht auf mich aufpassen. Sie waren von Grund auf gegen meine Mutter eingestellt, weil sie gegen ihren Willen geheiratet hatte. Mein Vater hatte eingestanden, daß er nicht nur Mitglied von Komsomol und KPD gewesen war, sondern sich auch aktiv an der Bauernenteignung und -verfolgung beteiligt hatte. Seitdem war Mutter bei den Verwandten verhaßt, und in der Not des Jahres 1942 wurde es für sie noch schwerer. Die Frau des Onkels und ihre halbstarken Jungen schimpften Mutter und mich wegen unseres Namens ‚Juden' – sogar wenn Deutsche in der Nähe waren. Mutter beklagte sich bei ihrem Bruder, und der versprach ihr, mit den Seinen darüber zu sprechen, aber alles ging weiter wie zuvor.

Einmal im Spätherbst des Jahres 1942 kam abends der Polizist Baschmakow, einstiger Nachbar der Eltern meiner Mutter, ins Haus und sagte ihr: ‚Gib dein Judenpack her, morgen werden die Deutschen alle Juden erschießen!' – Mutter antwortete, ich sei ihr Sohn und kein Jude. Der Polizist beharrte auf seiner Meinung: ‚Wenn du ihn nicht hergeben willst, wird man dich auch mit erschießen, man sagt ja, du seiest auch eine Jüdin!' Mutter versuchte ihn zu überzeugen, sie sei eine Russin und ihr Mann ein echter Ukrainer, er habe nur einen Familiennamen, der einem jüdischen ähnlich sei: Reweka. – ‚Gut', sagte der Polizist, ‚gehen wir zum Kommandanten. Sag es ihm selbst, daß ihr keine Juden seid!'

Der deutsche Kommandant fragte sie nach allem aus, und Mutter sagte wahrheitsgemäß, daß Vater aus einer kinderreichen ukrainischen Familie stamme, in einem Waisenhaus aufgewachsen sei, ein Technikum besucht habe und bis zum Kriege als Hochofenmeister im Werk ‚Saporoshstal' gearbeitet habe. Er sei Parteimitglied und jetzt als Offizier an der Front. Es gebe keine Juden in seiner Familie, und sein Sohn sei auch keiner.

Der deutsche Kommandant sprach gut russisch, sagte, sie solle ihn nur mit ‚Herr Soldat' anreden, er sei auch Soldat wie ihr Mann und müsse sich wie ihr Mann den Befehlen unterwerfen. Und er habe den Befehl bekommen, Juden festzunehmen und zu erschießen. Und Mutter solle ihm beweisen, daß ihr Mann kein Jude sei – andernfalls müsse er ihren Sohn erschießen. Aber er führe Krieg mit ihrem Mann und nicht mit ihr. Mutter erblickte auf dem Tisch ein Telefon und sagte: ‚Rufen Sie die Eisenbahnstation Losowaja, Gebiet Charkow, an, dort arbeitet als Fahrdienstleiter der Bruder meines Mannes Grigorij Reweka.' Der Kommandant antwortete, das wäre sehr kompliziert und würde nicht gelingen. Mutter fragte ihn, ob sie es versuchen dürfe, sie habe vor dem Kriege als Telefonistin gearbeitet. Der Kommandant erlaubte es: ‚Telefoniere!' Mutter nahm den Hörer, und als die Telefonistin sich meldete, erklärte sie ihr den Sachverhalt. Letztere kam auch, von einer Station zur anderen, bis Losowaja durch, und glücklicherweise hatte Vaters Bruder Grigorij an jenem Abend Dienst! Mutter konnte ihrem Schwager alles erklären und hörte ihn rufen: ‚Was für eine Dummheit! Im Dorf Bilyki bei Kobelaji Gebiet Poltawa trägt die halbe Einwohnerschaft den Namen Reweka, und es gibt keinen einzigen Juden!'

Der deutsche Kommandant nahm den Hörer und sprach mit dem Onkel, dann mit dem Kommandanten von Losowaja. Danach sagte er zur Mutter: ‚Du hast mich nicht betrogen, nimm deinen Sohn, aber geh fort von dem Haus, wo du wohnst! Schau, lies, wie viele Anzeigen sie über dich geschrieben haben!' Und er reichte ihr einen ganzen Stoß von Anzeigezetteln. Mutter verzichtete darauf, sie zu lesen, damit sie als Unwissende weiterhin normal mit den Leuten verkehren könne. Der Kommandant darauf: ‚Ihr seid sonderbare Leute! Manche haben so eine Zunge!' – und deutete auf seinen halben Arm, ‚Wer könnte eure Juden erkennen, wenn ihr sie uns nicht selber schreiben würdet?'

Wir sind dann vom Hause der Großmutter fortgegangen und waren bis zur Befreiung unterwegs, wohnten bei fremden Leuten und erfuhren viel Schlimmes. Einmal kriegte ich von einem deutschen Soldaten einen Schlag mit dem Gewehrkolben auf den Hintern und flog einige Meter weit weg – ich hatte mit meinem Spielzeuggewehr auf eine deutsche Kolonne gezielt! Nur Mutters Verteidigung hat mich gerettet, denn der zweite Hieb des Soldaten hätte mir fast den Kopf zerschmettert. ‚Kleiner Partisan!' hat er geschrien ...

Als dann die Unseren vorrückten, mußten die Deutschen die Stadt Nikopol aufgeben. Zuvor haben sie die Stadt in Brand gesteckt. In der Nacht klopfte jemand an die Tür der Scheune, in der wir uns versteckt hatten. Mutter machte mit Angst auf. In den Raum kam der deutsche Soldat, der im Haus nebenan sein Quartier hatte, gab ihr zwei Scheiben Brot und sagte: ‚Hier, für Kinder, morgen werden Russen da sein, werden uns bom! bom!' Und er zeigte mit der Hand auf die brennende Stadt. – Den ganzen Krieg über haben wir kein Brot gegessen, nur irgendwelche Maisfladen, die Mutter verstand zu backen und auch einmal Maisbrei zu kochen. Und nun plötzlich: Brot! Noch lange habe ich mich an den Geschmack des deutschen Brotes erinnert.

Wirklich, es hat verschiedene Arten von Deutschen gegeben. Ich würde gerne mehr über jenen Kommandanten von Snamenka erfahren, in der Hoffnung, daß er nicht in die Erschießung von Juden verwickelt war. Ich möchte wenigstens seinen Kindern, Enkeln und Urenkeln Worte der Erkenntlichkeit und des Dankes sagen, damit sie von seiner Tat in jener Zeit wissen, da ein Menschenleben nichts galt und es schwer war, ein Mensch zu bleiben.'

Am 24. November 1999
Jewgenij Reweka, Psychiater, Saporoshje"

Sie waren in unseren Mülltonnen fündig geworden
(Bericht eines aufmerksamen jungen Mädchens)

„Unvergeßlich sind mir die Bilder aus meiner Jugendzeit von den endlosen Reihen von russischen Kriegsgefangenen und Zwangsarbeitern, wie sie an unserem Haus vorbeigingen oder – besser gesagt – vorbeigetrieben wurden zu dem Lager in unserer unmittelbaren Nachbarschaft. Es gab für sie eine Bewachung durch Uniformierte mit Gewehr und aufgepflanztem Bajonett. Es wurde sehr darauf geachtet, daß sie in Viererreihen nebeneinander mit angemessenem Abstand marschierten. Mit dem Gewehrkolben wurde auf sie eingeschlagen, einmal auch mit dem Bajonett zugestochen, als einer der Gefangenen von seinem Nebenmann zu Boden gestoßen wurde. Nachdem der zusammengeschlagen auf der Straße liegen blieb, durften zwei Mitgefangene ihn fortschleppen.

Am frühen Abend kehrten die Zwangsarbeiter zurück von ihrem Arbeitseinsatz im damaligen Gußstahlwerk in Witten-Annen. Ihre ausgemergelten Körper in dürftige Kleidung und Schuhwerk gehüllt, stapften sie dem Lager zu, in dem sie zu Hunderten untergebracht waren. In den Jahren 1942 bis 1945 prägte sich mir das Bild dieser dahinziehenden Menschen ein, von denen man aus Heranwachsenden (ich bin 1932 geboren) in der Schule sagte, es handle sich um Untermenschen.

Da wir neben dem Lager wohnten, wurde ich auch Zeugin des Abtransports der Toten aus dem Lager, bis 1943 noch in Särgen auf einem von Pferden gezogenen Flachwagen. Die leeren Särge kamen wieder zurück und wurden im Lager gleich wieder zum Vorrat aufgestapelt, für jedermann sichtbar. Von 1944 an wurden die Toten nur noch in Säcke gehüllt. In Massengräbern liegen 280 russische Kriegsgefangene und Deportierte auf dem Friedhof in Annen.

Meiner Erinnerung nach begleitete von diesem Jahr an eine zivile Bewachung die Kolonne der Arbeitssklaven. Es ging lockerer zu; in den damals üblichen Abfalleimern an der Straße durften sie nach Eßbarem suchen. Als im April die Amerikaner und Engländer Witten besetzten, blieb das Lager ohne Bewachung. Plündernd und prügelnd zogen die befreiten Arbeitssklaven durch die Stadt Annen und zahlten heim, was sie vordem erfahren und erlitten hatten. Wir allerdings blieben von ihnen verschont, obwohl wir direkt neben dem Lager wohnte. Und wie erstaunt war ich erst, als ich einen der ehemaligen Gefangenen in friedlichem Gespräch mit meinem Vater zusammensitzen sah! Die Leute waren in unserem Abfalleimer fündig geworden, die ganze Zeit lang, und bedankten sich bei meinem Vater dafür. Und mir dämmerte, daß Vater heimlich einiges dazu beigetragen haben mußte …

Die Argus-Augen der Nazis und ihrer Mitläufer warn ja überall; darum war es nicht ohne Risiko, diesen Menschen in ihrer bitteren Not zu helfen. – Eine Hausangestellte in einem Wittener Unternehmerhaushalt konnte nicht einsehen, daß sie Speisereste der Herrschaft wegwerfen mußte, während sie gleichzeitig für die russischen Zwangsarbeiter, die im Haus und Garten tätig waren, einen „Schweinefraß" kochen mußte. Sie gab die Nahrungsmittelreste an die russischen Arbeitskollegen weiter – und verlor deshalb ihre Stellung. Wegen familiärer Bindungen wurde von einer Anzeige bei der Polizei wegen ‚volksschädigendem Verhalten' abgesehen.

Daß Sie, geehrter Herr Pedak, dieses Thema aufgreifen, finde ich sehr lobenswert. Denn durch solche Erinnerung kann das Wissen darum wachgehalten werden, daß im Grunde alle Menschen dieselben Rechte haben.
Ingrid Borkenstein,
Witten"

50 Ukrainern das Leben gerettet

„Nachdem Ende Februar 1943 die sowjetischen Truppen die Siedlung Kotelwa im Gebiet Charkow zurückerobert hatten, richteten sie im dortigen Krankenhaus ein Lazarett ein. Die Front verlief 15 bis 20 km westlich. Eine deutsche Einheit, welche über die neue Lage nicht informiert war, fuhr am 2. März mit einem Panzerspähwagen und drei großen Lastwagen voller Soldaten in die Siedlung hinein. Die überraschten Rotarmisten schossen wild zurück und verwundeten einen deutschen Soldaten, der dann vom Lastwagen auf das Eis des Flußes hinunterfiel und dort liegenblieb, als die Fahrzeuge kehrt machten und sich in Sicherheit brachten. Dies bemerkte eine Sanitäterin, die um diese Zeit zur Arbeit ging. Sie bettete den Verwundeten auf einen Schlitten und brachte ihn ins Krankenhaus. Bei dem Soldaten waren die Knochen des linken Unterschenkels zersplittert. Der erfahrene örtliche Arzt mußte das untere Drittel des Unterschenkels amputieren; der Feldscher machte die Narkose. Auch die weitere Behandlung entsprach der bei russischen Soldaten üblichen.

Am 7. März mußten die sowjetischen Soldaten zurückweichen, denn deutsche Truppen griffen in Richtung Charkow an, und Kotelwa drohte die Umzingelung. Am 8. März waren wieder deutsche Truppen in der Siedlung. Der deutsche Kommandeur gab den Befehl, 50 Einwohner von Kotelwa als Geiseln zu ergreifen und zu erschießen, weil der deutsche Soldat von Zivilisten verwundet worden sei. Und deutsche Soldaten bereiteten alles vor, um Kotelwa selbst in Brand zu stecken.

Da kamen höhere Vorgesetzte zu dem deutschen Verwundeten ins Krankenhaus und er berichtete, daß er gut operiert worden sei und daß die Behandlung den Umständen entsprechend gut gewesen sei. Er bat die Vorgesetzten, an der örtlichen Bevölkerung keine Rache zu üben. Seine Bitte wurde erfüllt. Später erfuhren die Einheimischen, daß es sich bei dem verwundeten Deutschen um einen bekannten Wissenschaftler gehandelt habe. Gleich nach Kriegsende kam ein Brief in Kotelwa an, aber hier hatten alle Angst davor, ihn in die Hände zu nehmen – man hätte wegen Kontaktes mit dem feindlichen Ausland verfolgt werden können.

Heute erzählen unsere Lehrer ihren Schülern diese Geschichte. Dabei haben sie die Hoffnung, daß er noch am Leben ist, und wären glücklich, wenn sie ihn in die Ukraine einladen könnten, ggf. seine Kinder oder seine Enkel."

Iwan Makarenko"

Ihr Leben lang hat Mutter für ihn gebetet

„Geehrter Viktor Petrowitsch!

Ich bitte von ganzem Herzen, diesen Menschen in Deutschland zu finden, oder wenigstens Nachrichten über ihn:

Er hieß Willi Dunchen und lebte bis 1943 in Dortmund. In den Tagen des deutschen Rückzugs aus Dnjepropetrowsk gegen Ende des Jahres war er in dieser Stadt und arbeitete im Straßenbahndepot am Oserki-Platz, an unserer Straße, als Soldat in einer Reparaturwerkstatt für Wehrmachtsfahrzeuge. Meine Schwester war dort als Putzfrau angestellt.

In den Tagen des Rückzugs der Deutschen aus der Stadt, während der letzten Kämpfe, brachte er in seinem Auto meine Mutter, meine Schwester und mich zu Verwandten außerhalb der Stadt, weit hinterm Dnjepr. Damit hat er uns vorm sicheren Tode errettet. Denn als wir zurückkamen, waren alle Häuser in unserem Hofe vernichtet und verbrannt.

So sind wir also am Leben geblieben und durften nach mehr als zehn Jahren unseren Vater wiedersehen, der 1937 strafverfolgt und später rehabilitiert worden war. Die Peinigungen und Demütigungen, denen meine zwangsverschickten Altersgenossinnen in Deutschland ausgesetzt waren, blieben mir erspart, ich blieb in der Heimat und konnte ein Hochschulstudium beginnen, und vieles mehr.

Meine Mutter hat ihr Leben lang für ihn gebetet.
                Neonila Wasina,
                Nowomoskowsk,
                Gebiet Dnjepropetrowsk, Ukraine"

Dank für mein Leben

„In den Jahren des Krieges war ich noch ganz klein, ich bin 1940 geboren, aber ich erinnere mich dennoch, wenn auch nur bruchstückhaft, an die Gräueltaten, die in der Kriegszeit geschehen sind.

Meine Mutter, Miroschina-Aksjonowa N. Grigorjewna, war in der Besatzungszeit eine ‚Illegale'. Sie half den Menschen, wie sie nur konnte. Sie rettete Juden aus Babij Jar, sie teilte Flugblätter zum Widerstand gegen die deutschen Unterdrücker aus, sie versteckte Waffen für die Partisanen, selbst unter meinen Kleidern, und vieles Andere dazu, denn un-

Galina Wasiljewna Truchina mit Töchterchen Walli (1945)

sere Wohnung war als geheimer Treffpunkt bekannt. Wir wurden dann 1943 in ein Arbeitslager nach Deutschland gebracht – welches es war, kann ich heute nicht mehr sagen. Dort gab es, wie meine Mutter mir einschärfte, nicht nur Faschisten, sondern auch Deutsche, die mir das Leben gerettet haben. Sie rissen mich aus dem Konzentrationslager heraus, und ich kam zu einer Privatfamilie, irgendwo in Süddeutschland muß es gewesen sein. Mutter hat oft gesagt, daß sie die Namen dieser Menschen nicht kennt; ich solle ihnen mein Leben lang dankbar sein, daß sie mir das Leben gerettet haben. Wenn sie noch am Leben wäre (sie ist vor sechs Jahren gestorben), könnte sie mehr davon erzählen.

In jener Familie war auch ein Mädchen wie ich. Vielleicht haben Sie die Adressen solcher Leute, die russische Mädchen aus dem KZ retteten! Ich möchte so gern in meinem Alter, ich bin jetzt sehr krank, meinen Lebensrettern ganz großen Dank sagen – Dank für mein Leben!
                    Larissa Alexejewna Tokar
                    Kiew"

So ist auch das Schicksal unserer Landsfrau Galina Wasiljewny Truchina (sie lebt jetzt im Städtchen Kuschugum Sporoshjer Gebiet). Die schöne Galina wurde, als sie schwanger war, von einem der Werke in Wallheim in das KZ Dachau geschickt, wo sie am 5. Dezember 1944 ein Mädchen – Walli – zur Welt brachte. Und nur mit Hilfe einer deutschen Krankenschwester und eines wachhabenden Soldaten, welcher das Gitter am Fenster der Baracke aufbrach, gelang es ihr im März 1945 aus dem Lager zu fliehen und in solcher Wiese sich zu retten.

„Wo seid Ihr, gute Menschen?
Soll Gott Euren guten Ruf beschützen und Eure Kinder, so wie auch Ihr das Leben des ukrainischen Kindes Walli und ihre Mutti beschützt habt!"

Gedenken an Babij Jar

Sogar bei der unmenschlichsten Aktion der Faschisten, der Vernichtung der Kiewer Juden im Stadtteil Babij Jar, hat es ein Beispiel menschlichen Erbarmens gegeben. Ein junger deutscher Soldat entließ aus der Reihe der dem Tod Geweihten eine junge Frau, die ein Kind auf dem Arm trug. Die Dichterin Ida Ostrowska, selbst Bürgerin von Kiew, hat darüber ein Gedicht verfaßt:

„Urplötzlich taucht wie wieder auf,
die ferne, fürchterliche Stunde,
da er, ein blutjunger Soldat,
den Tod von Frau und Kind entschieden!
Er folgte einer inneren Stimme,
rettete die Mutter samt dem Kind -
ich stellte gerne mich vor ihn,
wenn er den Ungehorsam büßt ...
Wo ist er jetzt? Am Leben noch,
oder schon unter Rasens Grün?
Wie war ihm – hat er im Gesicht
den eigenen Sohn vor sich gesehen?
Das Antlitz der Geliebten jäh erblickt?
Mich ängstet der Bestrafung Hölle,
ich schrei den Flammen zu ein dreifach Nein!
Die Frau aber läuft fort,
und sie rettet ihr Kind
aus der Hölle ins Leben!"
Ida Ostrowska

Onkel Iwan, du bist lieb!

„Es war im Winter 1946/47 – wir waren eine Holzfällerbrigade von jungen Offizieren aus dem Lager Kuokalla, russisch Sestroretsk. Ein russischer Oberleutnant von der Pioniertruppe, der Deutsch verstand, war für uns verantwortlich. Eines Abends nach Arbeitsschluß wurden wir ‚vergessen': Es kam keine ‚Maschine', um uns abzuholen. Wir holten Holz zusammen, zündeten ein Feuer an und setzten uns darum her, um warm zu bleiben. Es dauerte und dauerte ... Endlich brachte die Langeweile einen von uns auf eine Idee: Es solle jeder jetzt sein ‚tollstes' Kriegserlebnis erzählen. Und wir fingen an. Wahrscheinlich wollten wir auch dem russischen Oberleutnant damit imponieren – vielleicht ihm sogar zeigen, daß auch wir einst als Soldaten ‚Kerle' gewesen seien. So erzählten wir reihum. Was waren wir doch alle Helden gewesen! Ich muß dazu leider gestehen: ich auch!

Schließlich, als wir damit am Ende waren, rückte einer heraus: ‚Na, Oberleutnant, hattest du auch ein ‚tollstes' Kriegserlebnis?'

Der besann sich etwas: ‚Ja, das hatte ich wohl. Es war schon in Deutschland. Wir lagen in einem Dorf, das ganz zusammengeschossen

war. Wir glaubten, alle Einwohner seien geflüchtet und keiner mehr da. Wir waren schon 14 Tage darin, da lief uns ein kleiner, weinender Junge in den Weg, der aus einem Keller gekommen sein mußte. Als wir ihn bei der Hand nahmen, führte er uns zu seiner Mutter, die sich mit einem weiteren Kind in einem Keller versteckt hielt. Im Nu hatte sich die ganze Kompanie aus dem Dorfe um die Mutter mit ihren beiden Kindern versammelt. Und dann wollte jeder die Kinder herumtragen, ihnen eine Kleinigkeit schenken. Dann brachten sie herbei, was sie fanden, wollten den Keller als Wohnung einrichten, ein bißchen schöner machen. Als wir nach ein paar Wochen abkommandiert wurden, hatte ich mein ‚tollstes' Kriegserlebnis: Als ich den Jungen noch ein letztes Mal auf den Arm nahm, streichelte er meine Wange und sagte: ‚Onkel Iwan, du bist lieb!'
                     niedergeschrieben von Gottfried K.,
                     Offenburg"

Ich habe dich geliebt und verloren, aber nie vergessen!

Die im folgenden Briefwechsel geschilderten Geschehnisse berühren so nahe den persönlichsten Bereich zweier Menschen, daß es geraten erscheint, hier ihre Namen und auch die meisten Ortsnamen verändert wiederzugeben. Das ändert nichts an den Tatsachen des Geschehenen.

„Sehr geehrter Herr Pedak!   27. Mai, 1994
    Durch Ihren Artikel in einer hiesigen Zeitung erfahre ich, daß Sie dankenswerterweise Schicksale Ihrer Landsleute recherchieren, die während des Zweiten Weltkrieges mit Deutschen gute Erfahrungen gemacht haben.
    Ich halte diese Tätigkeit der Unterstützung wert und auch für sehr notwendig, da ja in den verflossenen 50 Jahren die Reihen derer, welche damals die Schrecken des Krieges erleben mußten, stark durch den Tod gelichtet worden sind. Warum ich Ihre Idee aufgreifen und Sie um eine entsprechende Nachforschung bitten möchte, das hängt damit zusammen, daß ich im Jahre 1943 als junger Offizier mit meiner Einheit ganz in der Nähe Ihrer jetzigen Adresse am Ufer des Donez im Dorfe W. gelegen habe.
    Ich war zu dieser Zeit Chef einer Reiterschwadron und war darüber hinaus im Divisionsabschnitt für die Einbringung der Getreideernte verantwortlich. In dieser Funktion war es mir möglich, auch den ukraini-

schen Erntehelfern und der Bevölkerung manchen Sack Getreide zuzuschieben, obwohl das offiziell verboten war. In dieser Tätigkeit lernte ich ein junges Mädchen aus W. und ihre Familie kennen. Sie sprach ein perfektes Deutsch und konnte mir als Dolmetscherin dienen. Zur Familie gehörten, da der Vater abwesend war, noch die Mutter und eine jüngere Schwester. Aufgrund meiner Stellung konnte ich der Familie damals helfen, die schwere, entbehrungsreiche Zeit zu überstehen. Entgegen dem damals gültigen Befehl pflegte ich zu der Familie einen engen und freundschaftlichen Kontakt und nahm dafür eine Bestrafung oder Degradierung in Kauf; und meine Soldaten unterstützten mich voll darin, so daß es keine Schwierigkeiten, auch nicht seitens des Kommandeurs, gegeben hat. Aus dieser Hilfsbereitschaft heraus hat sich dann zu der älteren Tochter – Irina mit Namen – eine große, saubere und selbstlose Liebe ergeben. Es würde zu weit führen, unsere Gefühle zu schildern; nur so viel: Wie das unter Liebenden so üblich ist, schenkten wir uns gegenseitig ein Bild. Ich habe damals im Sommer 1943 als Widmung auf mein Bild einen Satz geschrieben, der im nachhinein einen geradezu prophetischen Sinn bekommen hat:

*‚Erst wenn sich unsere Völker so lieben wie Du und ich –
erst dann ist Frieden auf der Welt'*

Das habe ich damals aus vollem Herzen so empfunden und so ausgedrückt. Ich würde auch das Band der heutigen Freundschaft, die unsere Völker verbindet, nicht anders und nicht besser ausdrücken können.

Damals waren wir ja noch so jung, Irina war 18–19 Jahre alt, und ich 24 Jahre. Ich bin dann im Sommer 1943 zum vierten Mal verwundet worden und wurde von der Front über Poltawa nach Deutschland ins Lazarett ausgeflogen. Bis Poltawa fuhren wir in meinem Gefechtswagen, ich hatte noch ein paar Verwundete bei mir. Langsam rollten wir an einer ukrainischen Flüchtlingskolonne entlang. Aus dieser Kolonne sprang ein Mädchen hervor und auf mein Fahrzeug zu – es war meine Irina! Ich war von Blut verschmiert, wir fielen uns vor aller Augen weinend in die Arme … Ich habe dieses Mädchen in all den zurückliegenden Jahren nie vergessen und auch in meiner Familie oft von dieser großen und reinen Liebe gesprochen. Wenn Irina heute noch lebt, müsste sie so um die 70 Jahre sein; ich habe mir vorgenommen, ihr jegliche Hilfe zukommen zu lassen, zu der ich gottlob heute imstande bin. Auch ein Besuch liegt in meiner Möglichkeit, aber nur, wenn er gewünscht wird. Wenn sie, was möglich ist, in der Zwischenzeit verstorben ist, würde ich wohl einen Weg finden, um mit einem Blumenstrauß an ihrem Grab ihrer zu gedenken. Dieses Mädchen war damals meine große Liebe; ich war bereit, sie zu heiraten, und hätte auch einen weg gefunden, sie nach Deutschland zu schmuggeln. Ich habe ihr das auch bei unserer letzten Begegnung auf dem Weg gesagt, aber sie sagte mir: ‚Herbert, ich kann meine Mutter und Schwester nicht allein lassen, es geht nicht.' Das war schmerzlich, aber auch für mich verständlich. Wir haben uns nie mehr wiedergesehen.

Herbert K. in T."

Zwei Monate später ist es gelungen, Frau Irina ausfindig zu machen, und am 5. August 1994 schreibt sie folgenden Brief:

„Sehr geehrter Viktor Pedak und Ihr liebes Töchterchen Lena!
 Verzeihen Sie mir, daß ich nicht sofort geantwortet habe. Ich war krank, hatte hohen Blutdruck: 220:110. Ich habe Tag und Nacht geweint. Mein Sohn hat gesagt, ich solle Herbert K. die ganze Wahrheit schreiben, ich solle auch zu unserer Tochter fahren und ihr das Geheimnis anvertrauen. Nun ist mein Mann heute zur Tochter gefahren. Ich habe ihn beschworen zu schweigen – vielleicht ist dieser K. und unser G. auch gar nicht derselbe Mensch – er hat sich so anders geschrieben! Meine Tochter hat auch hohen Blutdruck, ich bitte Sie sehr: wenn das nicht derselbe Herbert ist, verbrennen Sie meinen beiliegenden Brief und schicken Sie mir das Foto zurück! Alles Gute – und möge Ihr Weg von Glück und Erfolg begleitet sein!

Ihre Irina"

Und so lautet der beigelegte Brief von Irina:

„Unvergessener Herbert!
 Aber bist Du denn dieser Herbert? Ich habe Dich damals anders geschrieben als Du Dich heute schreibst.
 Alles, was sich mir im Gedächtnis gesammelt hat, habe ich mir aufbewahrt: jener unvergeßliche Herbert war nicht groß von Wuchs, hatte große dunkle Augen, eine hohe Stirn, einen kurzen Rücken und lange Beine, wie es sich für einen Kavalleristen gehört. Er war ein fröhlicher Mensch. Die unterste Zahnreihe war ungleichmäßig, ein Zahn war

krumm gewachsen. Er bekam noch Briefe von einem Mädchen aus Frankreich, die er mir zeigte. Einmal schaltete er das Radio ein. Die russische Welle berichtete über die Kämpfe um W., unserem Heimatdorf! es seien zwei Menschen gefallen und drei verwundet. In Wirklichkeit war unsere ganze Dorfstraße voller Toter gewesen. Ich stand da, horchte und weinte heftig. Er schaltete das Radio aus und wehrte mir, ich solle ihn nicht anfassen. Ich müsse ihm das versprechen. Er war höflich und streng, auch sehr pünktlich. Alle Einwohner von W. evakuierte man nach S., dem nächsten Dorf. Die Front ging damals durch den Fluß Severskij Donez. Er fand uns in S., und er half meiner Mutter und mir nach W. zu fahren, wo wir in der noch brennenden Scheune unsere Sachen zusammensuchten: die handbetriebene Nähmaschine, die Dokumente, das Geld. Er ritt auf seinem Pferdchen uns voraus auf der Straße, stramm und gerade im Sattel sitzend, und beschützte uns vor den scharf schießenden deutschen Soldaten. Er war bescheiden und zuvorkommend. Das schwarze Kleid, das ich zur Trauer um meinen gefallenen Bruder trug, konnte er nicht leiden; er überredete mich, ein helles Kleid anzuziehen und mich mit ihm fotografieren zu lassen. Wir haben auch ein Foto bestellt. Er hat mir, ohne es zu wissen, das Leben gerettet. Weißt Du es noch, wenn Du es bist? Das letzte Mal haben wir uns am Ufer des Donez getroffen. Wir haben im Fluß gebadet und gemeinsam gegessen – ich eine Melone und er eine Tomate. Er bat mich, ich solle mit ihm zu seinem Vater fahren. Ich antwortete, daß ich die Mutter, die Schwester und die Heimat nicht verlassen könne. Das war unser letztes Stelldichein. Noch nach 51 Jahren fühle ich, daß er am Leben ist, sich meiner erinnert und mich sucht, obwohl er schwer verwundet war.

Und noch glimmt die kleine Kohle unter der Asche. Er ist doch der Vater meiner Tochter. Wie viele schlaflose Nächte habe ich geweint! Mein ganzes Leben lang habe ich mein bitteres Geheimnis gehütet. Mehrmals habe ich dem Tod ins Auge geschaut. Wenn Du das bist, dann wisse, daß wir eine Tochter haben, Lidija. Sie ist 50 Jahre alt, Telefonistin von Beruf; unser Enkel ist 31 Jahre und heißt Igor, und wir haben auch schon eine achtjährige Urenkelin.

Neun Jahre habe ich nach dem Kriege auf Dich gewartet, dann habe ich mich verheiratet. Mein Mann war auch im Kriege, er ist jetzt 72 Jahre alt. Wir haben drei Söhne. Vater ist noch als Lehrer im Schuldienst, wir haben zusammen das Pädagogische Institut besucht. Auch meine Schwester, die du kennst, hat das Lehrerexamen gemacht. Sie hat zwei Kinder.

Für mich warst und bleibst Du die allerschönste Seele, der unvergessene, unwiederholbare, teuerste Freund meines ganzen Lebens, in dem es so viele Plagen und Tränen gab.

Deine Gestalt war immer mit mir, mein Leben lang. Aber ich habe mein Geheimnis so verborgen, daß auch die Tochter nicht wußte, wer ihr Vater ist. Ich kann mich an alles, alles erinnern!

Denn dem Herzen kann man nicht befehlen.

Bist Du gesund? Was bist Du von Beruf? Was für eine Familie hast Du? Bedanke Dich bei Viktor Petrowitsch, dem Journalisten, und seiner Tochter Lena, die mich unter großen Schwierigkeiten gefunden haben!

Ich wünsche Dir langes Leben, gute Gesundheit und Wohlergehen. Ich umarme Dich und küsse Dich Millionen Male, Du Vater meiner Tochter, Du mein Lebensretter und mein Freund!

Schreibe mir!

Irina"

Und die Antwort läßt nicht lange auf sich warten. Am 29. August schreibt Herbert einen Brief, der alles bestätigt:

„Liebe Irina!

Der Himmel stürzt ein, wenn es ihn denn gibt! Das erhoffte Wunder ist wahr geworden – Du lebst noch, und ich kann Dich erreichen, welch ein überwältigendes Gefühl der Erinnerung, des Glücks! Ich küsse ganz zart Dein Herz und Deine Seele und streichle mit meinen Händen behutsam über Dein liebes Gesicht. Das soll Dir Kraft geben, Trost und Zuversicht, denn Du sollst wissen: Ich habe Dich geliebt. Dich verloren, aber nie vergessen!

Oft habe ich um Dein Leben gebangt. Hattest Du doch den Mut, zu jener Zeit, als unsere beiden Diktatoren Hitler und Stalin gegeneinander Krieg führten, Deine Liebe zu mir öffentlich zu zeigen! Wir gingen Hand in Hand durchs Dorf, deswegen hätte man Dich ja nachher verraten können!

Gottlob ist Dir offensichtlich nicht wegen unserer Liebe ein großer Nachteil entstanden. Dafür bin ich dem Schicksal dankbar.

In Deinem Brief fragst Du mich, ob ich der richtige Herbert sei. Natürlich bin ich der richtige Herbert, der alle Deine Erinnerungen an damals noch genau in sich trägt. Zur Kontrolle liegen meinem Brief einige Bilder bei, die zum Teil auch meine Frau und die beiden Söhne enthalten. Ich habe die Jahreszahl und eine Inhaltsangabe darunter geschrieben.

Ich kann mich an die Flucht mit Pferd und Wagen noch gut erinnern. Du lagst mit Deiner Mutter unter Heu und Stroh, das wir extra zur Tarnung aufgeladen hatten, versteckt im Wagen; ich habe Dich und Deine Mutter unter dem Schutz unserer Soldaten zunächst in unser Bunkerlager gebracht, wo Ihr beide dann die Nacht verbracht habt, bewacht durch einen deutschen Posten vor Eurem Bunker, damit nichts passieren konnte. Es war ja auch für mich eine gefährliche Situation, aber das war mir damals völlig egal, und auf meine Soldaten konnte ich mich verlassen. Fritz V., der damals mein Bursche war, lebt auch noch, und wir haben immer noch Verbindung miteinander. Er hat den Bauernhof seines Vaters übernommen. Ich habe ihn sofort angerufen und ihm gesagt, daß ich Dich gefunden habe. Er war sprachlos, und er läßt Dich herzlich grüßen. Er war eine treue Seele, der mehr Angst um mich hatte als um sich selbst.

Genau so gut erinnere ich mich an unsere letzte Begegnung am Dnepr. Ich kam damals aus dem Lazarett aus Dnepropetrowsk, sah auf der Straße Deine Schwester stehen und fragte nach Dir. Sie führte mich zu Deiner Mutter und dann kamst Du – unsere Umarmung bringt heute noch mein Herz zum Klopfen! Auch an unser gemeinsames Bad kann ich mich gut erinnern. Nur, daß Du eine Melone und ich eine Tomate gegessen habe, das ist mir entfallen.

Es waren ja nur wenige Stunden – ich mußte zur Front und durfte nicht länger bleiben. Nach erneuter Verwundung, nur einige Tage später, bin ich nach Deutschland ins Lazarett gekommen und von dort zu einem Lehrgang für Stabsoffiziere. Dort habe ich von Dir noch einen Brief bekommen, den Du mir durch einen Feldwebel zustellen ließest. Das war das letzte Lebenszeichen von Dir …

Du fragtest nach meinem jetzigen Beruf. Ich war gelernter Diplomlandwirt, konnte aber meine Pläne in dieser Richtung nicht verwirklichen, weil das Gebiet in Ostpreußen, wo ich hin wollte, infolge des verlorenen Krieges an Rußland gefallen war. Ab November 1945 war ich im Verkehrsministerium in Düsseldorf tätig und konnte damals vielen Leuten helfen, eine eigene Existenz aufzubauen. 1955 habe ich mich dann als Automobilkaufmann selbständig gemacht. 1975 habe ich diesen Betrieb gut verkaufen können, da ich um diese Zeit Schwierigkeiten mit dem Herzen hatte.

Geheiratet habe ich am 3. September 1955. Meine Söhne sind 1956 und 1958 geboren. Meine Frau Anneliese ist eine liebe, fleißige Frau und eine gute Mutter. Sie war geprüfte Krankenschwester und ist dieses Jahr in Rente gegangen. Wir wohnen in einem schönen Einfamilienhaus, eine Autostunde von Salzburg entfernt.

Ich glaube an Rußland. Ein Volk mit so einer alten, hochstehenden Kultur kann nicht untergehen. Die jetzigen Schwierigkeiten, die in der Umwandlung einer Diktatur in eine Demokratie begründet sind, sind durchaus normal. Der russische Mensch hat ja nicht nur die Diktatur Stalins überstanden; auch das Zarenreich war keine Demokratie nach heutigen Vorstellungen gewesen. Das Volk hat seit über 200 Jahren nur Unterdrückung erlebt. Es gilt immer noch meine Feststellung, die ich 1943 wohl prophetisch auf mein Bild geschrieben habe:

*‚Erst wenn sich unsere Völker so lieben wie Du und ich,
erst dann ist Frieden auf der Welt!'*

Unsere beiden Völker nähern sich dem jetzt erkennbar. Die finanzielle Unterstützung und wirtschaftliche Zusammenarbeit sind ein Beweis dafür, daß auf deutscher Seite der gute Wille dazu vorhanden ist, auch wenn wir im eigenen Land auch Probleme haben. Alle meine Freunde, die in den letzten Jahren zu Besuch in Deinem Land waren, sind von der Gastfreundschaft Deiner Landsleute überwältigt – ist das nicht die schönste Liebeserklärung an Deine Heimat? Liebe Irina, nur nicht den Mut verlieren! Wir beiden werden vielleicht nicht mehr erleben, wie unsere Nationen Freundschaft schließen werden – aber unsere Kinder und Enkel werden sich darüber freuen!

Liebe Irina, verzeih mir diesen gedanklichen Ausflug in die Zukunft – aber ohne eine positive Vision gibt es keine Entwicklung, die uns voranbringt.

Was ist aus Deiner Mutter und Deiner Schwester geworden? Was machen Deine Kinder? Gib mir bitte eine genaue Adresse und schreib mir auf, wie ich fahren muß, wenn ich Dich aufsuchen darf.

Ich freue mich, dass Du lebst, und wünsche Dir von Herzen alles Liebe und alles Glück dieser Erde. Für heute bin ich in aller liebender Verbundenheit an Dich und Deine Lieben immer
Dein Herbert"

Auf der anderen Seite aber haben sich Irinas Bedenken inzwischen verstärkt. Nochmals schreibt sie an Viktor Pedak:

„… Sie wollen, daß ich Ihnen schreibe, wie meine Tochter die Kunde aufnahm, wer ihr Vater ist. Ich habe Angst vor dieser Aussprache. Ich weiß, wir werden beide in Tränen zerfließen. Mein Mann hat sie besucht, aber ich habe ihn beschworen, nichts davon zu sagen. Sie hat ohnehin viel Kummer. Ihr Sohn hatte einen Motorradunfall und mußte eine Knieoperation durchmachen. Wozu sie beunruhigen? Vielleicht wird es nur ein weiterer Schicksalsschlag für sie? Und weiß ich denn genau, daß er es ist?

Ich warte auf Nachricht, und eine eisige Kälte schüttelt meine Seele. Ich fühle mich wie ein Zweiglein, das in einen fremden Scheiterhaufen geworfen wird. Wie viel wurde da aufgewühlt, an Fernem und doch Erlebtem, an Unvergeßlichem und doch so Schmerzhaftem.

Ein Fremder bist du,
aber hast mich nicht vergessen.
Und bis zur letzten Stunde
gedenke ich deiner!"

Und ihrer Schwester vertraut sie sich an:

„Schwer ist unser Lebensweg … Ich habe gerade alle Enkel bei mir. Klara, ich will Dir die Wahrheit sagen. Ich bin so froh, daß Herbert am Leben ist und uns sucht. Meine Intuition sagt mir: Das ist er.

Als ich damals vor der Entbindung in die Kirche ging und Kerzen anzündete, dem Vater, ihm und den Brüdern – da brannte seine Kerze und die des einen Bruders, aber Vaters Kerze und die des jüngeren Bruders erloschen, obwohl ich mich mühte, das Feuer zu erhalten. Ich vergoß damals so viele Tränen, daß mein Kleid naß war bis zum Gürtel. Und siehe da: Unser älterer Bruder kam zurück, und Herbert ist vielleicht auch am Leben geblieben. Ich wünsche ihm Glück und Gesundheit. In meiner Seele ist er zuhause als großer Freund – aber eigentlich war er ja unser Feind – ist das nicht paradox?

Dem Herzen kann man nicht befehlen. Und von sich selbst kann man nichts herausreißen. was kann ich mit meinem Gebet?

Ich träume von einem Wiedersehen mit Herbert. Aber ich habe Angst vor dem Gespräch mit Lidija. Sie ist auch ohne dies unglücklich. Einundfünfzig Jahre lang habe ich ihr die Wahrheit verborgen, habe sie vor weiterem Kummer schützen wollen. Von allen meinen Kindern ist sie die Beste, so herzlich, gutmütig, fleißig; aber Glück hat sie nicht.

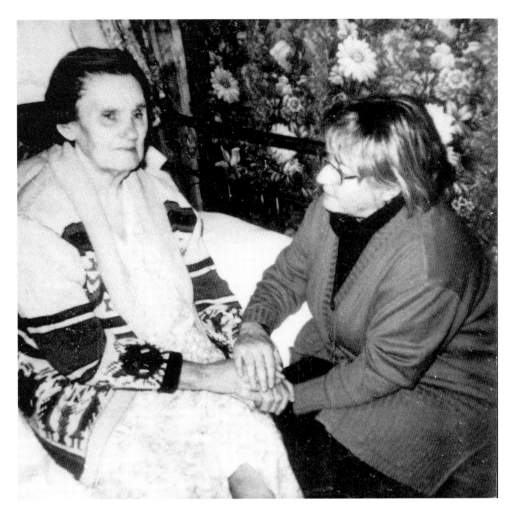

Wieviel Verzicht, Leid und Bitternis hat diese Frau
ihr Leben lang tragen müssen …?

Ich erinnere mich an den Bruder unserer Großmutter aus Charkow, Ignat Danilowitsch, der im Ersten Weltkrieg an der österreichischen Front kämpfte und sich von dort eine Frau mitbrachte; sie schenkte ihm einen Sohn Iwan, der später mein Patenonkel wurde, starb aber bald darauf. Der Alte hat sich nie mehr verheiratet, obwohl er ein reicher und schöner Mann war. Er hat uns oft mit Honig und Birnen bewirtet. Vielleicht hat er mir sein Schicksal weitergegeben, daß ich mich so in einen Deutschen verliebt habe …
      Irina"

Und dann muß der Brief aus Deutschland gekommen sein. Von da an nahm das Verhängnis seinen lauf. Irina klagt ihre Not Viktor Pedak, der den Briefwechsel vermittelt hatte:

„Verzeihen Sie mir diesen späten Brief! Ich war wieder krank. Die Seele zerreißt ein gräulicher Schmerz. Ich halte mich mit allen Kräften aufrecht. Ich bin dem Schicksal so dankbar, daß ich in meinem Lebensabend noch etwas über diesen Menschen, die reinste Seele in der Welt, erfahren konnte. Ich bin auch Ihnen dankbar für Ihre Arbeit, für den Brief, das Geld und das Foto von Herbert. Ich bin froh, daß Herbert glücklich ist als Ehemann, als Vater und Mensch überhaupt.

Aber ich muß meinen bitteren Kelch bis zum Ende leeren. Zwei Tage ließ mein Mann mich nicht ins Haus hinein. Mein Sohn kam und befahl ihm, mich wieder aufzunehmen. Da schloß er mich ins Schlafzimmer ein und gab mir zwei Tage kein Tröpfchen Wasser, kein Tässchen Tee, kein Stückchen Brot. Und schlug zu, nicht ins Gesicht, aber in mein Gehirn mit groben, vulgären Schimpfwörtern. So ein Schock war das für ihn. Und am Ende jagte er mich aus dem Hause und sagte dem Sohn, er werde mich umbringen und sich selber auch. Der Sohn sagte, ich solle zur Schwester fahren und dort bleiben, bis der ‚Orkan' ein Ende nimmt. Ich ging zur Schwiegertochter, aber er dachte, ich sei bei der Tochter in S. und ging 28 km zu Fuß, um auch dorthin zu kommen, was zur Zeit sehr schwierig ist. Was er dann dort geschwätzt hat, kann ich mir vorstellen. Ich telefonierte dann der Tochter, daß sie etwas organisieren soll.

Gott sei Dank, daß Herbert nicht selber gekommen ist! Dieses Zusammentreffen wäre vermutlich verhängnisvoll ausgegangen. Ich glaube zu verstehen, wie sich Herbert danach sehnt, das Kind von seinem Fleisch und Blut zu sehen, und auch mich und meine Söhne. Er ist ja ein ehrlicher und warmherziger Mensch.

Es ist mir bestimmt sehr schwer gefallen, das Zuhause, die Familie und die Ehe zu verlieren. Aber ich habe ja von seiner Seite nie ein Mitgefühl für mich und meine Tochter verspürt. Auch in der Schule hatten alle Angst vor ihm. Er leitete die Lehrabteilung der Mittelschule, wenn er auf den Gang hinausging, verstummten alle Schüler …

Es war für mich so angenehm, in die Welt der Träume zurückzukehren, obwohl ich dafür sehr teuer bezahlen mußte. Herbert, das war für mich wie ein Fest, wie ein Widerhall meiner Jugend, die so schwer gewesen war. Mein ganzes Leben trage ich in meiner Seele den Gedanken an mein verlassenes Nestchen mit mir herum, eine schwere Bürde.

Möge Gott Sie behüten, daß Sie auf Ihrem Lebensweg nichts falsch entscheiden! Ich bin Ihnen so viel schuldig. Mit Gottes Hilfe werden wir uns vielleicht einmal treffen; ich will Sie als jüngeren Bruder annehmen.
Ihre Irina"

Für sich aber betrachtet sie im Verborgenen die Bilder, die Herbert ihr geschickt hat, und beantwortet seinen Brief:

„O mein Gott! Wie schön bist Du, wie schön sind Deine beiden Söhne! Und wie schön ist Deine Anneliese! Wie glücklich seid Ihr! ... Ich freue mich, daß Du glücklich bist.

O, Ihr seid Euch so ähnlich, es gibt so viele ähnliche Züge in Deinem und Lidijas Gesicht: Deine Stirn, das Gesichtsoval, Deine Nase; nur die Augen sind von mir. Sie ist auch so fleißig, wie Ihr es seid, und eine gute Hausfrau.

Der Enkel Igor ist mehr seinem Vater ähnlich; er ist ein kräftiger und starker Junge gewesen, aber seit dem Motorradunfall hinkt er ein bißchen. Ihm mußte ich damals die Brust geben, denn Lidija war ein Kriegskind mit kranker Bauchspeicheldrüse. Sie wird froh sein, daß sie jetzt fünf Brüder hat. Ich schicke Dir ein Bild von ihr, von Igor und mir. Mutter ist schon 1973 gestorben. Ich bin schon Großmutter, habe sechs Enkel und eine Urenkelin. Wir haben ein Haus gebaut, unsere Kinder und Enkel aufgezogen, haben Bäume gepflanzt und auch viele, viele Blumen. Nun habe ich meine Familie und mein Haus verloren. Ich werde bei meiner Schwester wohnen. Ihr Mann ist krank und schon seit drei Jahren ans Bett gefesselt. Wir werden ihm aufwarten und einander helfen.

Ja, vor der Logik des Lebens ist der Mensch oft ohnmächtig. Ich will Dich wiedersehen und habe doch große Angst davor. Nichts kann Dich aus meinem Herzen verdrängen. Du warst doch eigentlich mein Feind! Aber für mich seid Ihr alle wie Verwandte. Wofür sich da jetzt verstellen und schweigen? Möge Deine Anneliese mir nicht böse sein ... Ich trage Deine Gestalt in mir durch alle dornigen Wege meines langen Lebens. Und dieses geheimnisvolle Gefühl kann mir niemand wegnehmen.
Ich küsse jede Zeile Deines Briefes
Irina"

Und ihre Schwester fügt hinzu:

„Ich erinnere mich noch gut an Sie und unsere Begegnung. Gott hat Ihr Leben beschützt in schweren Kriegsjahren. Ich bin Ihnen dankbar, daß Sie uns damals unsere Irina nicht weggenommen haben. Ich habe ihr bei der Erziehung von Lidija geholfen. War ja damals noch nicht 14 Jahre alt. Ich freue mich, dass Sie gesund und glücklich sind.
  Klara"

Während solche Briefe unterwegs waren, steigerte sich Irinas Ehemann noch mehr in seinen Zorn hinein. Er versuchte die Familie gegen seine Frau zu beeinflussen. Und das so: „Ich werde anstreben, daß die Kinder für immer vergessen, wer ihre Mutter ist!" Auch Viktor Pedak gerät in die Schußlinie. Er erhält wütend geschriebene Briefe; die darin enthaltenen Beleidigungen und Drohungen brauchen hier nicht wiederholt zu werden, wohl aber jene Schlüsselstelle:

„Ihr Vater ist im Kriege gefallen, die Ehre seiner Familie verteidigend; aber sein geliebtes Töchterchen war aus ‚patriotischen' Gefühlen einem ‚Fritz' gefällig. Wenn ihr Vater noch am Leben wäre, würde er sie in die Hölle verdammen."

Das verletzte Nationalgefühl hat hier wie ein Kurzschluß alle Sicherungen durchgebrannt. Menschliches Interesse oder Mitgefühl haben keinen Raum mehr. Auch die treue Lebensgefährtin wird dem Feindbild geopfert. Ein Grund mehr, verletzte Nationalgefühle immer und überall in der Welt sehr ernst zu nehmen! Die Tochter Lidija, einseitig von ihrem Vater beeinflußt, erliegt weithin seiner Argumentation, kündigt Viktor Pedak ebenfalls die Freundschaft auf und erklärt: „Vater ist nicht der, welcher in die Welt brachte, sondern der, welcher aufzog. Wo war er, als wir kein Stückchen Brot und nicht einmal warmes Wasser hatten?" Ihrer Mutter droht sie, die Verbindung zu ihr abzubrechen, wenn sie den Briefwechsel nicht abbreche.
 So endet denn der letzte Brief der Mutter an Herbert:

„Also, ich bitte Dich, ich flehe Dich an, ich beschwöre Dich! Schreibe nicht mehr, komme nicht und suche nicht mich zu treffen! Denn die Folgen sind unberechenbar. Großen Dank für Deine Menschlichkeit! Und

bestelle bitte auch herzlichen Dank an Deinen Burschen Fritz, der in der schweren Lage 1943 meinetwegen so viel riskiert hat.
             In großer Verehrung und Dankbarkeit
             Irina."

Diese Frau weiß zu verzichten. Wieviel Leid und Bitternis sie das kostet, kann man ihrem Brief an den Verfasser abfühlen:

„ … Ich bin glücklich in meinem Unglück. Ich freue mich, daß ich so eine große Stelle in seinem Herzen einnahm. Ich bitte Gott: Möge doch die Erinnerung an mich nicht eine einzige Freude in seinem Leben mit Anneliese vergiften! Ich wünsche ihm nur Glück, Freude und Wohlergehen in seiner Familie. Ich segne ihn mit Tränen in den Augen, daß er glücklich sei mit Kindern, Enkeln und Freunden. Soll in ihm immer reinste Hoffnung, Glaube und Liebe sein! Und wenn der Tod zu mir kommen wird, werde ich ihn bitten, daß er meinem Liebsten über meine Liebe erzähle, mit meiner Stimme, meinem Blick und letzten Abschiedsseufzer … "

Nur ihre Schwester und eine Schwiegertochter halten weiterhin zu Irina und bezeugen Verständnis für sie. Und da sind die Enkel, Kinder einer neuen Generation, und leben ohne jegliches Vorurteil mit der Großmutter zusammen. Und sie verstehen zu trösten:

„Meine Irusja lief mir nach und brachte mir, als sie mich in meinem Kummer sitzen sah, zwei Butterbrote (ihr Schulfrühstück) und sagte mir mit solch einem traurigen Gesicht: ‚Da, nimm, Babuschka, du bist doch hungrig!'"

Was ihr in der großen Traurigkeit geblieben ist, ja, was sich mehr und mehr verstärkt hat, ist das starke Heimweh nach jenem Dorf am Sewerskij Donez. Es ist eilig wieder aufgebaut worden, aber an der Stelle des Elternhauses ist nur noch ein leerer Platz.

Hochwasser am Sewerskij Donez

Es ist schwer, und darf man denn überhaupt so etwas richten, solche Liebe, welche die Jugend beschienen hatte, welche durch das ganze Leben getragen ist, welch sie am Ende besengte.

Ich denke, es werden sich solche Leute finden, die sie verfluchen werden, etliche werden sie richten, aber es wird auch solche geben, die vor der besiegenden Kraft solcher Gefühle auf die Knie fallen werden: „Erst wenn sich unsere Völker so lieben, wie Du und ich, erst dann ist Frieden auf der Welt." Und vielleicht wird es solche geben, die wie die Dichterin Irina Koroljowa ihnen ihre Poesie widmen werden:

Echo der Liebe
Wo ist Freude – wo ist Kummer?
Immer wollt dies wissen ich,
– o Gott, schicke mir die Muse,
daß ich's schreibe im Gedicht!
ich quälte mich, ich starb –
Gott half mir zu genesen.
Mein Retter war der Traum,
er schenkte für Plagen
die wunderbare Welt,
wo aus dem Zauberborne
die ew'ge Liebe quellt.
Aus bunten Splittern dieser Träume
zusammen fügte sich mein armes Herz.
Und für die schweren Tage,
ein Leben wie im Traum,
bekam ich solchen großen,
solch unermessenen Lohn:
ein Brief klang aus der Ferne
wie Echo jüngster Zeit
in der wir uns verschmelzen
in Gottes Ewigkeit.
Da blaut des Himmels Sphäre
im lichten Mondenschein,
du liebes Heimatdörfchen
liegst unterm Schnee so rein!
Nicht war nunmehr so schrecklich
das Blut an deinem Arm,
der Kugeln heiß Gebell,

der Minen dumpfer Krach.
Aufstand der jungen Liebe –
das Leben geht vorbei.
Und doch: er lebt, er lebt!
Der Traum ist Wirklichkeit.
Am Morgen.
geht alles seinen Weg.
Am Abend geh'n wir schlafen,
vom Himmel fällt ein Stern.
und junge Leute treffen
vielleicht ihr junges Glück –
Du blickst in Mondes Antlitz
– siehst Irina dort stehen
am Sewerskij Donez.
Die Sternenmädchen lösen
ihr lichtes Silberhaar.
Des Lebens Fahrt geht weiter,
so schwer es fallen mag.

Dieses Gedicht ist Irina von der bekannten Dichterin I. Koroljowa zum Troste geschenkt worden, und sie hat es mit „großem Dank" angenommen.

Weihnachtsgeschichten

Die Geschichte der Menschheit kennt unzählig viele Zeugnisse des bezaubernden, veredelnden Einflusses von Festen, besonders der religiösen, auf die Seelen der Menschen. An solchen Tagen offenbaren sich im Menschen mit besonderer Macht die Göttlichen Anfänge, erwachen Güte, Mitleid, Fertigkeit zum Verstehen und Vergeben. Sogar die erbarmungslosen Kriege und tückischen Ideologien konnten nicht die hohen Strebungen der Seele vernichten. Auch Klischees, die von geschickter Propaganda in die Seelen eingepflanzt worden sind, können wieder abgebaut werden. Es gilt, Anlässe dafür zu finden. Daß Weihnachten ein solcher sein konnte, ist auch im Zweiten Weltkrieg noch bezeugt worden. Solche Zeugnisse liegen hier vor uns:

Die Christnacht von Kromy

„Alle Jahre wieder ..., wenn es beginnt, Weihnachten zu werden, wenn ich ein paar Tage für mich selber habe, blättere ich in einem vergilbten russischen Schulheft, meinen Tagebuchaufzeichnungen aus dem Zweiten Weltkrieg. Immer wieder erlebe ich dann jene seltsame Christnacht, die ganz erfüllt war vom geheimnisvollen Zauber des Weihnachtsevangeliums.

Ich war damals Nachrichtenoffizier bei einer gepanzerten Kampfgruppe, die nach wochenlangen verlustreichen Kämpfen im Dezember 1941 von der Übermacht der kältegewohnten sibirischen Truppen vor den Toren Moskaus fast aufgerieben worden war. Nur etwa jeder zehnte Mann unserer Kampfeinheit hatte diesen erbarmungslosen und wohl auch sinnlosen Wintereinsatz lebend und einigermaßen gesund überstanden. Wir, die übriggebliebenen, bekamen den Auftrag, uns zu den Ausgangsstellungen zurückzukämpfen und in Kromy, einem Städtchen südlich von Orel, zu sammeln. Hier erwartete uns als erste freudige Überraschung ein warmes Quartier und als zweites die Feldpost. Die Päckchen aus der Heimat, die uns die Wochen vorher nicht erreichen konnten, wurden verteilt, die der Lebenden und die der Toten. Hier in Kromy sollten und wollten wir unsere erste Heilige Nacht in Rußland in Ruhe feiern, denn wir glaubten guten Grund zu haben, dem Herrn Dank zu sagen. Der Divisionspfarrer war zu uns gekommen, um mit uns das Fest der Geburt Christi den Umständen entsprechend würdig zu gestalten. Etwas abseits des tiefverschneiten Städtchens stand auf einem flachen Hügel eine halbverfallene orthodoxe Kirche, ein schier orientalisch anmutender Bau mit fünf seltsam gewundenen Zwiebeltürmen. Die Kommunisten hatten, so sagte man uns, bei der Oktoberrevolution das Gewölbe gesprengt und die Kirche unbrauchbar gemacht, denn für Gott war im roten Rußland kein Platz mehr. Der Schnee lag darum kniehoch im Innenraum, Eiszapfen hingen an den leeren Fensterhöhlen, und der Raureif bedeckte mitleidig die zerschundenen sakralen Wände. Wir räumten mit viel Mühe den Schnee aus dem Kirchenrund und stellten zwei Fichten, geschmückt mit den Kerzen und dem Lametta aus unseren Weihnachtspäckchen, in die Mitte, direkt unter den grau verhangenen Schneehimmel von Rußland. Aus rohen Brettern und derben Rundhölzern zimmerten die Handwerker unter den Soldaten eine klobige Kommunionbank und einen einfachen Altar.

Während wir hämmerten und sägten, kam ein aufgeregter Mann an und händigte mir einen ‚dringenden Funkspruch' aus: ‚Kosakenregiment im Anmarsch auf Kromy – rege Partisanentätigkeit in der Stadt – laut Agentenmeldung bereiten reguläre sowjetische Truppen in Zivil verkleidet, den Angriff vor und leiten ihn von Kromy aus.'

Hart und fremd dröhnten für mich plötzlich die Hammerschläge im zum Himmel geöffneten Kirchenschiff. – Sollten alle diese liebevollen Vorbereitungen umsonst gewesen sein? – Wenn ich diesen Funkspruch nach Kenntnisnahme jetzt an den Kommandeur weitergab, dann mußten wir alle unverzüglich die Stellungen vor der Stadt besetzen, um den vermuteten Feindangriff am Heiligen Abend abwehren zu können. Das wollte ich meinen Kameraden ersparen, die sich so sehr auf die besinnliche Stunde freuten. Nein, ich konnte es einfach nicht glauben, daß die Sowjets ausgerechnet in den nächsten zwei Stunden kommen sollten. Ich besprach mich mit einigen Freunden und bat sie um doppelte Wachsamkeit. Ich drängte mit Gewalt alle Bedenken weit zurück und steckte den Funkspruch vorerst in meine Tasche.

Sehr früh kam die Nacht. Wir stellten Posten rund um die Kirche, um vor Überraschung sicher zu sein. Der kümmerliche Rest der Kampfgruppe, ein kleines Häuflein von etwa 80 Mann, wirkte kläglich in dem geräumigen und vollkommen leeren Kirchenrund. Andächtig und alles vergessend lauschten wir dieser ersten heiligen Messe auf russischem Boden. Es bot sich uns ein eigenartiges, einmaliges Bild: gespenstisch angestrahlt vom matten Licht der flackernden Kerzen stand unser Feldgeistlicher am schmucklosen Altar. Lautlos schwebten die Schneeflocken durch das bizarr aufgerissene Kirchendach und legten sich behutsam auf die Schultern der feldgrauen Ministranten, auf das Meßgewand des Priesters und auf die Zweige der lichtgeschmückten Fichten – sie hüllten alle, die hier versammelt waren, in ein weißes Festkleid.

Als ich mich umblickte, um in die Gesichter der wenigen Soldaten zu schauen, da glaubte ich meinen Augen nicht zu trauen. – Kopf an Kopf, die gesamte Kirche ausfüllend, standen die Einwohner von Kromy vollkommen lautlos hinter uns: bärtige Männer mit Rindensandalen an den mit Lumpen umwickelten Beinen, Frauen in abgeschabten Schafspelzen und ausgefransten Kopftüchern. Ein Bild bitterster Armut in so festlicher Stunde! – Und doch hatte ich in meinem ganzen Leben noch niemals so schöne, so leuchtende Gesichter, so strahlende Augen gesehen. Die Frauen und Männer von Kromy, die die deutschen Worte des Weihnachtsevangeliums, das mit belegter Stimme ein Kamerad las, wohl kaum verstanden, hörten die frohe Botschaft der Christenheit aus dem fremden Text heraus. Ihre Augen glänzten und Tränen rannen da und dort durch zersorgte, von Hunger und Krieg gezeichnete Gesichter. Das ‚Ehre sei Gott in der Höhe und Friede den Menschen auf Erden, die guten Willens sind' stand förmlich greifbar in aller Augen. Mein Blick glitt von Gesicht zu Gesicht. Da entdeckte ich plötzlich in einer dunklen Ecke eine Gruppe von jungen Männern, trotzig die Pelzmützen auf dem Kopf, ohne Teilnahme an der feierlichen Handlung an der Wand lehnend. Ich sah in Augen voller Haß und Feindseligkeit, in Augen, deren Blicke man nie mehr vergißt. Und ich sah eine hohe schlanke Gestalt mit scharfgeschnittenem Gesicht und gescheitem Blick. Wie ein Blitz fuhr es durch den Kopf: mein Funkspruch! – Glühendheiß rann es meinen Rücken herunter. Unentwegt beobachtete ich den auffallenden Mann inmitten der Gruppe, der nicht in diesen Raum zu dieser Stunde paßte. Wenn das sowjetische Soldaten oder Partisanen waren, dann mußte das der Führer dieser Leute sein. Ein Mütterlein mit schlohweißem Haar fiel bei der Wandlung aufschluchzend in die Knie und schlug mit zitternden Händen das Kreuzzeichen. Die jungen russischen Männer standen immer noch im Halbdunkel; mir schien es fast, als blickten ihre Gesichter nicht mehr so teilnahmslos. Als wir dann paarweise von der Kommunionbank zurückschritten, sah ich auch das spöttische Lächeln nicht mehr.

Und dann geschah das Seltsame. Der Pfarrer erteilte den Schlußsegen. Er zeichnete mit klammen Fingern das Kreuz des Erlösers in die flimmernde Nacht, er segnete Deutsche und Russen, Freunde und Feinde, Katholiken, Protestanten und Orthodoxe, Gläubige und Ungläubige.

Da nahm der auffallende Mann in der Mitte der Gruppe – ich konnte jetzt, da alles kniete, sehen, daß er gut geschnittene Offiziersstiefel unter dem Mantel trug – umständlich und ganz langsam seine Pelzmütze ab, senkte den stolzen Kopf – und alle die jungen Männer um ihn her folgten seinem Beispiel, zögernd zwar und mit fragenden Blicken, aber ohne Ausnahme. Zwei Mundharmonikas stimmten die Weihnachtsmelodie an. ‚Stille Nacht, heilige Nacht', hallte es wider von den schneeglitzernden Wänden und der Wind trug die innige Melodie aus rauhen Soldatenkehlen hinaus durch das zum Himmel hin offene Kirchengewölbe zu den Kameraden, die dort für uns auf Wache standen. Eine Wolke weißen Atems schwebte langsam davon ins Dunkle.

Dann leerte sich allmählich das Gotteshaus. Ich war so benommen von dem Erlebten, daß ich als allerletzter ging. Draußen trat mir der Mann mit den Offiziersstiefeln entgegen. Er war jetzt ganz allein. Lange sah er mir wortlos in die Augen. In seinem Blick war ein eigenartiger Glanz. Dann sprach er in holprigem Deutsch, mehr zu sich selbst denn zu mir: ‚Christ

ist geboren!' – Er küßte mich, wie es in Rußland der Brauch ist, wenn man einen Freund begrüßt, zaghaft und eilig auf beide Wangen. Etwas betreten reichte ich ihm meine Hand, er drückte sie fest und lange – und wir verstanden uns, obwohl wir kein Wort miteinander sprachen.

Dann ging er mit sicherem Tritt hinaus in das Halbdunkel der Winternacht, nicht ein ausgetretener Pfad zum Ort hinunter, nein, mitten durch den knietiefen Neuschnee. Er bahnte sich einen neuen, seinen eigenen Weg. Schritt für Schritt stapfte er geradeaus, ohne sich umzuschauen, einem fernen Licht entgegen.

Kurt Deckert"

Weichnachten 1944

50 Jahre danach ist wieder Weihnachten geworden; aber so eine vorweihnachtliche Hetze wie heute hat es damals – im gottverlassenen Rußland – nicht gegeben, was muß man zum Essen richten, was schenken, wohin fahren!

Am Heiligen Abend haben Kameraden uns abgelöst, gingen hinaus zu den vereisten Geschützen. Durch und durch steifgefroren, liefen wir im Trab in unser ‚Zuhause', in unser erbärmliches Quartier, kaum etwas bemerkend von den Sternen am leuchtenden Nachthimmel. Keine Spur weihnachtlicher Romantik war in uns. In einem Brief, den ich mit der Feldpost nach Hause geschickt habe und der von uns aufbewahrt wurde, habe ich der Frau geschrieben: ‚Ich weiß nicht, wo ich an Weihnachten sein werde. Kann sein, mit meinen Kameraden in irgendeinem russischen Haus …'

So war es dann auch. Wir waren zu fünft. Wir drängten hinein, warfen unsere Pelzmützen, Handschuhe und Mäntel auf die Strohsäcke in der Stube und hockten uns kauernd nieder, ein Jeder mit seinen Gedanken bei einem der Seinen, rund um den glostenden Ofen. Auf dem stand ein Topf mit Erbsensuppe von der Feldküche. Daß dieses ‚Weihnachtsmahl' keinem von uns schmecken wollte, ist zu verstehen. Von draußen war zu hören, daß von Zeit zu Zeit Granaten einschlugen: ‚Glückwünsche zum Festtag!'

Daß wir wenigstens ein bißchen an Weihnachten erinnert wurden, das kam vom Duft, den zwei auf dem Tisch brennende Kerzen ausstrahlten. Plötzlich ging die Tür mit Knarren auf, und der eisverkrustete Posten ließ, zusammen mit einem Schwall von Kälte, in die Stube hereintreten eine außergewöhnlich dicke, wie eine Mumie verhüllte Frau mit

zwei Kindern. In vollständigem Schweigen legte sie neben die Kerzen einen Laib Brot, stellte eine Flasche Wodka dazu und verschwand so schnell wieder, als ob sie uns dartun wollte, daß sie uns vom Himmel her erschienen sei: ‚Ich komme zu euch!'
    Danke!
    Kurt Deckert"

Weihnachten an der Front

„Es kam der Heilige Abend 1944. Wir hatten eine Weihnachtsfeier. Natürlich waren unsere Gedanken daheim bei unseren Lieben. Wie mochte das jetzt sein, zuhause in unserem schönen Dörflein?

 Da kam ein Offizier in die Stube. Es gab Süßigkeiten und Schnaps zum Aufwärmen. Wir hatten einen Russen im Haus, der verwundet und noch nicht abtransportiert war. Wir hatten ihn draußen gelassen, es war ja alles verboten bei der Waffen-SS. Dieser Offizier aber befahl, den Russen in unsere Stube zu bringen und an der Feier teilnehmen zu lassen. Das erstaunte mich, denn bei der Ausbildung waren unsere Vorgesetzten eiskalte Brüder gewesen und hatten uns alle Russen verachten gelehrt. Hier aber begegnete mir ein SS-Offizier mit Herz. Unser Gefangener bekam die gleiche Portion wie wir. Er war also kein Unmensch, wie man uns beigebracht hatte. Soweit wir uns verstehen konnten, sprachen wir über alles mit ihm, sogar über die Mädchen.

 Später verabschiedeten wir uns mit einem warmen Händedruck und guten Wünschen von ‚unserem Iwan'. Es folgte eine ruhige Nacht. Es war wie im Frieden, nicht ein Schuß fiel. Aber es war die Ruhe vor dem Sturm, wie alle wissen, die dabei waren oder in der Umgebung wohnten.

 Im Morgengrauen des 25. Dezember 1944 war die Hölle los. Unser Offizier von der Weihnachtsfeier rannte als erster auf die Straße hinaus, um zu beobachten. Eine Salve aus einer Maschinenpistole traf ihn tödlich. Wir konnten uns nicht mehr retten und kamen in Gefangenschaft.

 Da haben wir dann vielerlei erleben müssen. Von einem russischen Wachsoldaten bekam ich ein dickes Stück Rindfleisch, von einem anderen eine Tracht Prügel, völlig unschuldig. Ja, man kann sich da für Haß oder Vergebung entscheiden … Ich habe mich für das Gute entschieden. Die Schläge habe ich verdaut. Das Stück Fleisch hat mir gutgetan, hat mir zum Überleben geholfen.
    Martin Wennes,
    Freiberg am Neckar"

Plätzchen von zuhause

Es wird immer ein Geheimnis bleiben, warum einzelnen Menschen das gegeben ist, was die gehobene Sprache mit ‚Ausstrahlung' zum Ausdruck bringt. Indessen – wie sollte man erklären, was anschließend von einem deutschen Soldaten geschildert wird, der seiner Einheit als Dolmetscher für Russisch fungierte?

„Der Vormarsch in die Weiten Rußlands hinein wurde mit dem Einsetzen der Schlamm-Periode von Tag zu Tag langsamer, und unsere Aufenthalte in noch nicht völlig zerstörten russischen Dörfern wurden immer länger.

Mit dem ersten Frost und Schnee aber führten die Russen neue Kräfte heran; die brauchten keine Straßen und drangen überall durch! Bald hatten sie uns umzingelt und in den ‚Kessel' von Demjansk eingeschlossen. Dabei wurden viele Russen aus ihren Dörfern vertrieben und retteten sich in unser Dorf, wo sie aber von den eigenen russischen Landsleuten schief angesehen und als ‚Flüchtlinge' zurückgewiesen wurden. Unser Kommandeur, der um die Ruhe im Dorf besorgt war, suchte zu vermitteln und bediente sich dabei meiner eben erst erworbenen bescheidenen Russischkenntnisse.

Anfangs, wenn die Kameraden unseres Funktrupps mich so reden hörten, meinten sie, ich sei selber schon ein halber Russe. Denn – das war ihre Ansicht – wenn ‚die' etwas von uns wollten, dann sei das ihre Sache, Deutsch zu lernen! Zum Glück gelang es mir in kurzer Zeit, die Kameraden von ihrem germanischen Herrenstandpunkt zu heilen, indem ich ihre persönliche Wäsche von höflich darum gebetenen Frauen mitwaschen ließ. Dies natürlich im eiskalten Fluß, mit dem Holzflegel gewalkt und mit einer Riffelwalze ‚trockengebügelt'. So merkten die Kameraden, daß auch Russen als Menschen anzusehen waren.

In der Zeit vor Weihnachten kam dann mit Genehmigung des Kommandeurs täglich eine junge Frau aus den Reihen der ‚Flüchtlinge' mit ihrem Kleinen, dem ‚Malinkij' zum Reinemachen in unser Holzhaus, der ‚Panjebude'. Sie tat das recht unauffällig und dennoch so erfolgreich, daß alle sich auf einmal bemühten, durch gute Ordnung ihr Wirken zu erleichtern und sich durch diesen oder jenen Brocken für die neue Sauberkeit materiell zu bedanken … Und es waren auch zu meinem Erstaunen alle damit einverstanden, die Frau und ihr Kind zur Weihnachtsfeier einzuladen, die sie nicht nur mit Freude, sondern auch mit Wehmut vorbereiteten. Doch die Frau, deren Ehemann auf der Gegenseite als Soldat diente, bat darum, zuvor ihren Vater um Erlaubnis bitten zu dürfen. Ich wurde offiziell mit dieser Aufgabe betraut und erfuhr dabei, daß ihr Vater während des ersten Weltkrieges in deutscher Kriegsgefangenschaft gut behandelt worden war. Seine Zustimmung band er allerdings daran, daß auch der zehnjährige Junge, der ‚malinkij‘, mit dabei sein durfte.

Am Weihnachtsabend stand der aus dem Wald geholte Baum ‚geschmückt‘ in der Ecke der Stube, und auf dem Tisch war für jeden, auch für die beiden Gäste, ein Blechteller, gleichmäßig angefüllt mit den zusammengelegten Plätzchen, die aus der Heimat den Weg durch die Absperrung des Kessels gefunden hatten. Als ich dann die Russin mit ihrem Kind – sie erschienen im flackernden Kerzenlicht mit ihren weißen Kopftüchern wie Maria mit dem Kinde auf den vertrauten Weihnachtsbildern – ins Haus hereinführte, da packte es auch den ‚hartgesottenen‘ Spieß und den gestrengen Schirrmeister (beide hatten ihre Jüngsten noch nicht zusehen bekommen). Der zehnjährige Junge brachte mit strahlendem Gesicht nur das Wort ‚Jolka‘ – (Christbaum) hervor und fragte dann höflich, ob denn die Plätzchen auf dem Teller zum Essen seien und vielleicht auch für ihn? Am Ende der Feier jedenfalls waren alle der Ansicht, daß die Feier in unserer Gruppe die schönste in der ganzen Kompanie gewesen sei. Wenige Tage später ereilte uns der Befehl zum Weitermarsch. Ich ging abends zu dem halbzerstörten Haus, um mich zu verabschieden. Der Vater öffnete die mühselig verschlossene Tür und bedankte sich für die von seiner Tochter mitgebrachten Dinge. Dabei wünschte er uns allen eine gute Zukunft und ein baldiges Ende des Krieges. Seine Stimme war zitternd geworden, er konnte nicht mehr weiterreden. Doch was dann geschah, werde ich nie mehr vergessen …

Im Halbdunkel waren seine Frau und seine Tochter an die Tür gekommen, waren neben mir auf die Knie gesunken und drückten weinend meine Hände, wieder und wieder… Ich möchte gerne wissen, ob sie wohl noch am Leben sind – zumindest die junge Frau mit ihrem Kleinen und ihrem Bruder, – wie auch viele andere Menschen in Rußland, die ich in Erinnerung behalten habe.

Hatte sich doch so viele Male ihnen gegenüber die alte Wahrheit bestätigt, welche mir meine Eltern mitgegeben haben:

‚Wie man in den Wald hineinruft, so schallt es zurück!‘

Günter Vogt,
Münster"

Das Volk der Deutschen, und mit ihm viele andere Völker, sie haben in dem Jahre, das auf diese Weihnachten folgte, die Wahrheit dieses Sprichwortes in unerbittlicher Weise erfahren müssen. Aber die Gewalt, die zurückschlug, war von solcher Wucht und von solchem Ausmaß, daß das Gefühl der Gerechtigkeit in den Menschen schweren Schaden nehmen mußte. Versöhnung nach der Weise Dessen, der an Weihnachten gefeiert wurde, hatte es da schwer …

Geben wir einem Betroffenen, einem aus seiner Heimat Vertriebenen, das letzte Wort:

Versöhnungsgedicht

Wenn ich ganz einsam pilgernd
den heimatlichen Kirchturm seh',
so fühle ich im Innern
des Schmerzens Qual und stilles Weh.
Wenn Trauer mich ergreifet
und der Verlust sich geltend macht
ob Heimat, der verloren,
da ich gespielt, freudig gelacht –
dann Fluch? – Doch nein, Versöhnung!
verkündet eine Stimme mir.
Der Groll sei unterdrücket:
Gerechtigkeit gescheh' dafür!
Nicht Rache sei genommen,
es bleibe Recht das alte Recht!
In Treue wird der Heimat
gedenken künftiges Geschlecht.

Dr. Karl Schuster

Das Versöhnungsgedicht

IV

Begegnung im Frieden

Herbert sucht Maria

Der Sohn eines Bäckers aus der Stadt Aurach im Fränkischen, Herbert Schüssler, suchte die ganzen Nachkriegsjahre hindurch das ukrainische Mädchen Maria. „Ich erinnere mich gut", sagt er, „wie sie das erste Mal zu uns kam. Sie weinte wie ein kleines Kind. So etwas kann man nicht vergessen."

Herbert Schüssler wandte sich an Radio Moskau, an die Bundesregierung – alles umsonst! Nachdem in der populären deutschen „Bild"-Zeitung ein Artikel veröffentlicht worden war, in dem von meinen Nachforschungen die Rede war, schrieb er mir einen kurzen Brief:

Vater Schüssler und das ukrainische Mädchen Maria
mit dem kleinen Herbert Schüssler

„Bei meinen Eltern in der Bäckerei zu Leutershausen hat Maria gearbeitet. Sie hat von Kiew erzählt. Bis zu ihrem Tode im Jahr 1989 fragte meine Mutter immer nach Maria. Sie hoffte, daß Maria gut zu Hause angekommen war. Mutters größter Wunsch war es, eine Nachricht von der ‚Russin' zu bekommen."

1945 war Herbert neun Jahre alt, und schon am Ende dieses Jahres hatte er angefangen zu suchen. Der Junge schrieb Briefe in die Ukraine: „Der erste Schnee ist gefallen, und wir denken an Dich, Maria! Wo bist Du jetzt?" Aber Maria schwieg. Auf lange Jahre wurde über unser Land der schreckliche eiserne Vorhang niedergelassen. Viele Jahrzehnte war es gefährlich, in unserem Staate sich auch nur in Gedanken an die Güte der deutschen Retter zu erinnern – von einem Wort oder Brief des Dankes konnte überhaupt nicht die Rede sein.

Aber erstorben war die Erinnerung nicht. Und Maria Semjonowna Nesterowskaja, geb. Pismennaja, welche 200 km von Kiew entfernt in einem schönen Städtchen im Gebiet Tscherkassy wohnt, erzählte ihren Kindern vieles über die böse Zeit des Krieges und über die Güte einfacher Deutscher, welche ihr in ihrer Jugend das Leben retteten.

1942 wurde sie zusammen mit Hunderttausenden von schutzlosen jungen Ukrainerinnen und Ukrainern nach Deutschland verschleppt. Es folgten drei Jahre Schwerarbeit in der Stadt Ludwigshafen, drei Jahre der Peinigung im Lager Nr. 4 unter der Gefangenennummer 7815, immer auf der Grenze zwischen Leben und Sterben. Maria Semjonowna erinnert sich an alles wie an einen Alpdruck: die Lagerjahre, die Flucht aus dieser Hölle zusammen mit ihrer Freundin, das Umherirren auf den Straßen Deutschlands in Richtung Osten, ohne Ausweis, Essen oder Dach überm Kopf. Und dann endlich – die Begegnung mit Herberts Vater auf dem Ansbacher Arbeitsamt, und wie er sie in den schrecklichen Monaten des Krieges zu sich in die Familie nahm und versteckte.

„Du mußt bei uns vor nichts Angst haben", sagte am Anfang Hans Schüssler oft zu ihr und verbarg sie im Keller, wenn Gefahr drohte. Und die Mutter stellte sie jede Woche auf die Waage. Sie war ja halbtot bei ihnen angekommen, nun aß und schlief sie mit der deutschen Familie zusammen.

Nach und nach taute das Herz des Mädchens auf, erwärmt durch die mütterliche Fürsorge und den väterlichen Schutz in der Familie Schüssler. Sie bediente die Kunden, denen das Brot aus dieser Bäckerei sehr schmeckte. Sie sprach ein gutes Deutsch. Sie paßte auf Herbert auf, wenn die Eltern weggingen. Sie wurde in der Familie so beliebt, daß sie nach Ende des Krieges das Mädchen behalten wollten und sie baten, sie solle bei ihnen bleiben.

Der Abschied wurde schwer: So wie Maria weinte, kamen auch Vater, Mutter und vor allem Herbert die Tränen. Aber ihre Gedanken eilten voraus in die Ukraine! Jedoch gab ihr gleich die erste Begegnung mit den Soldaten, die den roten Stern trugen – ihren ‚Befreiern', auf die sie so lange gewartet hatte – einen Stich ins Herz.

Die unverdienten Schimpfwörter, mit denen die Soldaten die ‚Ostarbeiter', die doch ihre eigenen Landsleute waren, bewarfen, schnitten ihr wie Messer ins Herz. Als ob sie selbst Schuld wären an ihrer Verschleppung! Die Amerikaner, die das Städtchen befreiten, fuhren die Ostarbeiter mit Lastautos in die sowjetische Besatzungszone. Die ‚Unseren' jedoch trieben sie 500 km zu Fuß von der Aufnahmestelle bis nach Berlin. Dann der Weg in die Heimat: wieder im vollgestopften Viehwagen, wie das Vieh!

Auf dieser Fahrt begegnete Maria ihrem Schicksal: ihrem künftigen Ehemann Michael. Aber das Glück war von kurzer Dauer – Michael wurde, zusammen mit Tausenden junger Männer aus deutschen Lagern, ohne Umsteigen nach Sibirien weiterdirigiert. Und Maria war schwanger geworden; ihre Tochter Alexandra, die sie im Jahre 1946 zur Welt brachte, hat den Vater bis an ihr zehntes Lebensjahr nicht gesehen.

Maria hat dann in einem staatlichen Betrieb gearbeitet und ist inzwischen Witwe geworden. Jetzt bekommt sie eine Rente von umgerechnet weniger als 15 DM. Davon kann sie sich keine Kohlen leisten, um im Winter zu heizen. Ihre Tochter ist mit ihrem Mann nach Deutschland gefahren, um dort ihr Glück zu suchen – in eben das Land, das der Mutter zum Unglück geworden ist.

In einem Städtchen half von seinem 14. Lebensjahr an Herbert Schüssler seinem Vater in der Bäckerei. Von dem Vater erzählt er: Er hat sein ganzes Leben lang Brot gebacken. Er wußte auch, daß Brot aus ukrainischem Weizen besonders schmackhaft ist. Aber er wußte auch von anderem: „Der Mensch muß immer Mensch bleiben!" – konnte er sagen. Obwohl er sich durch wirtschaftlichen Druck nötigen ließ, in die Nazipartei einzutreten, hat er weiterhin an jedem Ostern für die Juden der Stadt die „Matzen" gebacken. Eines Morgens fand er auf seinem Schaufenster, in Großbuchstaben gepinselt, das Word ‚Judenbäcker' vor ...

1973 hat Herbert den Familienbetrieb geerbt. „Ein privates Geschäft", sagt er, „ist eine höllische Arbeit. Jeden Tag, ohne freie Zeit und Krankenschein. Wenn ich mir für eine Stunde Zeit für ein Buch nehme, weiß ich: Mein Konkurrent arbeitet jetzt, und mein Kunde wird zu ihm gehen." Das Schleppen der schweren Mehlsäcke zieht drei komplizierte Operationen nach sich. Sie zwingen ihn, im Jahre 1984 die Bäckerei zu verkaufen.

Herbert Schüssler zu Gast bei Maria Nesterowskaja (1995)

Damit wird er früh Rentner, findet aber immer nützliche Arbeit – und wenn er nur behinderte Kinder täglich zur Schule begleitet.

Wie ein Geschenk Gottes haben dann sowohl Maria wie Herbert die paar Worte aufgenommen, die auf meinen Brief hin in Radio Kiew innerhalb der Sendung „Rückkehr-Verbindung" zu hören waren: „Herbert aus Leutershausen sucht Maria". In ihrem Herzen fühlt die alte Frau sofort: Das ist er. Ihr Herbert, der sie, die Maria, jetzt sucht ...

Und eines Tages – man schreibt das Jahr 1995 – hört man im festlich geschmückten Häuschen am sowjetischen Platz in Swenigorodka deutsche, russische und ukrainische Laute durcheinander: Herbert Schüssler hat ‚seine Maria' gefunden! Freunde von ihm haben einen Lastwagen mit Hilfsgütern in eine Kiewer Schule gebracht, der Bürgermeister ihrer Stadt hat eine Arzneimittelspende dazugegeben, und er durfte mitfahren. Die Gesichter der beiden Alten leuchten vor Freude. Da die zierliche Maria Semjonowna und dort der kräftige, wie ein Sportler aussehende Herbert – beide haben ihr Leben hinter sich, aber es ist, als seien sie an den Anfang zurückgekehrt!

Im Jahre 1997 hat Maria dann Leutershausen besucht. Die Straße und das Haus hat sie wiedererkannt – doch die Stimmen ihrer Lebensretter konnte sie nicht mehr vernehmen. Auf einem Grabstein zwischen zwei Fichtenbäumchen sind ihre Namen erhalten. Und Maria Semjonowna möchte schreien, so laut, daß es alle Menschen hören:

„Ihr Leute, tut einander doch nichts Böses an,
wir haben doch alle nur eine Erde und einen Gott!"

Schicksal ... Schicksal ...

Monoton die Kilometer abhämmernd, bringt der Eisenbahnzug die jungen Menschen weiter und weiter von ihren Heimathäusern weg. In den Güterwagen eine dumpfe Menge von verweinten, durch die lange Fahrt erschöpften Mädchen und Jungen. Einige haben den Gedanken an Flucht noch nicht aufgegeben. Andere starren, durch eine Spalte im Boden des Wagens hindurch, auf die hinwegeilenden Schienen, auf welche die eisernen Räder einschlagen wie Hämmer eines Schicksals, das Mühlsteinen gleich alle Hoffnungen zu zermalmen schien. Bald ist draußen nur noch fremdes Land zu sehen – beginnt damit die Sklaverei?

Noch lange danach hat die junge Anna Komar aus Korowai diesen schmutzigen Güterwagen, diese verzweifelte Reise im Traum nacherlebt. Als sie in Iggelheim eintraf, dessen Häuserzeilen ihr so fremd waren wie die Aussprache seines Namens, glaubte sie, ihr Heimatdorf mit den weiß gestrichenen Häusern und buntfarbigen Gärtchen niemals wiederzusehen, auch den Vater, die Mutter, den Bruder nicht. In der Tat ist der Vater schon in den ersten Tagen der Besetzung durch Deutsche erschossen worden.

Das Mädchen wurde zum Dienst in einer deutschen Familie verpflichtet, in der es fünf Kinder betreuen sollte. Die Kleinste, Christel, war zwei, der Älteste, Theo, war zwölf Jahre alt. Schwer vorzustellen, wie man mit Kindern umgehen kann, deren Sprache man nicht kennt und deren Namen schon so ungewöhnlich sind für ein Mädchen aus der Ferne! Aber die Familie Brendel hat das sanfte, fleißige Mädchen liebengelernt. Sie wurde gut gekleidet, und man half ihr, in brieflicher Verbindung mit den Verwandten zu bleiben. Kein Wunder, daß Anna damals in einem Brief ihrem Bruder Grigorij riet, falls ihm dasselbe Unglück geschähe, solle er unbedingt versuchen, sie aufzufinden – ihre Familie würde ihn sicher auch aufnehmen!

Ja, diese Briefe! Über die Heimatadresse bekam man die Anschrift von verwandten und befreundeten Ostarbeitern. Postkarten konnte man kaufen, Briefumschläge fertigte man selbst aus irgendwelchem Papier, und die Post ging erstaunlich lange ihre gewohnten Wege. Hier als Beispiel Zeilen aus einem

Theo Brendels Konfirmation, in der Bildmitte Anna Komar

Brief von einer Sonja Gawrilenko: „Ich habe auch von Wanja einen Brief bekommen, der Arme, er schreibt, daß er hungert. Ich habe ihm schon dreimal Geld geschickt, er solle sich etwas zu essen kaufen. Und Katja habe ich auch zwei Päckchen geschickt. Sie hat es an Wanja weitergegeben, so habe ich beiden helfen können." *Anna machte es ebenso, und ihre Familie Brendel konnte ihr dabei helfen.*

Schließlich war sie selbst auf Päckchen angewiesen, die von den Brendels den Weg zu ihr fanden! Sie wurde „abkommandiert" zum Stellungsbau, man war ja nicht weit entfernt von der deutschen Westgrenze. Da war die Verpflegung völlig ungenügend. Erst als die Amerikaner kamen, wurde sie besser. Sie schlugen den Mädchen auch vor, nach Amerika auszuwandern – oder aber, nach Hause zu gehen.

Dabei war wieder Schicksal im Spiel: Anna lernte den Kriegsgefangenen Wassilij aus Kosjatino kennen, und mit ihm zusammen erreichte sie im August 1945 die Heimat.

Inzwischen ist ein halbes Jahrhundert vergangen. Anna Osipowna und Wassilij Iwanowitsch haben eine Tochter und einen Sohn aufgezogen, haben jetzt drei Enkel und vier Urenkel. Sie haben wie andere gearbeitet und ihr Haus gebaut.

Und plötzlich holt das Schicksal sie wieder ein: Ein Brief aus Iggelheim ist angekommen! Lange ersehnt und doch unerwartet! Alles weitere scheint wie im Traum abzurollen. An einem Sommertag des Jahres 1996 steht ein Mann

Wieder vereint: Anna und Theo (1996)

Mit Brot und Salz erwartete das Poltawa Land Theo Brendel

vor Annas Tür: der zwölfjährige Theo von einst, der ihr damals das Radfahren beibrachte! Mit Brot und Salz ist er empfangen worden, war er doch der erste Deutsche, der seit Ende des Krieges in das Gebiet des Poltawa-Landes gekommen war.

„Seit Monaten und Jahren hält mich nur seine Hilfe mit Arznei am Leben – seht nur, wieviel er wieder mitgebracht hat!" – sagt Anna zu ihren Angehörigen, und das offene Lächeln Theo Brendels bezeugt, daß er die dankbaren Worte verstanden hat.

Und dann breitet er die Geschichte von damals auf dem Tisch aus: Briefe und Bilder und allerlei kleine Andenken. Er hat sie mit Sorgfalt gesammelt und aufbewahrt. Denn die Geschichte samt dem, was sie uns lehren will, bleibt nur lebendig in lebenden Menschen und deren Schicksalen. Das hat man den beiden angemerkt, die sich da begegneten und einander erzählten …

Sehr gastfreundlich nahm das ukrainische Land den Besucher auf. Er kam in die Kreisstadt, zu den Schülern der Mittelschule in Korowai. Er war tief bewegt von der Herzlichkeit, mit der in der Ukraine ein Gast aufgenommen wird. Es hat ihm gefallen, auf einem ukrainischen Ziegelofen zu schlafen, und er hat manches Neue entdeckt.

Noch drei Jahre haben die Arzneien Theo Brendels das von Krankheit gezeichnete Leben Anna Komars erhalten. Am Ende des vergangenen Sommers ist sie aus dem Leben gegangen. Aber das Andenken von Anna und Theo bleibt erhalten bis zu den Urenkeln, und nicht nur dort. „Wenn alle Menschen auf der Erde so wären wie Theo Brendel und Anna Komar, würde es überhaupt keinen Grund für Kriege geben – und wieviele Menschen würden dann nicht sterben müßen!" – *So urteilen Lehrer und Schüler der Mittelschule von Korowai. Ist das nicht die höchste Bewertung menschlichen Lebens, menschlichen Schicksals?*

Auf Wiedersehen, meine Familija!

„Ach, wie schnell sind die Jahre verflogen!"

Maria wurde es schwer, in dem engen Raum des Wagenabteils sitzen zu bleiben, sie stellte sich ans Fenster mit den hübschen Gardinen. Dahinter flogen ungepflügte Herbstfelder vorüber, auch auffallend neue Häuser, die wie die Pilze rund um die alten Dörfer aus dem Boden geschossen waren. Aber ihre Gedanken verweilten nicht dabei, sie eilten hinweg zu jener anderen Fahrt in ihren Jugendjahren, die auch nach Deutschland geführt hatte …

Ihre Verwandten hatten alles Mögliche versucht, um sie vor der Verschickung nach Deutschland zu bewahren: Viele Male war der Vater mit einem Geschenk zum Schulzen gegangen; weil es hieß, daß sie verheiratete Frauen nicht nehmen würden, hatte man sie überredet, den Saschko zu heiraten, den sie gar nicht liebte. Nichts hatte geholfen. Im Mai 1943 gab die Polizei bekannt, alle Jugendlichen müßten ins Kreiszentrum kommen:

„Wer nicht freiwillig erscheint, wird erschossen oder gehenkt, und auch seine Familie wird bestraft."

Die ganze Nacht vor dem Abschied hatte ihr Vater ihr deutsche Worte beigebracht, er war im Ersten Weltkrieg vier Jahre lang in österreichischer Gefangenschaft gewesen und hatte dort Deutsch gelernt. „Wenn ich es früher gewußt hätte, hätte ich früher damit angefangen!", – seufzte er.

Die Wachmänner hatten ihr erst in Polen, in Przemischl, erlaubt, aus dem Wagen herauszukommen. Dort hatten sie das erste Stacheldrahtlager gesehen, dabei auch Galgen mit Gehängten – man sagte ihnen, die hätten versucht, davonzulaufen. Dann, wie Zwiebeln an ihren Heimathäusern, abgeschnittene Mädchenzöpfe, schwarze, blonde, kastanienbraune, zum Zweck der Desinfektion weggeschoren … Ihr wurde fast schlecht davon.

Und endlich Deutschland. Eine große Stadt mit hohen Häusern: Dresden. Drinnen, damals noch, heile Schaufenster und gutgekleidete Menschen. Aber außen, bei der Eisenbahn, eine marschierende Kolonne von Menschen in Sträflingskleidung, umringt von Wachsoldaten mit Maschinenpistolen und Schäferhunden. „Konzentrationslager", erklärte der Soldat im Wagen. Als die Nacht herabsank, hörte man von irgendwoher zarte Mädchenstimmen mit dem Kehrreim eines Volksliedes:

> „… Winde wehen, Winde wehen,
> Herz vor Traurigkeit vergeht;
> Winde wehen, fliegen weiter,
> was verloren, kommt nicht wieder."

Alle saßen still, als ob jede Bewegung die Erinnerungen an all das Schöne und Wichtige, ohne das man nicht leben kann, verscheuchen könnte.

Lassen wir indes Maria Snishko selbst erzählen: „Was mußte ich in der Hölle der Lager alles durchmachen, bis ich nach Zittau auf den Sklavenmarkt gebracht wurde! Dort kam eine deutsche Frau von mittlerer Größe auf mich zu, sie brauchte ein Mädchen vom Dorf. Ich saß in der ersten Reihe, und sie nahm mich. Bis nach Spitzkunnersdorf, wo die Bäuerin zu Hause war, gingen wir ein paar Kilometer zu Fuß; die paar Sachen, die ich besaß, lauter Lumpen, legte sie auf ihr Fahrrad.

Großmutter Selma kam uns entgegen, mit krummem Rücken und abgemagerten Gliedern („Alles tut mir weh von der harten Arbeit!"). Sie hieß mich die Hände waschen und lud zum Tisch ein: ‚Hunger, Maria?' Am Abend ging ich dann in den Stall und setzte mich zur Kuh. Als ich vier Kühe gemolken hatte, sagte die Großmutter: ‚Genug, Maria, schone deine Hände!' Ja, das war Bauernarbeit, vom Morgen bis zum späten Abend, und wenn Kühe kalbten, mußte ich auch in der Nacht heraus. Aber ich habe keines von den Kälbchen verloren! Und wieviele Säcke von 50 bis 70 Kilo Gewicht habe ich schleppen müssen! Am meisten Angst hatte ich davor, daß jemand denken könnte, ich sei faul, weil ich eine Ukrainerin bin. Vor der Arbeit habe ich nie Angst gehabt – Hauptsache, man nahm mich für einen Menschen!"

Die ganze Wirtschaft hat die Bäuerin Liesbeth allein dirigiert, denn die Bauern waren, wie der überwiegende Teil der Männer, an der Front. Die Großeltern konnten nicht viel helfen, und da waren auch noch die drei kleinen Kinder! Maria konnte ihren Eltern dankbar sein, daß sie sie zu fleißiger Arbeit erzogen hatten. Am 20. Januar 1944 wurde sie 20 Jahre alt. Die Bäuerin hatte die Mädchen und Jungen der Nachbarschaft (auch Ostarbeiter!) eingeladen; sie schloß die Tür von innen zu, deckte den Tisch und bewirtete sogar alle mit Kuchen. So durfte Maria ganz unerwartet ihren Festtag feiern.

Die Bäuerin war freundlich und gesprächig – aber nur zu Hause. Auf der Straße oder wenn sie aufs Feld fuhren, redete sie nur, wenn keine Polizisten zu sehen waren. An den langen Winterabenden zog Maria die Kleinen mehr an sich; die sechsjährige Brigitte ließ sich nur von ihr die Zöpfe flechten. Der Älteste, Siegfried, war schon ein stämmiger Junge. Er war zurückhaltend, und obwohl er jeden Tag sehen konnte, wie die alten Bauersleute auf dem Nachbarhof die jungen Hilfskräfte aus Weißrußland heruntermachten, hat er Maria nie beleidigt oder gekränkt.

Jene Unglücklichen durften nur essen, was vom Viehfutter übrigblieb, oder bestenfalls, Reste und Abfälle aus der Küche. Aber wie man in den Wald hineinruft, so schallt es zurück: Als die Rote Armee Spitzkunnersdorf einnahm, haben die Weißrussen ohne Bedenken und ohne Rücksicht auf ihr Alter jene Bauersleute erschossen. Man kann sich die Angst von Marias Bäuerin vorstellen, als anschließend die russischen Motorradfahrer auch auf ihren Hof hereinfuhren. Einer von ihnen zielte mit seiner Maschinenpistole auf sie, aber Maria stellte sich vor sie und schrie: „Nicht schießen – oder du schießt mich tot! Das sind gute Leute! Meine drei Brüder sind auch als Soldaten an der Front!"

Nach der Befreiung kam Maria noch einmal nach Zittau, dort wurden alle Ostarbeiter zur Rückkehr in die Sowjetunion gesammelt. Und dort mußte sie auch das verachtungsvolle Verhalten der „Unsrigen" (gemeint sind die russischen Repatriierungsbeauftragten, J.-B. L.-Qu.) gegenüber den Ostarbeitern erfahren, zu denen sie zählte.

Am 1. August 1945 kam sie zum Abschiednehmen zur Familie Seiler. Die Bäuerin gab ihr eine Tasche mit Lebensmitteln und Kleidung und schenkte ihr Fotos zum Andenken. Maria versteckte diese auf der Brust – im Lager waren Gerüchte umgegangen von dem, was sie in der Heimat erwarten würde. Und die trafen zu: Schon an der Grenze wurde ihr alles weggenommen, was ihr die Bäuerin mitgegeben hatte, und sie dankte Gott, daß sie die Fotos versteckt hatte. Hoffte sie schon damals auf ein Wiedersehen?

Die Heimkehr nach Hause verlief nicht sehr glücklich. Ihr Mann, der noch in der Roten Armee diente, warf ihr in seinen Briefen vor, daß sie in Deutschland gewesen sei. Da riß bei ihr der Geduldsfaden: Als er von der Armee nach Hause kam, packte sie seine Sachen und Briefe zusammen und erklärte: „Hier ist Gott und dort die Schwelle!" (eine russische Redensart, welche die Trennung von ihm und seinen Briefen aussprach).

Dann wurden alle ehemaligen Ostarbeiter des Kreises zum Aufbau des „Dnjeproges", eines Kraftwerks am Dnjeprstrom, einberufen. Da hatte Maria es wieder schwer. „Ihr habt für die Deutschen gearbeitet, jetzt müßt ihr für die Sowjetunion arbeiten" – sagte man ihr im Rat des Kreises. Erst 1950 konnte sie in ihr Dorf zurückkehren, und von der Zeit an bis ins Rentenalter hat sie in der Molkerei gearbeitet, dann noch als Nachtwächterin bis in die Jahre hinein, da die Ukraine unabhängig wurde.

Eines Tages hörte sie im Radiosender des Gebiets, daß ich mich für die Schicksale ehemaliger Ostarbeiter und ihre Beziehungen zu Deutschen interessiere. Da waren plötzlich die Erinnerungen an die Zeit in Spitzkunnersdorf vor einem halben Jahrhundert wieder da, samt den vertrauten Namen. Und zum Glück hat sich bald Frau Gründler, geb. Seiler, gemeldet, das Brigittchen von damals. Leider war von der ganzen Familie sie als einzige am Leben geblieben. Sie lud Maria zu einem Besuch bei ihr ein. Und obwohl der Kolchos-Chef ihr drohte („Wenn du nach Deutschland kommst, wird man dir nicht einmal Brot im Laden verkaufen!"), hat sie sich zu der Reise entschieden, um sich vor den Gräbern jener Menschen zu verneigen, welche zu ihr wie die eigene Familie gewesen waren. Im 76. Jahr ihres Lebens, als Greisin mit gekrümmtem Rücken, ähnlich der Großmutter Selma von damals, hat sie sich dazu aufgerafft, hat Geschenke eingepackt und ihre beste Bluse angezogen, die sie mit ihrer ersten Rente gekauft hatte, hat mit der Nachbarin die Versorgung der Hühner und der Ziegen abgesprochen und hat denselben Weg eingeschlagen, den sie 54 Jahre früher im Viehwagen zurückgelegt hatte. Insgesamt 40

Mit Sekt haben die Einwohner von Spitzkunnersdorf
die ehemalige ukrainische Zwangsarbeiterin Maria Snishko empfangen

Stunden ist sie von ihrem Dorf Saporoshje unterwegs gewesen bis nach Spitzkunnersdorf zu den Gräbern der Eltern Seiler, um vor ihnen die bleibende Dankbarkeit zu bezeugen.

Schön, daß damit das Wiedersehen mit der Tochter Brigitte verknüpft war:
„*Oh, wie siehst du deiner Mutter ähnlich!"*

Es wird eine Gedenkfeier veranstaltet, und dabei finden die tiefsten menschlichen Gefühle ihren Ausdruck.

„Ich danke den Toten und den Lebenden –
den Toten für ihre Güte, den Lebenden für ihr Gedenken",

das sind die schlichten Worte, die Maria dabei findet. Vor der Abfahrt neigt sie sich noch einmal still vor den Gräbern und flüstert:

„Auf Wiedersehen, meine Familija! Jetzt wohl für immer …"

Im Herzen der Seilerschen Nachkommen wird das Andenken an die alte Ukrainerin mit dem gebeugten Rücken für immer verwurzelt sein. Und in Werbowoje, Kreis Pologi, werden Blumen wachsen aus dem Samen, den Maria aus dem fernen Spitzkunnersdorf mitgebracht und an die Nachbarn weiterverschenkt hat.

Maria Snishko mit Enkelkindern der Familie Seiler

Wilhelm, bleib bei uns in der Ukraine!

Diese freundlichen Worte sind im Frühjahr 1998 an Wilhelm Krüger, an seine Ehefrau und an seine Schwester gerichtet worden, als er die Eisenbahnstation Gawrilowka in der Ukraine besuchte. Sie waren schon einmal in einer ungleich schwierigeren Situation ausgesprochen worden, und zwar im Jahre 1943 gegenüber dem Vater, der ebenfalls den Vornamen Wilhelm trug ...

Der Vertreter der örtlichen Presse will es genauer wissen: „Herr Krüger, was ist das Ziel Ihrer der Zeit und der Entfernung nach ziemlich weiten Reise in unser Land?"

„Ich habe nur ein Ziel, und das ist aus einem rein menschlichen Blickwinkel heraus verständlich: Mein Vater, welcher auch Wilhelm hieß, ist in den fernen Kriegsjahren als Zivilist in den von den Deutschen besetzten Bezirk Barwinkowo geschickt worden, um dort von Juli 1942 bis September 1943 die Eisenbahnstation Gawrilowka zu leiten. Aus dem, was er erzählte, habe ich später erkannt, daß sich zwischen ihm und der dortigen Einwohnerschaft die wärmsten Beziehungen (soweit das in dieser Zeit überhaupt möglich war) entwickelt haben. Er erinnerte sich immer gerne daran, als eine besondere Seite seines Lebenslaufes.

Wilhelm Krüger (Bildmitte) 1998 in Gawrilowka in der Ukraine inmitten von LehrerInnen und SchülerInnen der Dorfschule. – Links im Bild Viktor Pedak.

Selbst bin ich auch vom Fach – Eisenbahner –, das ist Familientradition bei uns. Die Erinnerungen des Vaters haben mich jetzt, da ich auf die Sechzig zugehe, auf diesen Weg gebracht. Wie das die Menschen aufnehmen werden, die damals auf der anderen Seite der Front waren, kann man nie wissen. Aber ich bin sicher: Wenn Vater sich Vorwürfe wegen Mitwirkung an den Naziverbrechen gemacht hätte, hätte er kaum die Erinnerungen an Gawrilowka so gepflegt."

Wie es denn gelungen sei, eine Brücke zwischen dem Deutschen und dem ukrainischen Dorf zu schlagen, wurde ich dann als Reisebegleiter und Dolmetscher der deutschen Gäste gefragt. Mit den Krügers wurde ich auf einer Deutschlandreise bekannt; die örtliche Zeitung hatte über die Arbeit unseres Zentrums „Händedruck" berichtet, und Herr Krüger hatte sich mit mir getroffen, mir von seinem Vater erzählt und mich gebeten, das Dorf aufzufinden, in dem er gewirkt hatte. Ob man wohl dahin reisen könne – vielleicht wären noch Menschen dort, die sich an seinen Vater erinnern könnten?

Ja, man konnte es. Im Mai 1998 waren alle Schwierigkeiten überwunden, und in Gawrilowka warteten die Lehrer und Schüler der Dorfschule auf die ausländischen Gäste. Die Gastfreundschaft war überaus herzlich und überraschte die Deutschen, die offen zugaben, daß man diese schöne Tugend im Westen kaum mehr finden könne. Man erlebt sie als von der Kraft althergebrachten Brauches und vom Wert echt menschlicher Sitte Überwältigter. Fragt man dann tiefer nach, dann erscheinen auf ihrem Grunde mutige Akte des Zusammenstehens wider die Macht der alles umschlingenden Not, heiße sie Hunger oder Durst oder Gewalt oder Lebensgefahr. Einiges von der Art muß sich auch zwischen jenem Bahnhofsvorsteher und der Dorfbevölkerung abgespielt haben: Denn kurze Zeit, nachdem der Sohn mit seiner Frau aus der Ukraine zurückgekehrt war, erreichte ihn folgender Brief:

„Geehrter Wilhelm Krüger! Es tut mir leid, daß ich Sie nicht persönlich sehen konnte. Ich bin Frau Kornijenko, geborene Semjonowa, eine von denen, die Ihr Vater vor der Verschleppung nach Deutschland gerettet hat. Wir waren schon auf der Station Losowaja und warteten schon den dritten Tag auf den Weitertransport. Aber Ihr Vater konnte es erreichen, daß wir nach Gawrilowka zurückkamen.

Großen Dank Ihrem Vater und Ihnen!"

Neue Freunde anderer Nationalität finden

„Guten Tag, geehrter Viktor Petrowitsch!   Bilogorodka, d. 17.9.2001

Für uns, die Kinder und Enkel unserer Großmutter Lidija Dmitrijewna, war Ihr Brief eine große Überraschung. Es ist schwer zu glauben, daß es Ihnen gelungen ist, den Menschen ausfindig zu machen, der den grausamen Krieg vor mehr als einem halben Jahrhundert kennengelernt hat. Für uns war es sehr wohltuend, dass Frau Erika sofort auf den Artikel in der deutschen Zeitung reagiert hat und daß sie den Wunsch hat, Kontakt mit unserer Großmutter herzustellen.

Kurz über mich. Ich bin der älteste Enkel von Lidija Dmitrijewna, ich bin 27 Jahre alt, heiße Vitalij. Ich möchte Ihnen, Viktor Petrowitsch, im Namen unserer Familie und auch persönlich unsere Dankbarkeit für Ihre Arbeit aussprechen.

Als ich noch ein Kind war und die Erinnerungen der Oma über ihren Aufenthalt in Deutschland gehört habe, da tat es mir sehr leid, daß ich nach dem Krieg geboren wurde und am Krieg nicht teilnehmen konnte und daß ich mich nicht für die Leiden meiner Nächsten rächen konnte. Daran denke ich jetzt, und ich bedaure es jetzt, daß ich so gedacht habe.

Seit dieser Nachricht, daß Frau Erika unsere Großmutter sucht, ist das anders geworden. Ich stelle mir die Frage, ob ich jetzt auf einen Deutschen (wenn er der Feind für mich wäre) zielen würde. Ich glaube nein, denn in meinem Visier könnte ein Bruder sein, oder der Mann von Frau Erika, deren Vater, der, wie es damals offenbar gewesen ist, meiner Großmutter half, am Leben zu bleiben.

Heute steht die Welt wieder an der Grenze eines neuen Fehlers, eines neuen Krieges, und das Ziel ist wieder dasselbe – Rache nehmen für diese Terroranschläge gegen das amerikanische Volk. Nach Ihrer Nachricht verstehe ich, dass es unmöglich ist, Gerechtigkeit mit Rache zu erreichen. Ich denke, ich bin überzeugt, wenn die Leute in der ganzen Welt Freunde hätten, dann müsste jeder überlegen, ehe er seine schrecklichen Vorhaben verwirklicht, und er würde verstehen, daß er einen von seinen Freunden umbringen würde. Ich denke, daß die Freundschaft der Völker der wichtigste Faktor im Kampf gegen die Gewalt ist. Und hier liegt die Wichtigkeit und die Gegenwart Ihrer Arbeit, Viktor Petrowitsch, daß Sie neue Freunde für die Menschen verschiedener Nationalitäten in anderen Ländern finden.

Hochachtungsvoll
Vitalij"

Ich erzählte meinen Schülern über Ihr Buch

„Guten Tag, geehrter Viktor Petrowitsch!

Schönen Dank für Ihr unschätzbares Geschenk, für Ihr Buch ‚Mein Herz drängt mich, die Wahrheit auszusprechen'. Es ist sehr schwer sich vorzustellen, wieviel Sie reisen, wie viele Anfragen Sie schreiben, Antworten lesen und mitempfinden mußten, bei Menschen, die ihre Geheimnisse viele Jahre in der Tiefe ihrer Seelen verborgen hielten. Und doch – am Ende ihres Lebens brachten diese Menschen es fertig, über solche schwerwiegenden Erlebnisse, Geschehnisse junger Tage zu erzählen. Ich las Ihr Buch fast eine ganze Woche, denn ich mußte buchstäblich weinen und konnte nicht weiterlesen und mußte das Lesen unterbrechen. Ich weinte, weil ich mit diesen Leuten zusammen das Leid fühlte, welches sie ertragen mußten. Ich dachte an uns heute, an unsere Kinder, denen wir jetzt in Jahren des Friedens kein gebührendes Leben bieten können. Wozu mußten denn die Väter und Mütter so viel leiden? Sie hofften doch, daß die Kinder und Enkel glücklich leben könnten. Sie hatten alles Unglück, haben unmenschliche Qualen überwunden, und was haben sie jetzt im Alter? Und welche Wege sind für ihre Enkelkinder geöffnet? Das alles kam mir in den Sinn, als ich Ihr Buch las. In der Schule erzählte ich meinen Schülern über Ihr Buch.[1] Ich las ihnen etliche Kapitel vor. Ich sagte, wie wichtig es ist, immer menschlich zu sein, gütig, die Heimat zu lieben und auch die Mitmenschen, damit unser Leben sich bessert. Mich und meinen Mann hat es sehr gefreut, daß im Buch eine Erzählung über unsere Freunde, wunderbare Menschen – Magdalene und Wilhelm Krüger – ist. Und eine so treffende Bezeichnung des Kapitels, das ihnen gewidmet ist: ‚Herz zu Herz, Hand zu Hand'. Das sind solche herzlichen, liebenswürdigen Leute. Wenn es davon mehr gäbe, wie wunderbar würde unsere Welt sein.

Vielen Dank und herzliche Wünsche für Ihre titanische Arbeit, für Ihr Gedenken, für Ihre Liebe zu den Menschen und Ihre Aufmerksamkeit für uns. Mein Vater Serijenko Egor Afanasjewitsch, geboren im Woronesch-Gebiet, war aus Karaganda, Kasachstan, in den Krieg gezogen. Er mußte alle Schrecken des Krieges ertragen, und ich bekam bestimmt durch meine Gene das Gefühl der Angst um die Menschheit, daß sie nicht wieder solches Unglück ertragen soll, wenn wir es wieder vergessen werden und nicht dagegen kämpfen.

Möge es Freude geben anstatt Leid!
Wir wünschen Ihnen und Ihrer Familie Glück, Freude durch schöpferische Arbeit, Gesundheit und alles Gute

                Tatjana und Mihail Schachow
                Kasachstan, Temirtau
                März 2001"

---

1 Im Landkreis Osnabrück in Niedersachsen ist in der Reihe „Regionale Unterrichtsmaterialien" über den Nationalsozialismus ein Kapitel u.a. mit Texten von Viktor Pedak aufgenommen worden unter der Überschrift „Zeichen der Hoffnung – Menschlichkeit in der Unmenschlichkeit". Die Materialien behandeln „Zwangsarbeit und ‚Arbeitszucht' am Beispiel Augustaschacht" und wurden herausgegeben vom Landschaftsverband Osnabrücker Land e.V., Bramsche 2001.